Will Parfitt

A Nova Cabala Viva

UM GUIA PRÁTICO PARA COMPREENDER A ÁRVORE DA VIDA

Tradução
EUCLIDES L. CALLONI
CLEUSA M. WOSGRAU

EDITORA PENSAMENTO
São Paulo

Título do original: *The New Living Qabalah — A Practical & Experiential Guide to Understanding the Tree of Life*

Publicado originalmente na Grã-Bretanha em 1988
por Element Books Ltd., Shaftesbury, Dorset.

Edição	O primeiro número à esquerda indica a edição, ou reedição, desta obra. A primeira dezena à direita indica o ano em que esta edição, ou reedição, foi publicada.	Ano
2-3-4-5-6-7-8-9-10-11		01-02-03-04-05-06-07

Direitos de tradução para a língua portuguesa
adquiridos com exclusividade pela
EDITORA PENSAMENTO-CULTRIX LTDA.
Rua Dr. Mário Vicente, 368 – 04270-000 – São Paulo, SP
Fone: 272-1399 – Fax: 272-4770
E-mail: pensamento@cultrix.com.br
http://www.pensamento-cultrix.com.br

Impresso em nossas oficinas gráficas.

Dedicado a
AMANDORA

Sumário

Apêndices

Diagramas

Exercícios

Prefácio

Por que alguém se dedicaria ao estudo e à prática de algo aparentemente tão obscuro e estranho como a Cabala? Que importância ela poderia ter atualmente? Na verdade, a Cabala apresenta tantas alternativas de uso, que não nos cansamos da sua companhia, em qualquer atividade que desenvolvamos. Entre outras coisas, podemos utilizá-la para estabelecer relações entre *todos* os diferentes aspectos da nossa vida — todos os acontecimentos, todas as experiências, idéias, imagens e relacionamentos que encontramos. Essas ligações, chamadas de correspondências na Cabala, nos ajudam a dar sentido à vida e a vivê-la com plenitude.

Todos gostamos de conviver com o mistério, de ter coisas a decifrar e a explorar, coisas que nos deixam admirados quando lhes desvendamos os segredos. O uso da Cabala nos oferece muitas oportunidades assim. Por meio das correspondências, podemos compreender os símbolos, os mitos e os sonhos, tanto os da nossa própria psique como os da mente das outras pessoas. Podemos conhecer a nós mesmos, e também conhecer e respeitar os outros pelas suas semelhanças e pelas suas diferenças quando em comparação conosco.

No centro da Tradição de Mistério do Ocidente, a Cabala é um meio de desenvolvimento pessoal e de auto-realização baseado num mapa da consciência chamado Árvore da Vida. Este pode ser usado para expressar a auto-realização por meio de uma visão de amor e de harmonia. É estimulante viver com essa visão, expressá-la e experienciá-la em nossa vida. Ela pode transmitir certo sentido de propósito e de significado àqueles aspectos da existência em que antes nos sentíamos sem vínculos ou perdidos.

A Cabala é particularmente importante para o mundo moderno porque ela enfatiza que nossa vida comum, cotidiana, é uma expressão da nossa espiritualidade. Incluindo os aspectos de luz e de sombra da psique, a Cabala nos oferece uma visão de mundo detalhada e coerente, tanto da natureza da existência humana como do relacionamento com nós mesmos, com os outros seres e com o mundo.

Evidentemente, a Cabala não é um caminho de transcendência. Ela não diz: "Hei, eu não gosto daqui; há algo de errado com este planeta; vou fazer tudo o que for possível para ir a outro lugar qualquer; vou entrar em sintonia e ir para as esferas superiores." O que a Cabala diz é o seguinte: "Se você quiser fazer isso, tudo bem, mas depois traga essa energia de volta para a Terra. Descubra alguma forma de manifestar suas ligações no planeta; de outro modo, não há justificativa para estar aqui."

A Cabala é, definitivamente, *um caminho com um coração.* Fundamental na Cabala é um diagrama ou mapa chamado Árvore da Vida. O objetivo desse mapa é ajudar-nos a distinguir diversos aspectos da nossa psique e a trabalhá-los com a energia do coração, e não apenas com o conhecimento intelectual. Temos uma mente, temos os sentimentos e temos um corpo que nos possibilitam estar encarnados no planeta Terra para levar a cabo nosso trabalho, qualquer que ele seja. A Cabala diz que se separarmos um pouco pensamentos, sentimentos e sensações, e se começarmos a refletir sobre o que cada um desses componentes significa com relação ao nosso ser global, será fácil começar a descobrir qual a energia que está por trás deles — e identificar o que realmente nos move. Por exemplo, digamos que eu gostaria de ser abraçado. Acredito que isso é tudo o que quero. Deixando de lado esse desejo por alguns momentos, posso perguntar-me: "O que preciso *realmente*?" Em seguida, afastando-me um pouco mais, posso perguntar: "O que está tentando se manifestar, o que está tentando aflorar através desse desejo?"

A Cabala, como um caminho com o coração, diz que basicamente é sempre o amor que tenta vir à luz. Não se trata de negar a importância do poder, ou das qualidades e aspectos de nossa vida, mas, quando somos movidos pelo coração e realmente nos perguntamos para que estamos aqui, de uma maneira ou de outra descobrimos que a resposta remete a algo relacionado com a expressão do amor. Quando nos ligamos ao amor, percebemos a harmonia inerente que permeia a criação. Essa harmonia, que abarca todas as diferenças, inclusive as que a excluem e que levam à desolação e à guerra, é a mais profunda expressão de amor.

Poderíamos esperar que essa visão, essa intuição e essa compreensão fossem o resultado de algo complicado, um sistema inevitavelmente difícil de entender e de utilizar. Na verdade, apesar da sua grafia estranha, é fácil aprender o que a Cabala representa; além disso, ela continua a se desenvolver e a mudar à medida que nos desenvolvemos e mudamos em nossa vida. A Cabala é de valor para todos os que trilham o caminho do desenvolvimento pessoal e espiritual, qualquer que seja a via preferida.

Usando a Cabala, aprendemos a sentir e a expressar todas as várias energias que atuam em nosso corpo. Podemos chegar a uma compreensão maior da relação entre as energias física, emocional, mental e espiritual atuantes em nós, reunindo numa unidade nossas partes fragmentadas. Aprendemos a agir movidos pelo coração, e nos tornamos aptos a curar a nós mesmos, a outras pessoas e a aperfeiçoar nosso relacionamento com o ambiente. Podemos nos desenvolver e aprender a nos ligar ao nosso propósito único desta encarnação. Eu gostaria que este livro, revisado e atualizado nesta nova edição, tornasse a Cabala ainda mais útil e estimulante para o leitor e aumentasse nosso desenvolvimento individual e coletivo.

PARTE I

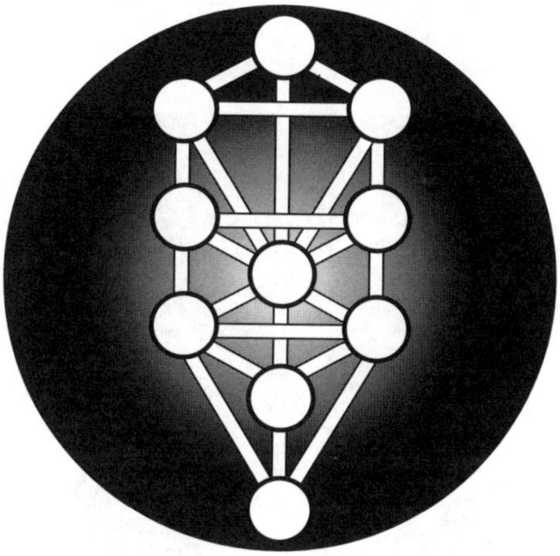

Fundamentos

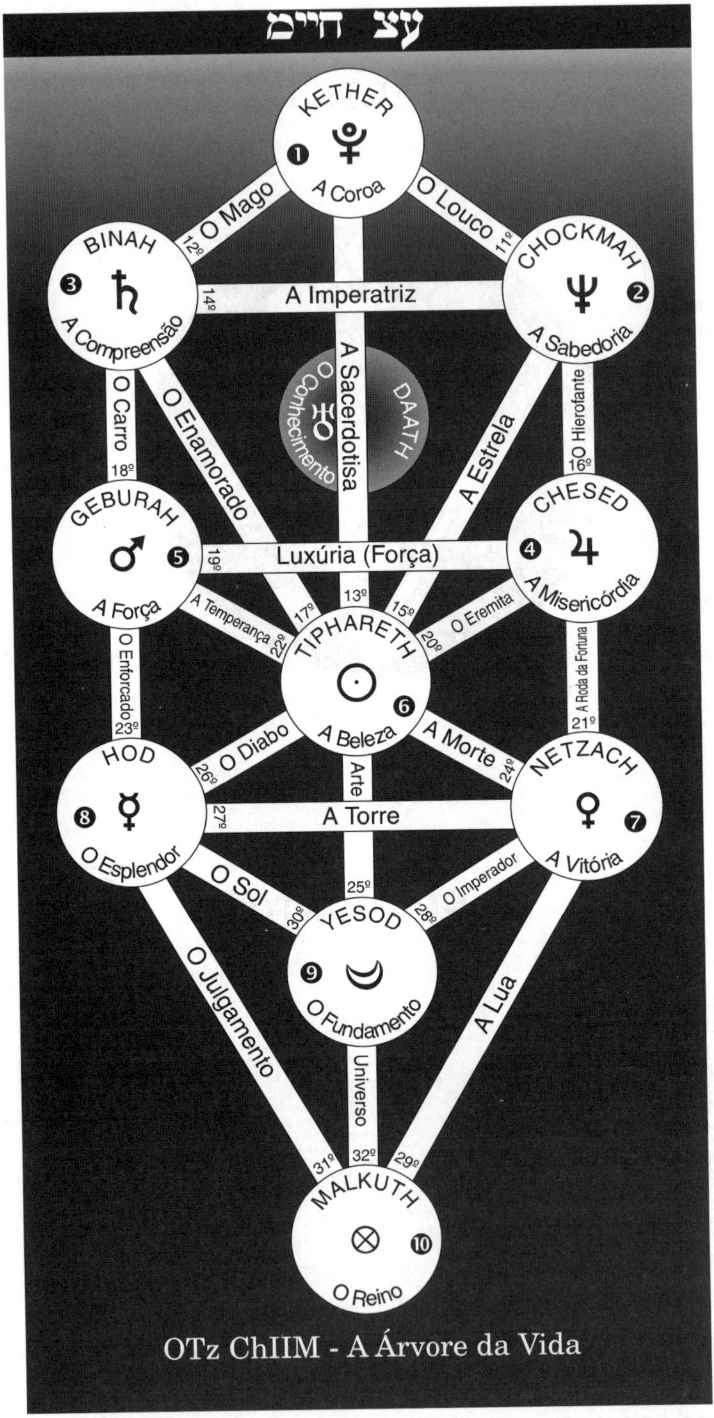

OTz ChIIM - A Árvore da Vida

CAPÍTULO 1

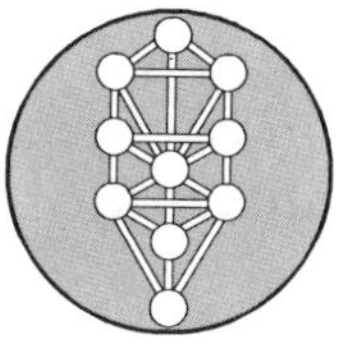

Uma Introdução à Cabala

Introdução

Há muitas maneiras de descrever a Cabala. Em certo sentido, todos trazemos nossa Cabala individual em nós mesmos; portanto, o número de Cabalas equivale ao número de pessoas. Contudo, assim como todos temos algumas experiências em comum, do mesmo modo os aspectos de cada Cabala são comuns — talvez alguns sejam universais. Há "Cabalas grupais" históricas e específicas, como a dos judeus e a dos gregos, mas a "universalidade" dessas em geral tem por base a crença comum e não a experiência.

A consciência verdadeira nasce da experiência direta. A Cabala verdadeiramente universal e viva se baseia na experiência individual e compartilhada. A Árvore da Vida é uma "entidade" viva por meio da qual podemos comunicar nossas experiências individuais aos outros, e também partilhar a experiência deles. Os usos da Cabala, desde os níveis espirituais mais profundos até as questões mais triviais, são elucidados de uma maneira prática neste livro.

Ao ler estas palavras, tenha consciência de que você assume um compromisso *pessoal* de conhecer a Cabala e a Árvore da Vida. A escolha é *sua*. Você está iniciando um estudo de sabedoria e compreensão de uma riqueza infinita. Os benefícios da Cabala prática se revelarão à medida que você penetrar nos Mistérios. Tudo o que você obtém do estudo da Cabala é diretamente proporcional à quantidade de energia que você está disposto a gastar. A chave do sucesso é a familiaridade com o sistema, a qual só pode ser conseguida com a prática regular. Que sua busca da quintessência, a Pedra dos sábios, da sabedoria verdadeira e da felicidade perfeita seja fecunda.

O que é a Cabala?

Suas doutrinas têm como ponto de partida
a contemplação espiritual, a inspiração pura,
ou a "intuição intelectual", e não a
atividade autocrática da razão.

Leo Schaya

ק ב ל ה

H L B Q

A Cabala é a pedra angular da Tradição Esotérica ocidental, assim como, por exemplo, os Sutras da Ioga, os Upanishads, o Bhagavad Gita e outras obras crípticas e santas são o fundamento da Tradição oriental. A Cabala é um grande corpo de filosofia e de psicologia, de caráter teórico e prático, entretecido nos textos religiosos dos judeus, e um vasto complexo de simbolismo alquímico, astrológico, oculto, rosacruciano e maçônico, incluindo o tarô. Ela tem sido chamada *O Misticismo do Ocidente*. No que diz respeito à documentação desses ensinamentos esotéricos práticos, o Ocidente mal se compara com o Oriente devido à origem e à tradição oral dos ensinamentos, às perseguições sofridas durante a Idade Média e ao desinteresse generalizado do mundo atual.

Nada pode substituir a experiência da Cabala em suas aplicações práticas. Para apreender esse princípio plenamente, o Adepto deve envolver todos os aspectos do seu ser, e não apenas o intelecto. A Cabala é relevante para o mundo moderno, para o crescimento e desenvolvimento tanto do indivíduo como do grupo e da consciência planetária.

A palavra hebraica *Qabalah* significa "receber" e também "revelar". Isto nos dá uma primeira forma de compreensão da Cabala: ela é um tipo de *revelação* (do "significado" do universo) e ao mesmo tempo o meio de *recepção* de sua própria sabedoria. Esta afirmação não é paradoxal quando aplicamos a máxima oculta "como em cima, assim embaixo"; para a Cabala, o "revelador" e o "receptor" são um só e o mesmo (pelo menos potencialmente).

Geralmente, a Cabala se divide em cinco partes:

1. A Cabala *Oral*: aspectos da Cabala recebidos oralmente, quer de um professor, de outro viandante do caminho mágico, de observações ao acaso feitas por outras pessoas, quer de uma fonte interior pessoal.
2. A Cabala *Escrita*: tradicionalmente, esta tem como objetivo descrever a natureza e a estrutura essencial do universo e seu destino. A Cabala escrita também inclui todos os livros escritos de um ponto de vista cabalístico, quer intencionalmente sobre a Cabala ou não.
3. A Cabala *Literal*: esta "seção" da Cabala diz respeito às informações contidas nos ensinamentos cabalísticos, especialmente os encontrados na Bíblia. Ela inclui a Gematria — a ciência e a arte da manipulação dos números e das letras, e todas as formas de leitura evocativa dos livros "sagrados" que adotam códigos e correspondências cabalísticas apropriadas.
4. A Cabala *Simbólica*: trata da compreensão dos símbolos, do seu uso e da ligação da experiência individual com esses símbolos. Ela se baseia principalmente no diagrama da Árvore da Vida.
5. A Cabala *Prática*: a utilização dos diversos aspectos da Cabala para fazer com que a mudança ocorra (pessoal, interpessoal e transpessoalmente).

Este livro é uma combinação da Cabala *Prática* e *Simbólica* pelo método da Cabala *Escrita*, usando as abordagens *Oral* e *Literal* quando apropriado.

A Cabala pode ser vista de ângulos diferentes, pois seus usos são tão diversos e amplos quanto a extensão da imaginação humana. As definições a seguir de modo nenhum esgotam o assunto — a Cabala é também muitas outras coisas. Não se preocupe se você não entender uma ou até mesmo a maior parte dessas descrições. Releia-as posteriormente e seu sentido ficará mais claro.

A Cabala é:

- um mapa dos níveis de consciência físico, etérico, astral e outros,
- um modo de correlacionar experiências interiores e exteriores e de expressá-las a si mesmo e aos outros,
- uma maneira de se relacionar e comunicar,
- uma forma de unir a percepção interior com a exterior, criando, assim, uma ponte ativa e criativa entre as duas, o que expande a consciência,

- uma forma de se relacionar com os processos por que passam as pessoas, os quais são aparentemente diferentes — ela está além de pressões da religião ou de peculiaridades de expressão cultural ou individual,
- uma maneira de formular idéias com maior clareza e de encontrar uma expressão simples para pensamentos complexos,
- um modo de se relacionar com símbolos cujo significado se tornou obscuro, esquecido ou deturpado, estabelecendo uma ligação entre a essência de formas, dos sons, das cores, das idéias simples etc. E seus equivalentes espirituais, intelectuais, emocionais e físicos,
- um modo de testar a "veracidade" de correspondências e de idéias comparando-as com o que você já conhece e compreende,
- um meio de comunicação com entidades extradimensionais e energias ou inteligências extrafísicas.

A Natureza deste Estudo

As sugestões são orientações práticas para o trabalho cabalístico; não devem ser interpretadas como regras rígidas. Se você preferir usar este livro de alguma outra maneira, ou se descobrir um modo totalmente diferente de abordagem dos exercícios, sinta-se à vontade para escolher. Inicialmente, porém, sugiro que siga essas instruções e que observe como você se relaciona com elas:

1. Trabalhe o livro desde a primeira até a última página. Se quiser voltar a algum ponto determinado ou estudá-lo numa seqüência diferente, você poderá fazer isso posteriormente. No momento, aceite que a ordem de apresentação é intencional.
2. Procure ler o mais lenta e atentamente possível — cada seção, cada parágrafo, cada frase e mesmo cada palavra! Talvez este pareça um pedido injustificado, mas, quanto maior for a atenção que você dedicar ao texto, mais a sua compreensão aumentará.
3. Anote num caderno ou no seu "diário mágico" (veja Apêndice 2) tudo o que considerar particularmente interessante; se preferir, sublinhe frases no livro.
4. Se alguma parte do texto lhe parecer pouco interessante, pare e pergunte-se: Por que acho isto difícil? O que está me impedindo de assimilar esta lição? Se você não conseguir superar sua resistência a um trecho em particular, assinale-o e continue. Você sempre pode retornar a ele posteriormente.

5. Procure não querer aprender muita coisa de uma vez só. Leia ou pratique pelo tempo que achar conveniente. Se necessário, faça uma pausa de pelo menos dez minutos antes de continuar.
6. Se você não sentir disposição para praticar determinado exercício, *não o pratique.* Você pode adiá-lo para um momento mais oportuno. Se perceber certa resistência contínua com relação a um exercício em particular ou a um conjunto de exercícios, procure tomar consciência de como você sente a resistência, em vez de obrigar-se a superá-la.
7. Acima de tudo, divirta-se! A aplicação nos estudos não apenas enriquece, mas também se torna mais fácil com o riso, com o estímulo e com o interesse.

À medida que você se envolve realmente com o estudo deste livro, cria-se um fluxo recíproco de energia entre você e o texto. Atente para todas as possíveis sensações, sentimentos, pensamentos, intuições e resistências que lhe ocorrerem, especialmente ao fazer os exercícios. Se perceber que está esmorecendo, relembre sua intenção primeira de compreender a Cabala, e use essa energia para seguir em frente.

O exercício a seguir o ajuda a entrar em contato e a formular sua intenção com relação à Cabala. Tome nota dos resultados deste exercício em seu caderno ou diário.

o exercício de intenção

Siga os procedimentos iniciais costumeiros. Você encontrará essa afirmação no início da maioria dos exercícios sugeridos neste livro. Antes de continuar, consulte o Apêndice 1, que trata dos procedimentos iniciais, e familiarize-se com os processos descritos. Depois de pronto, volte ao exercício.

Por trás de todas as razões conscientes existe um propósito "interior", "superior", "mais profundo".

Deixe emergir à superfície da sua consciência uma imagem ou símbolo que represente o seu *propósito* de querer ligar-se à Cabala.

Não force nada para visualizar a imagem, apenas feche os olhos e espere que ela apareça.

Quando isso acontecer, abra os olhos e faça uma representação dela na forma de desenho. Isso dará vida à imagem, e agirá como um elemento de lembrança. (Não há necessidade de ser uma grande obra de arte.)

Essa imagem representa o seu *propósito* com relação à Cabala. Não a julgue de maneira nenhuma nem procure analisá-la; apenas aceite-a como um símbolo do seu "desejo mais profundo".

A Opção de Estar Presente

Enquanto você estiver lendo, estudando e fazendo os exercícios indicados neste livro, mantenha todo o seu ser presente e envolvido o mais possível.

Perceba suas sensações físicas. Se estiver pouco à vontade num lugar ou numa posição, procure outro espaço, ou sente-se numa posição diferente. Assuma sempre uma posição ereta confortável, sem cruzar as mãos nem os braços. Sem forçar nada, respire o mais plenamente possível. Se alguma coisa que você lê faz com que perceba o corpo de alguma maneira, pare e preste atenção à sensação.

Como você se sente ao estudar esse assunto? Que sentimentos e emoções são gerados pelo texto? Você não precisa deixar que esses sentimentos tomem conta — apenas perceba que você os tem. Não são eles que o têm; você os tem.

O mesmo acontece com os pensamentos. O que você está pensando? Você está concentrado no texto ou sua mente está divagando? O que você pode fazer com relação a isso? A distração não é "ruim" — ela está lhe dizendo alguma coisa. Descubra a mensagem dela, lide com ela da forma que achar mais adequada.

Se você ficar entediado com uma seção, é melhor passar à seguinte. Talvez você depare com algum tópico mais difícil; persevere nele, use sua energia e o supere. Confie em sua orientação interior e você colherá os maiores benefícios deste estudo.

O exercício a seguir tem por objetivo fazer com que você fique mais "presente". Algumas pessoas preferem fazê-lo antes de começar o estudo. Ele exige apenas um minuto ou dois. Procure fazê-lo agora, uma só vez, e veja que estado interior ele provoca em você. Se a sensação for agradável, realize-o sempre que quiser. Mas se deixar de fazê-lo, não alimente preocupações maiores. Este é apenas um meio; existem muitos outros que você aprenderá à medida que continuar este estudo.

estar presente

Siga os procedimentos iniciais costumeiros (veja Apêndice 1 — se ainda não tiver feito isso, faça-o agora).

Pense num lugar que lhe seja especial. Pode ser um espaço real onde você tenha estado, ou pode ser um lugar imaginário.

Agora, feche os olhos e permaneça nesse lugar por alguns instantes. Imagine realmente que você está nesse lugar.

Abra os olhos e volte a ficar "aqui", qualquer que seja o lugar onde você esteja. Diga para si mesmo: "Eu escolho estar aqui."

Rapidamente, "viaje" mentalmente para os dois lugares: feche os olhos e esteja lá; em seguida, abra-os e volte a ficar aqui.

Que efeitos você percebe?

Você está se sentindo "aqui"?

É proveitoso responder a perguntas como essas à medida que você for continuando este estudo. Tome nota no seu caderno ou diário das respostas que obtiver, juntamente com as experiências proporcionadas pelo exercício.

Concentração e Interesse

O que é concentração?

Antes de continuar, pense na sua resposta a esta pergunta.
Algumas respostas possíveis:

a concentração é cansativa
a concentração é ser bem cuidadoso
a concentração é compulsiva
a concentração é um esforço!

De uma forma ou de outra, quase todos nós passamos a acreditar que respostas como essas são corretas — nós "aprendemos" que a concentração implica esforço. Mas não precisa ser assim. Observe algumas crianças brincando, entretidas com alguma coisa — elas ficam tão concentradas, que é difícil obter sua atenção. Elas podem se concentrar muito eficazmente, mas isso não parece implicar esforço nem tensão para elas. O aspecto peculiar da concentração das crianças é que elas ficam *interessadas* e *estimuladas* com o que estão fazendo. Por isso, a questão é muito simples — se você está interessado, você pode se concentrar; se não está interessado, não pode, e seria melhor fazer outra coisa. Durante o estudo deste livro, lembre-se de que você não precisa se esforçar, e que, enquanto seu interesse for elevado, você completará o curso com toda a facilidade e com o máximo de proveito.

Antes de continuar, responda a estas perguntas:

Como você se concentra?

O que o impede de se concentrar?

Que resistências você sente?

Você se distrai com facilidade?

De onde vêm essas distrações?

E — o mais importante de tudo:

Você quer se concentrar em alguma coisa que o interessa realmente?

Você quer se afastar de coisas que não o interessam de fato?

Pronúncia das Palavras Hebraicas

Não se preocupe com a pronúncia das palavras hebraicas. Comparando com a língua portuguesa, as diferenças são poucas:

g, como gue, gutural	— pratique "geburah"
h, aspirado, como em inglês ou alemão	— pratique "hod"
ch, como ch alemão ou j espanhol	— pratique "chockmah"
o ou aa (a duplo), a longo	— pratique "daath"
q, como k	— pratique "qabala"
sh, ch ou x do português	— pratique "shalom"

a força de vontade

Siga os procedimentos costumeiros.

Considere o seguinte:

Eis aqui um corpo ereto e imóvel. Este é o seu corpo. Deixe o corpo ereto e imóvel.

Considere as forças exteriores que o estão mantendo do modo como está:

a atração da Terra, do Sol, dos planetas e das estrelas

a atração de cada partícula de poeira em seu quarto, uma das quais, se pudesse ser aniquilada, faria com que seu corpo se movesse (embora imperceptivelmente)

a resistência do assoalho
a pressão do ar
todas as demais condições exteriores

Considere também as forças interiores que dão sustentação a seu corpo:

o enorme e complexo mecanismo do esqueleto

os músculos, o sangue, a linfa, a medula — tudo o que constitui um corpo

E leve em consideração a consciência:

as sensações, os sentimentos, os pensamentos, tudo o que faz com que você seja uma pessoa individual e que dirige sua escolha de permanecer nessa posição

Quem escolhe ficar aqui e agora, fazendo este exercício?

É você que faz essa escolha, por meio da sua vontade.

Conscientize-se de que você tem uma vontade; sem ela, você não poderia estar aqui; sem ela, você não poderia decidir sair da sua posição. Agora, tome a decisão de se mover, e tome consciência realmente de como é fácil fazer isso. Tome nota de suas sensações, pensamentos e intuições relativos a este exercício em seu caderno ou diário.

Técnicas de Relaxamento

Quanto mais relaxado você estiver, mais fácil será realizar os exercícios indicados neste livro, e mais proveito você tirará deles. Para atingir um estado de pleno relaxamento, você precisa saber relaxar a mente e o corpo.

O relaxamento do corpo pode ser conseguido de várias maneiras. Uma técnica muito conhecida e eficaz é a de relaxar uma parte do corpo de cada vez, começando com os dedos dos pés e subindo até o topo da cabeça (ou vice-versa). Dirigindo a atenção para a parte do corpo, sentindo sua tensão, e então tomando a decisão de relaxar conscientemente, você pode percorrer o corpo todo e terminar se sentindo bem relaxado. Entretanto, não adormeça!

O relaxamento da mente nem sempre é tão fácil. Um método bastante eficaz é imaginar sua mente repleta de ondas de um mar encapelado que lentamente vai se acalmando, até se transformar num lago de águas tranqüilas, livre de qualquer perturbação. Então, qualquer pensamento que surgir pode provocar uma ondulação sobre a superfície, mas sem perturbar sua serenidade fundamental. Você pode criar outras imagens semelhantes para obter o mesmo efeito.

Uma boa técnica para um relaxamento integral é sugerir a si mesmo que você irá relaxar o corpo e a mente quando concentrar a atenção num símbolo. Você pode escolher qualquer símbolo, como, por exemplo, a chama de uma vela, uma borboleta, um lugar específico que você associa com o relaxamento, uma folha que cai. Volte a atenção para a respiração e, em seguida, visualize o símbolo escolhido, sabendo que, ao se concentrar nele, você estará relaxando. Este método de relaxamento por auto-sugestão é muito eficaz.

Simplesmente observar sua respiração, acompanhar a onda de ar entrando e saindo do seu corpo, é outra maneira simples e eficaz de relaxar. Algumas pessoas ajudam o próprio relaxamento concentrando-se na respiração desse modo e, em seguida, contando regressivamente de 10 até 1, afirmando que estarão completamente relaxadas quando chegarem ao número 1. Este método também é eficaz, mas, se você o adotar, lembre-se de fazer a contagem inversa, de 1 a 10, quando terminar o exercício.

Magia

No contexto deste livro, Magia descreve os processos essenciais da Tradição de Mistérios do Ocidente, comprometida com a criação de uma mudança que esteja em sintonia com o divino ou com a "Vontade Verdadeira" de cada pessoa, e com a evolução da vida em sua totalidade.*

---

* Com este sentido, o autor grafa o original inglês com "ck" — *Magick* — para distinguir de *magic* — geralmente associada com ilusão e fraude. (N.T.)

CAPÍTULO 2

O Traçado da Árvore

A Estrutura da Árvore

Toda a sabedoria da Cabala pode ser resumida num diagrama simples, mas singular, a Árvore da Vida. Em hebraico, ele é chamado *Otz Chiim*:

ם	י	י	ח	צ	ע
M	**I**	**I**	**Ch**	**Tz**	**O**

Existem outras versões do diagrama da Árvore; o que usamos é o mais popular, e o que deu mostras de ser o mais prático. Isso não significa que as outras versões sejam erradas, mas sim que não têm uma aplicação tão abrangente quanto esta. Observe o diagrama principal da Árvore da Vida (no começo do livro) e procure assimilar sua forma e estrutura.

Por mais simples que a Árvore da Vida possa parecer, ela foi descrita como um "*glifo poderoso, que a tudo abarca, da Alma do Homem e do Universo*".

Devido à sua simplicidade, ela pode ser guardada na memória e visualizada com facilidade. De sua estrutura, pode-se inferir um conhecimento completo da estrutura da vida em todos os seus aspectos. Na verdade, a Árvore é um mapa para todos os níveis de experiência. Ela abrange o mundo exterior, interior e a relação entre ambos. Ela inclui:

- o corpo
- a personalidade
- a alma
- o espírito

Sendo um mapa de *você mesmo em sua totalidade*, ela o ajuda a encontrar sua postura ao percorrer os caminhos da vida. É também um mapa que o ajuda a expandir sua consciência e a integrar ou a consolidar a nova consciência que provém dessa expansão.

No exercício seguinte, você irá compor a Árvore a partir dos seus princípios básicos. Mesmo que você já esteja familiarizado com a estrutura da Árvore, faça esse exercício. Ele o ajudará a fixar o diagrama na memória, e também ampliará sua compreensão das atribuições básicas da Árvore, visto que elas se referem a cada um de nós como seres individuais.

Antes de continuar, deixe à mão uma folha de papel (tamanho A4 ou maior) e um lápis ou caneta. Siga as instruções e procure compreender bem cada ponto antes de prosseguir.

composição da árvore

Siga os procedimentos iniciais costumeiros.

A Cabala é um sistema oculto. Oculto significa simplesmente escondido da nossa percepção do mundo ordinário e corriqueiro. No rodapé da folha, centralizado, desenhe um círculo, assim:

Este círculo representa o mundo exterior e o corpo. Escreva no círculo "mundo exterior/corpo", a palavra hebraica *Malkuth,* que é o nome, e 10, que é o número desta esfera.

Cada esfera na Árvore da Vida é corretamente chamada *Sephira*, que tem como forma plural a palavra *Sephiroth*. Esta palavra significa "número" ou "emanação", mas uma tradução interessante e sugestiva seria "esfera".

Agora, novamente na linha que divide a folha, mas dessa vez no alto, desenhe outra esfera ou círculo, assim:

Este círculo representa a "fonte mais profunda" da qual brota a vida — a "divindade". Trata-se do *Eu* do ser humano, que é individual para cada um de nós e, no entanto, comum a todos. Esta Sephira é chamada "Kether" e é o número 1. À medida que você for aprendendo cada esfera, escreva a informação no círculo do seu diagrama.

Temos agora dois pontos de referência, nossa existência física (Malkuth) e nossa fonte espiritual (Kether). Nossa tarefa é preencher tudo o que está entre os dois, que é equivalente ao universo interior dentro de cada um de nós e ao universo exterior em que todos nós vivemos. Não se preocupe em compreender isso agora; antes, preste atenção à ligação com o esquema básico da Árvore.

Começando na parte inferior da folha, na base da existência física, o centro natural de nossa consciência cotidiana, percebemos que, do mesmo modo que o corpo físico é um meio para nossa experiência de vida, os nossos pensamentos e sentimentos também são meios. Idealmente, o poder analítico da mente e a função da sensação e impulso dos sentimentos deveriam atuar como forças complementares dentro de nós, e por isso os consideraremos como que ocupando um plano de ser. Por isso, desenhe dois círculos na página para representá-los, um em cada lado do círculo inferior e a aproximadamente um terço de distância da borda da folha, assim:

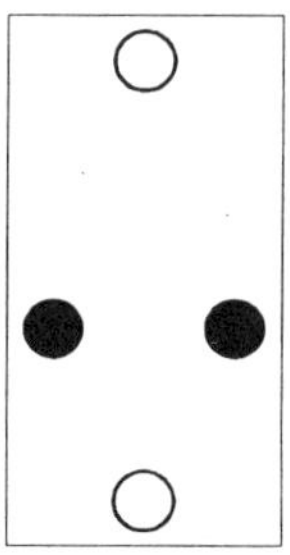

O círculo da esquerda representa os "pensamentos"; seu nome é *Hod* e seu número é 8. O da direita representa os "sentimentos", é chamado *Netzach* e recebe o número 7. Como as demais esferas, essas duas também representam todo um complexo de outras coisas; por enquanto, porém, preste atenção a essas atribuições específicas.

Além da personalidade consciente, representada pelas esferas que você numerou com os números 7, 8 e 10, temos também uma parte "subconsciente" do nosso ser. Essa parte é a sede dos instintos e do sistema nervoso autônomo, sendo também o depósito dos nossos sentimentos reprimidos, que chamaremos de "emoções" para distingui-los dos sentimentos "expressos". Representamos esse lugar com outro círculo, disposto no centro, acima da esfera número 10, mas abaixo do plano dos pensamentos e dos sentimentos, assim:

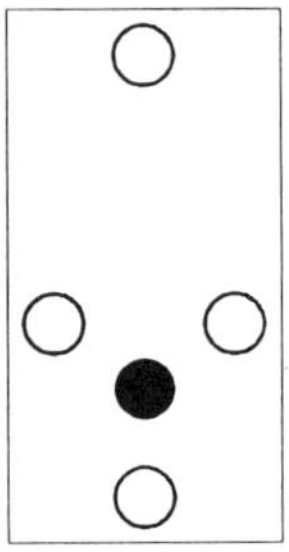

Essa esfera é chamada *Yesod* e tem o número 9. Ela também representa a "energia sexual". Como acontece com todas as esferas da Árvore da Vida, analisaremos esta com mais detalhe posteriormente. No momento, basta que você pense nessa esfera como sendo representativa do "subconsciente" e da "energia sexual". Que relação você pode estabelecer entre a energia sexual e a energia emocional reprimida?

Temos até agora quatro esferas que representam a *personalidade*. Todos acreditamos que temos uma personalidade. Eu digo, "Eu tenho uma personalidade": mas *quem* tem essa personalidade? Se você diz, "Eu tenho uma mente, eu tenho sentimentos, eu tenho um corpo", quem é esse "eu" que tem essas coisas?

Esse "eu" é representado na Árvore por um outro círculo, posicionado no centro, acima dos círculos que representam os pensamentos e os sentimentos, à mesma distância acima deles que a distância do círculo número 9 abaixo deles, assim:

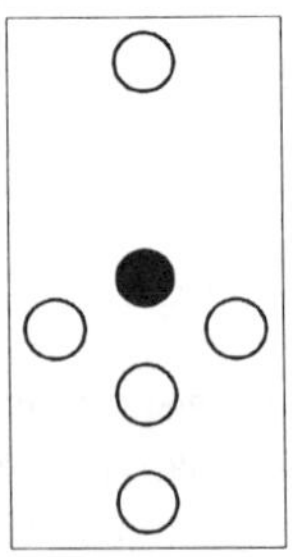

Essa esfera recebe o número 6 e se chama *Tiphareth*. Ela está no centro da Árvore, do mesmo modo que está no centro da página. Ela é chamada "o centro", "o eu pessoal", "o excelso interior", ou simplesmente "o eu real". Às vezes, ela é descrita como "o mais iluminado espaço disponível". Como você compreende isso?

Até agora esboçamos uma representação de tudo aquilo de que normalmente estamos conscientes. Nossa consciência é como uma ameba que se move em torno da parte da árvore que desenhamos até agora. Às vezes, ela se concentra totalmente numa esfera, excluindo as demais; outras vezes, ela estende "pseudópodes" de consciência de uma esfera a outra. A única coisa de que a ameba tem consciência é que existe uma "fonte" em algum lugar, em cima ou dentro, e que, por meio da personalidade, ela experiencia o mundo. A parte restante da Árvore, agora que estamos quase terminando de desenhá-la, representa a ligação com "a fonte", "Deus" (ou outro nome de sua preferência).

Desenhe dois círculos no mesmo nível, um de cada lado da esfera central de Tiphareth, um pouco acima dela, deste modo:

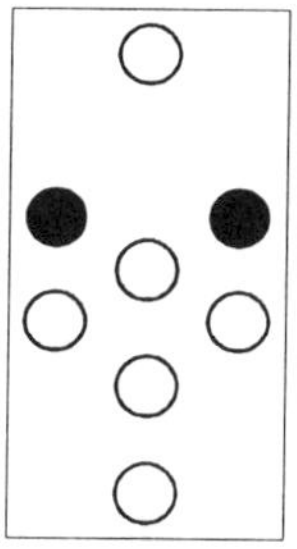

Essas duas esferas são: à esquerda, *Geburah,* de número 5, e à direita *Chesed,* de número 4. Elas representam os Arquétipos, ou princípios abstratos, da Vontade (Geburah) e do Amor (Chesed). Este nível também representa "a alma", e é equivalente ao que às vezes se denomina de "superconsciente". Isto não quer dizer que "alma" e "superconsciente" sejam a mesma coisa, mas que se *correspondem.* À medida que o seu estudo prosseguir, você perceberá que as correspondências exercem uma função importante na Cabala. Essas duas esferas do Amor e da Vontade complementam-se uma à outra, e é sua influência recíproca e sua ação recíproca que constituem o "trabalho" da alma. Elas são semelhantes aos pensamentos e aos sentimentos da personalidade, mas num nível "superior" ou "mais profundo". Num sentido, a "Grande Obra" pode ser descrita como a total identificação das duas esferas inferiores de Hod e Netzach com estas duas esferas, Geburah e Chesed.

Agora, trace uma linha acima desses dois círculos. Essa linha representa uma mudança completa de dimensão, a demarcação entre o individual abaixo da linha, e o universal acima dela. Tradicionalmente, a linha é conhecida como o *Abismo*. Desenhe um círculo no meio dessa linha, com os limites pontilhados, desse modo:

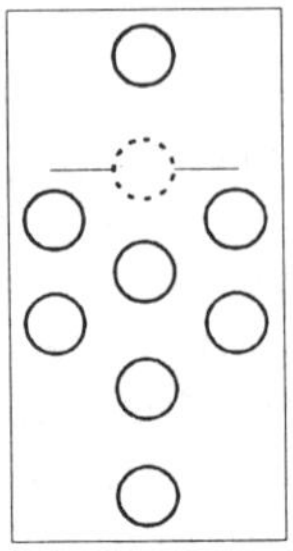

Esta esfera "pontilhada" é "a Sephira que não é uma Sephira" e que se chama "Daath". Ela não tem número. Sua importância é vital no esquema da Árvore, mas por hora considere-a apenas uma espécie de "ponte" entre a alma individual e o espírito universal.

Acima do Abismo, temos a trindade de esferas de três-num-só que representa o espírito; por isso, acrescentamos mais dois círculos, assim:

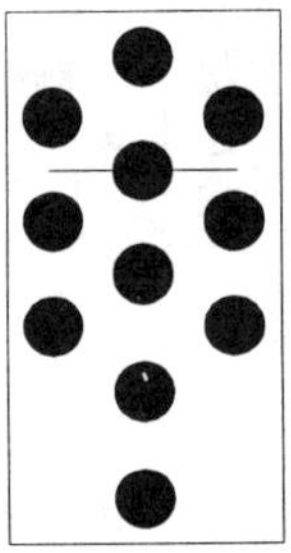

O círculo da esquerda se chama "Binah" e tem o número 3. Ele representa o "Amor Universal" e a "Consciência Universal". O da direita é "Chockmah", tem o número 2 e representa a "Vontade Universal" ou o "Propósito". A esfera 1, Kether, é o Eu; as esferas 2 e 3 são o Propósito do Eu e sua Consciência.

Você desenhou uma Árvore da Vida completa, com as dez Sephiroth ou esferas numeradas de 1 a 10, e uma undécima esfera não numerada no Abismo.

Finalmente, trace uma linha entre a esfera 6 e o plano das esferas 7 e 8. Este é chamado o "Véu de Paroketh" e separa a alma da personalidade. Tiphareth, a esfera 6, tem a função de ser o "eu" da personalidade, como já foi descrito, mas também a de ser a parte da alma com a qual a personalidade tem contato direto.

Se você traçar uma linha através das esferas, seguindo os números em ordem, você obterá o que se chama o *Esplendor do Raio da Criação*:

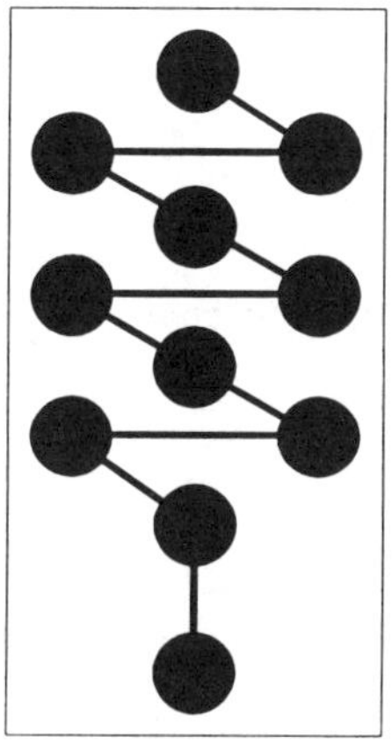

Atribuições das Esferas

Há inúmeras correspondências para cada Sephira, e nós estudaremos muitas delas mais adiante. O que fizemos até agora foi compor a Árvore básica, visto que ela tem relação com o ser humano individual; em certo sentido, a essência subjetiva da Árvore. Mas, por trás dessa "realidade exterior", há outros níveis de energia, outros planos de ser e de existência. Por ora, apenas anote no seu diagrama as atribuições seguintes:

Malkuth, esfera 10, representa o *corpo etérico* (que está "por trás" da realidade exterior do corpo físico). É a força vital da sua existência.

Yesod, número 9, representa o *plano astral inferior.* A substância astral desse plano é fluida e infinitamente elástica, podendo assumir qualquer forma. É assim que moldamos nossas fantasias e sonhos. Um sonho pode ter origem em qualquer Sephira, mas a "substância" por meio da qual você percebe o sonho (imagens, sons etc.) é a *Luz Astral* de Yesod.

Netzach e **Hod**, esferas 7 e 8, representam o *plano astral superior.* Esta é a substância astral da consciência grupal ou coletiva que nós podemos influenciar e que nos influencia. Ela é composta de infinitos "miniplanos", por exemplo, "o plano celta", "o plano alquímico", "o plano cristão", "o plano tibetano", e assim por diante.

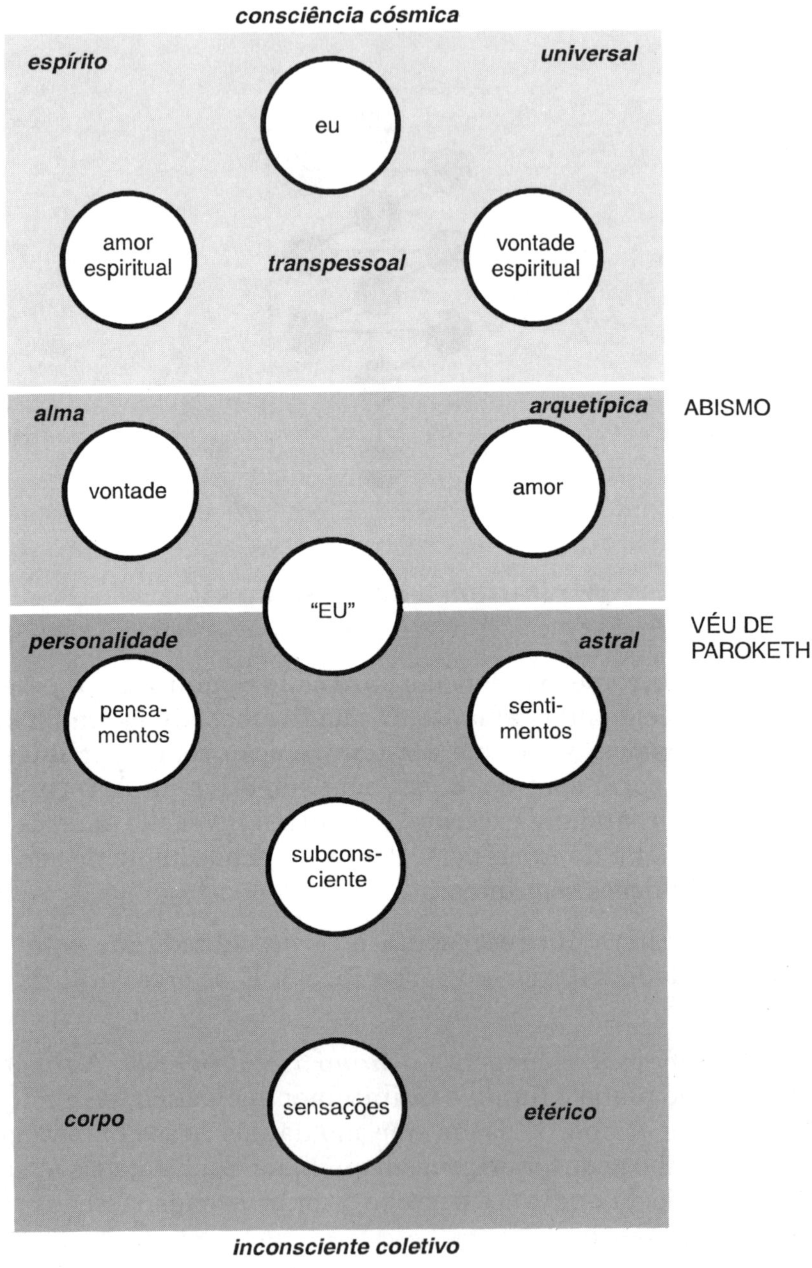

O Mapa da Pessoa na sua Totalidade

Tiphareth, número 6, é o nível do *Anjo da Guarda.* Existe um Anjo da Guarda para cada ser humano. Em termos "iniciáticos", nosso propósito central na existência é estabelecer uma ligação com o nosso Anjo da Guarda. Isto também pode ser descrito como o estabelecimento de uma ligação com a alma. Num capítulo posterior, você estará fazendo exatamente isso.

Chesed e **Geburah**, 4 e 5, representam planos de *seres superiores* ou *seres puros*; eles nos influenciam, mas não nós a eles (a não ser que nos identifiquemos com eles ou os invoquemos; sobre isso se falará mais adiante).

Sephiroth 1, 2 e 3, às vezes denominadas *Supremas,* representam "Deus" ou a "fonte universal de tudo". A comunicação (ou o contato) com as Supremas é chamada de "União com Deus". Essa é a tradução exata de *Samadhi.*

Daath, a esfera não numerada, é um ponto de acesso a outras dimensões e o lado reverso da Árvore.

Finalmente, as esferas da Árvore são relacionadas com vários graus de iniciação. Os mais conhecidos são os da *Golden Dawn* e de seus sucessores, que utilizam o seguinte esquema:

10	iniciação da terra	neófito
9, 8, 7	iniciações da água, do ar e do fogo	graus intermediários
6	iniciação para o grau de adepto	o Adepto
5, 4	aprofundamento da iniciação	Adepto Superior
Daath	ligando a alma ao espírito	Filho do Abismo
3	ligando-se ao amor universal	Mestre do Templo
2	ligando-se à vontade universal	Mago
1	sendo o seu próprio Eu	Ipsíssimo

Os Pilares e os Planos

A estrutura da Árvore da Vida pode ser vista de muitos ângulos. Em primeiro lugar, atente para o fato de que a Árvore apresenta três pilares — o *Pilar do Lado Direito* (Chockmah no topo), o *Pilar do Lado Esquerdo* (Binah no topo) e o *Pilar do Meio* (Kether no topo). O pilar do meio tem relação com a coluna vertebral; o pilar do lado esquerdo é associado ao *lado direito* do corpo, ao passo que o pilar do lado direito se relaciona com o *lado esquerdo* do corpo. Isso corresponde ao fato de que o lado direito do cérebro controla o lado esquerdo do corpo, e vice-versa. Os pilares do lado direito, do lado esquerdo e do meio têm relação com Ida, Pingala e Sushumna do Tantra.

Há sete planos:

Esses planos apresentam uma equivalência superficial com os

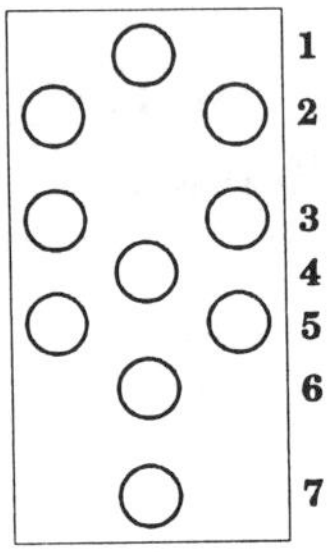

sete *chakras* ou centros de energia do corpo (mas uma correspondência mais detalhada e precisa será apresentada mais adiante).

Há três triângulos:

Note que o triângulo do alto tem o seu ápice voltado para cima,

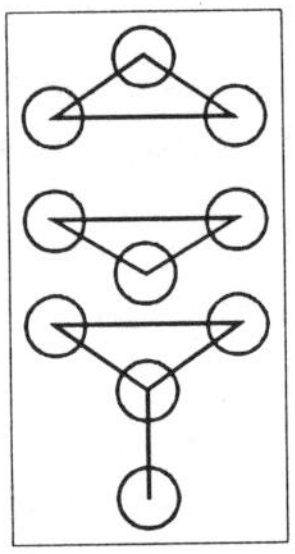

ao passo que os dois de baixo estão invertidos. Malkuth é considerado um “pingente” do triângulo inferior.

Outro padrão interessante envolve um hexagrama:

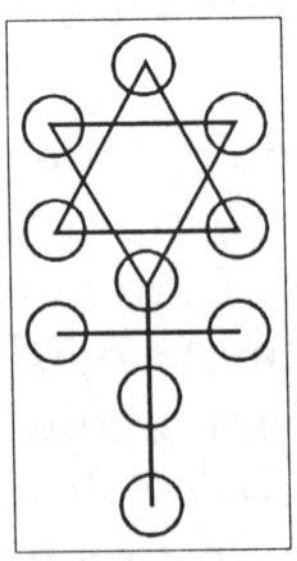

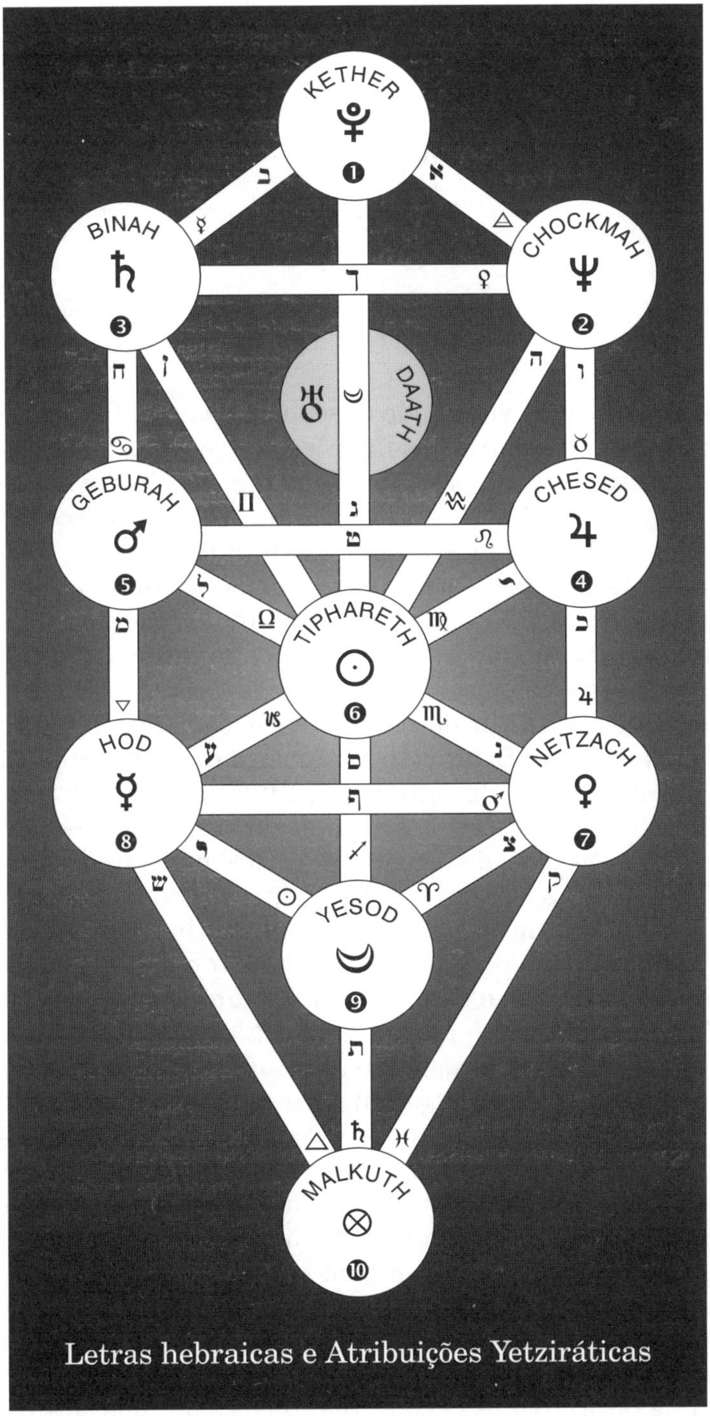

Letras hebraicas e Atribuições Yetziráticas

ao passo que um outro envolve um hexagrama e um pentagrama:

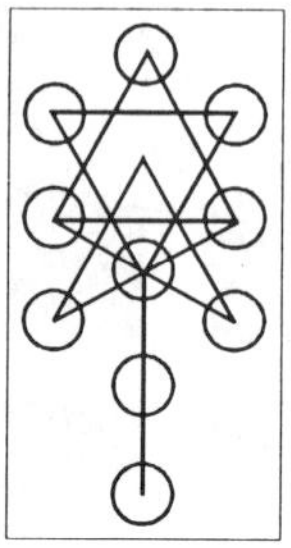

Que outras formas você pode descobrir na estrutura da Árvore? Um conjunto específico de ligações entre as esferas são os *22 Caminhos*. Esses caminhos são de importância vital, e nós os analisaremos em detalhe. Veja os caminhos na Árvore e perceba as ligações que eles efetuam. Por exemplo, o caminho atribuído à letra "pê" e ao planeta Marte liga as esferas dos pensamentos e dos sentimentos. O que isso lhe diz a respeito desse plano? Observe também que algumas esferas *não* estão interligadas por caminhos. Qual o significado que você atribui a isso?

Não se pode classificar de certa ou de errada nenhuma forma de agrupamento das dez Sephiroth da Árvore da Vida; cada forma se presta a um propósito diferente e lança luz sobre o esquema na sua totalidade. Na seção anterior foram descritas diferentes maneiras de observar a estrutura da Árvore. A Árvore pode ainda apresentar diversas "estruturas de significado", como também de forma. Tanto a essência como a forma da Árvore podem ser individualizadas. Por exemplo, o pilar do lado esquerdo (Binah no topo), o que corresponde ao lado direito do corpo, é chamado o *Pilar da Severidade*, enquanto que o pilar do lado direito é chamado *o Pilar da Misericórdia*. Isso nos ajuda a entender sua respectiva influência tanto sobre a anatomia física como sobre os corpos sutis de cada indivíduo.

Cada Sephira é positiva e masculina ao fornecer energia à esfera que a segue, e é negativa e feminina ao receber energia de uma esfera que a precede. Portanto, cada Sephira é bissexual, como um ímã que necessariamente tem um pólo positivo e um negativo.

As dez Sephiroth podem também ser vistas como sete Palácios. No primeiro palácio estão as Supremas; no sétimo palácio estão Yesod e Malkuth; a cada uma das outras Sephiroth também é atribuído um palácio. Esse agrupamento revela a conexão íntima entre Yesod e Malkuth, e permite que se compreenda os sistemas sétuplos através da classificação décupla da Cabala.

Outro padrão estrutural importante tem Kether como Arik Anpin, o Rosto Imenso, o Criador Total. Essa energia então se manifesta como o Pai Supremo, Chockmah, e como a Mãe Suprema, Binah. Sua União acontece em Daath, e seu "filho" é Zaur Anpin, o Rosto Menor, ou Microprosopos, cujo centro está em Tiphareth, mas que também inclui as quatro Sephiroth que circundam Tiphareth. Malkuth então é a "Noiva" de Microprosopos, e sua União acontece em Yesod.

Talvez a mais importante e ilustrativa dessas "estruturas internas" seja a divisão da Árvore em quatro Mundos. Essa divisão será descrita na próxima seção.

Não se preocupe se, até este ponto, você se sentir sobrecarregado de informações; quanto mais você estudar e meditar sobre a Árvore, mais clara ela se tornará para você. É melhor estabelecer relações entre os vários tópicos de conhecimento e compreensão que você obtém através do estudo do que tentar memorizar em demasia.

Os Mundos Cabalísticos

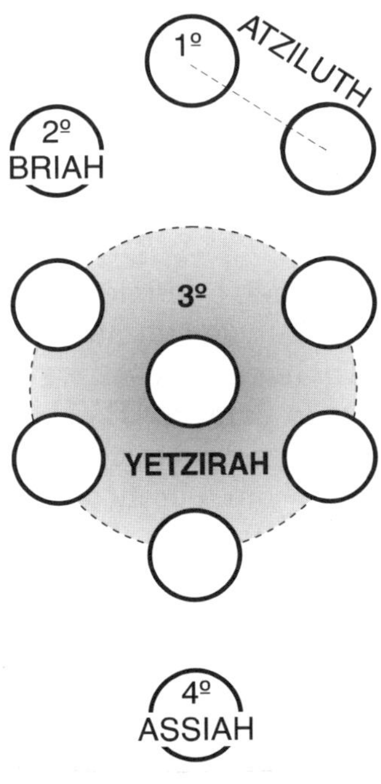

Os Quatro Mundos Cabalísticos

A Árvore da Vida pode ser dividida em *quatro Mundos* ou Reinos de Energia, conforme mostra o diagrama.

Atziluth, o primeiro Mundo, é atribuído ao *Fogo*, o princípio *Criador*, e consiste em Kether e Chockmah.

Briah, o segundo Mundo, é atribuído à *Água,* o princípio *Receptivo,* e a Binah.

Yetzirah, o terceiro Mundo, é atribuído ao *Ar,* o princípio *Formador,* e às Sephiroth de Chesed a Yesod, inclusive.

Assiah, o quarto Mundo, é atribuído à *Terra*, o princípio *Material,* e a Malkuth.

Outra maneira de observar esses quatro Mundos é considerar uma Árvore separada para cada um deles. Às vezes, isso pode ser útil, mas normalmente é mais construtivo colocar os quatro Mundos em uma única Árvore.

A Fórmula do Tetragrammaton

O *Tetragrammaton* é o nome quádruplo de Deus,* geralmente grafado como

י ה ו ה

H V H I

isto é, IHVH, Jeová, chamado o "nome inexprimível de Deus". Cada uma das quatro letras do Tetragrammaton está relacionada com um dos quatro Mundos Cabalísticos descritos na seção anterior. Diz-se que a pronúncia correta da palavra IHVH é o mais poderoso segredo oculto, porque, se ela for pronunciada corretamente, o mundo terminará. Compare essa idéia com a crença hindu de que quando Shiva acordar, o universo será destruído.

IHVH é usado como uma fórmula mágica. Suas correspondências são as seguintes:

I yod = Atziluth/fogo/masculino/ativo/*Força* criadora
H he = Briah/água/feminino/passivo/*Padrão* receptivo
V vau = Yetzirah/ar/"filho"/*Atividade* formadora
H he = Assiah/terra/"filha"/*Forma* material

* Tetragrama é apenas o conjunto das quatro letras. (N.T.)

O segundo (ou *He final,* como é chamado normalmente) é o resultado das três primeiras letras atuando como uma. Em outras palavras, a ação recíproca do fogo, da água e do ar conduz à formação da terra.

As quatro letras do Tetragrama também correspondem aos quatro naipes do Tarô e às quatro figuras do baralho, que estudaremos mais adiante.

As quatro letras podem também ser usadas pictoricamente para representar o corpo humano:

A Cruz Cabalística

O exercício a seguir, a Cruz Cabalística, é útil para três propósitos:

1. Ele o liga à Árvore da Vida e o ajuda a *compreender* a Árvore interior.
2. Ele harmoniza a sua energia, equilibrando a aura, sendo, portanto, um instrumento de cura.
3. Ele atua como uma proteção, como uma barreira contra intrusões indesejadas na aura.

Procure familiarizar-se o mais possível com os procedimentos deste exercício. Pratique-o com freqüência — pelo menos todos os dias até habituar-se a executá-lo livremente. Ele lhe será de grande ajuda. É um começo muito útil para qualquer forma de prática mágica ou mística, meditação etc. Na verdade, você poderá torná-lo parte dos seus procedimentos iniciais costumeiros para os exercícios apresentados neste livro.

a cruz cabalística

Siga os procedimentos iniciais costumeiros.

Fique de pé, atento, porém sem tensões.

Com o indicador da mão direita, toque a testa (um ponto um pouco acima e entre as sobrancelhas). Diga:

ATEH

Tome consciência do Eu mais profundo que habita em você.

Mova o dedo para baixo, seguindo uma linha reta até tocar a área genital. Diga:

MALKUTH

Tome consciência do seu corpo.

Visualize essa linha reta que desce pela frente do corpo, e as demais linhas que você desenha, como sendo uma luz brilhante, branco-prateada. Toque o ombro direito. Diga:

VE GEBURAH

Tome consciência da sua força de vontade.

Traçando uma linha a partir do ombro direito, toque o ombro esquerdo. Diga:

VE GEDULAH

Tome consciência da sua energia de amor. (Gedulah é outro nome para Chesed.)

Junte as duas mãos sobre o coração. Visualize uma cruz brilhante, de cor branca, traçada sobre o seu corpo. Diga:

LE OLAHM

Tome consciência de onde exatamente você está (aqui), neste exato momento (agora).

Estenda os braços para os lados, assumindo uma posição de cruz. Diga:

AMEN

Visualize-se como uma cruz branco-prateada expandindo-se nas quatro direções (para cima, para baixo, para a direita e para a esquerda).

Ateh	pronuncia-se ahteh	significa "porque teu"
Malkuth	malkuth	(é o) "reino"
Ve Geburah		"o poder"
Ve Gedulah		"a glória"
Le Olahm		"para todo o sempre"

Pronuncie cada palavra bem lentamente, e estenda as vogais realmente. Quanto mais energia você colocar na entonação das palavras, e quanto mais vontade e imaginação tiver, tanto mais eficaz será o exercício.

Não apresse nada — familiarize-se com cada estágio antes de passar para o seguinte. O significado interior do procedimento é muito mais importante do que sua forma exterior.

Síntese do Mapa Básico

O que vem a seguir é uma descrição das Sephiroth da Árvore da Vida. Além de ser um resumo do que você já aprendeu, ela também incorpora novas informações. Representa ainda outra maneira peculiar de observar a Árvore da Vida e o processo criador. Acompanhe com os olhos o diagrama da Árvore enquanto lê esta seção.

Kether é simbolizada pelo *ponto*. Não tem partes nem magnitude, apenas posição. Uma posição não tem nenhum significado, a não ser que haja um termo de comparação — este termo é a segunda esfera, Chockmah. O número de Kether é 1; este número é indivisível, e é impossível multiplicá-lo ou dividi-lo por si mesmo.

Chockmah é simbolizada pela *linha*, isto é, dois pontos distintos um do outro. A única forma de 1 tornar-se mais é pela duplicação ou reflexo de si mesmo, criando o 2, número de Chockmah.

Binah é simbolizada pelo plano bidimensional, ou pelo triângulo. É impossível dizer qualquer coisa sobre esses dois pontos, a não ser que eles existem. Para estabelecer a distinção entre eles, é necessário que haja um terceiro ponto, e então cria-se uma superfície. O número de Binah é o 3. Os dois primeiros, Kether e Chockmah, são uma dualidade; então surge um terceiro para equilibrá-los, Binah. Temos agora a Tríade Suprema, Kether, Chockmah e Binah, representando o Eu, a Vontade Espiritual e o Amor Espiritual, respectivamente.

Todavia, não há substância nessa trindade, de modo que surge *Chesed* como quarto ponto, e uma vez que ela não está no plano da primeira árvore, temos agora *substância* — a ponte foi cruzada sobre o Abismo entre o ideal (ou potencial) e o real (ou substância). O número de Chesed é 4. Temos agora algo a partir do nada, a idéia de matéria foi criada.

Geburah, cujo número é 5, vem a seguir. Com o sólido até agora criado, nenhuma mudança é possível. Absolutamente nada pode acontecer sem a existência do movimento ou do tempo, e é isto que essa esfera representa.

Tiphareth, cujo número é 6, surge de uma maneira muito semelhante à de Binah, que apareceu anteriormente: como um "terceiro" ponto para equilibrar os dois precedentes. O ponto original tem agora passado, presente e futuro; ele se tornou consciente de si mesmo, e isto é representado aqui — o verdadeiro centro do sistema, capaz de aprender pela experiência.

Chesed, Geburah e Tiphareth, 4, 5 e 6, formam a segunda tríade, e são, num sentido, um reflexo invertido da primeira tríade transpessoal. Portanto, Chesed é considerada o Amor pessoal, Geburah a Vontade pessoal e Tiphareth a identidade pessoal, central, ou "Eu". As três Sephiroth seguintes representam então um reflexo "inferior" dessas três esferas, mas, dessa vez, sem inversão.

Netzach, cujo número é 7, representa a concepção do ponto original da bem-aventurança, da necessidade, ou dos sentimentos.

Hod, cujo número é 8, representa a concepção do ponto de si mesmo como pensamento ou conhecimento.

Yesod, cujo número é 9, é a idéia do ponto de ser criado como resultado da consciência em desdobramento. Num sentido, isto pode ser chamado de inconsciente.

Malkuth, cujo número é 10, é o fechamento do sistema, sua materialização, e o ponto de onde ele pode começar tudo de novo. No macrocosmo, ela representa o mundo, e no microcosmo, o corpo.

O Número Sete

Há sete Sephiroth abaixo do Abismo; elas correspondem a muitos conjuntos de sete itens ou idéias em muitos e diferentes sistemas de símbolos. Atente para esses sistemas e para a importância do número sete. Por exemplo, temos sete:

- cores do arco-íris
- notas musicais
- dias da semana

- dias cósmicos da criação
- estrelas da Ursa Maior
- emanações do poder logóico (Platão)
- homens celestiais (Vedas)
- estados de atividade
- modos de realização transpessoal

Na Bíblia, o número sete ocorre com freqüência; por exemplo, os sete:

- altares construídos pelos israelitas
- touros ou carneiros para o sacrifício
- trombetas
- selos
- anjos velados
- dons do Espírito Santo
- pecados capitais

Há uma "co-incidência" muito interessante: ao colocar os sete planetas em volta dos pontos de uma estrela de sete pontas, na ordem em que eles aparecem na Árvore, se fizermos uma leitura em torno da estrela seguindo a linha contínua que une os pontos, descobrimos que os planetas estão na ordem que corresponde aos sete dias da semana. Isto se vê no seguinte diagrama:

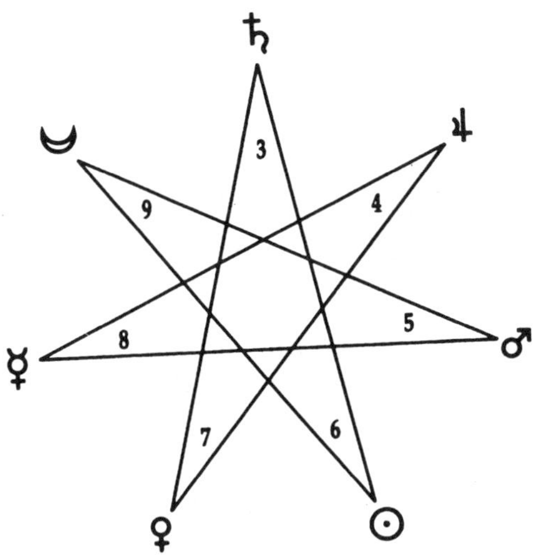

Os Símbolos Planetários

Todos os símbolos planetários são constituídos de sete componentes básicos, a saber:

o ponto	o Eu, a consciência, a esseidade
o círculo	percepção total, tudo
a crescente	receptividade e transmissão de energia
a seta	movimento, criatividade, resposta
a linha horizontal	feminino, passivo
a linha vertical	masculino, ativo
a cruz	união do masculino e do feminino, manifestação equilibrada

Cada símbolo planetário pode ser interpretado de acordo com o modo como essas partes o compõem. Por exemplo, no símbolo de Mercúrio, há uma crescente, um círculo e uma cruz: a receptividade (a crescente), passando pela percepção (o círculo) até a manifestação (a cruz).

É também interessante notar que os símbolos planetários ocultam em si mesmos os números das Sephiroth às quais são atribuídos:

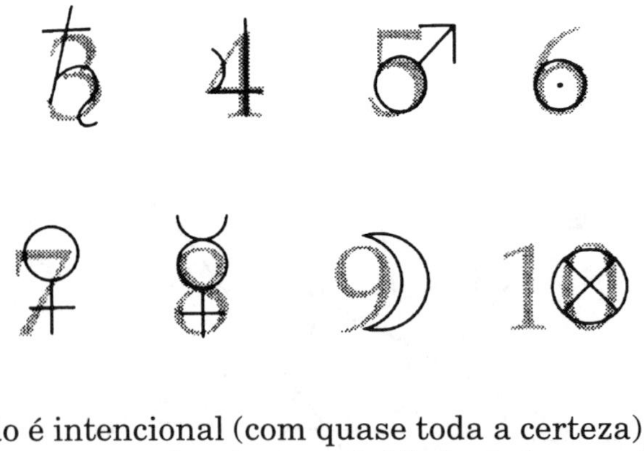

Isto não é intencional (com quase toda a certeza), mas é interessante como comentário sobre a atividade do inconsciente coletivo.

PARTE II

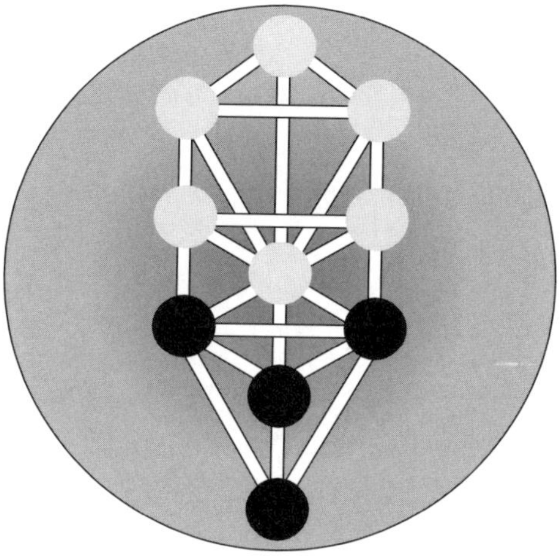

A Personalidade e a Árvore da Vida

CAPÍTULO 3

A Décima Esfera

Agora, você está começando um estudo profundo da Cabala. Lembre-se de seguir as instruções básicas para os exercícios, de estar presente no trabalho e de estar disposto a parar, se necessário.

Antes de iniciar o exercício que segue, reflita sobre a sua experiência com os exercícios já realizados, especialmente o exercício de *intenção*. Procure perceber como você pode interagir com esses exercícios e tome todas as medidas que julgar necessárias para aprimorar sua situação.

exercício de abertura

Siga os procedimentos iniciais costumeiros.

Com os olhos fechados, relaxe; esvazie-se o mais possível de pensamentos, sentimentos e sensações.

Quando estiver pronto, abra os olhos e veja o mundo à sua frente, onde quer que você esteja, como um lugar completamente novo. As coisas e as pessoas que você vê não têm nome. Você não tem registro mental, emocional ou físico com o qual possa identificar seu ambiente. Você não está preso a *nada*.

Imagine-se como um ser recém-nascido.

Agora, feche os olhos, retorne ao seu mundo interior, ainda identificado com ele mesmo, e tome a decisão consciente de que, ao abrir novamente os olhos, você verá todas as coisas e todas as pessoas como seres também renascidos. Tudo conserva o seu nome habitual, mas é diferente, novo, visto sob uma nova luz, e isso porque você quer, porque você escolhe.

Abra os olhos.

Tome consciência de como você precisou usar sua vontade e sua percepção neste exercício.

Escreva sobre essa experiência em seu diário.

A Décima Esfera, Malkuth

O nome desta Sephira é *Malkuth*, que em hebraico é:

מ ל כ ו ת

Th V K L M

A tradução de Malkuth é "o Reino". Malkuth é o "reino do corpo e dos sentidos". É também o "reino" do espírito puro de Kether, que se localiza no topo da Árvore, sendo seu lugar de manifestação.

Malkuth tem uma dupla atribuição: com relação ao corpo (e aos sentidos) e com relação ao "mundo exterior". Mais corretamente, poder-se-ia dizer que Malkuth representa *o contato entre o corpo e o mundo exterior*, vivenciado primeiramente pelos sentidos.

exercício dos sentidos

Antes de continuar, coloque à sua frente:

- algo que possa ser ingerido (sólido ou líquido);
- algo aromatizado (por exemplo, um perfume ou uma flor);
- um quadro ou uma fotografia que lhe inspire sentimentos positivos ou negativos fortes.

Faça o exercício da Cruz Cabalística (ou outro que você conheça para acalmar-se e concentrar-se).

Apanhe o objeto perfumado e aspire profundamente o seu cheiro.

Observe como isso o influencia: o cheiro pode provocar-lhe pensamentos; pode evocar-lhe lembranças; pode fazê-lo sentir-se bem, ou triste, ou pode despertar-lhe alguma outra emoção. De uma maneira ou de outra, o aroma exerce algum efeito sobre você.

Nenhum desses efeitos é Malkuth.

Agora, aspire novamente o aroma. Dessa vez, observe o *cheiro em si mesmo* — apenas o cheiro, sem pensamentos, sem emoções, nada além do cheiro. Essa é a experiência pura de Malkuth.

Agora, junte as mãos, da maneira que desejar, e tome consciência da sensação que essa posição desperta. Os efeitos podem estar presentes novamente; por exemplo, você pode se lembrar da oração. Sem rejeitar esses efeitos, *não* lhes dê atenção; eles *não* são Malkuth. Apenas vivencie a sensação do toque. Simplesmente, esta é a pura experiência de Malkuth.

Bata palmas e *ouça* o som produzido. O som em si não é Malkuth. Malkuth é a *experiência de ouvir o som,* mas não o som.

Agora, olhe para o seu quadro ou fotografia. Você pode experienciar Malkuth prestando atenção ao que seus olhos vêem, não levando em consideração o tema do quadro.

Apanhe alguma coisa para comer ou beber, mas, antes de começar a fazer isso, conscientize-se de que *o gosto em si* é a experiência de Malkuth.

Finalmente, diga qualquer palavra em voz alta e ouça sua voz, sem interpretar-lhe o significado. Existe algum limite ao número de diferentes sons que você pode emitir?

Este exercício não quer sugerir que haja algo de errado em ter pensamentos, lembranças, sentimentos, emoções ou sensações. Do mesmo modo, não quer insinuar que você deva ignorar, suprimir ou reprimir essas reações. Tudo isso pertence a outras partes da Árvore. A insistência no sentido de não dar atenção a esses processos tem por objetivo dar-lhe condições de vivenciar Malkuth *na sua essência*.

A essa altura, você já deveria ter o hábito de escrever regularmente sobre suas experiências com esses exercícios. Embora não seja imprescindível, trata-se de uma prática muito recomendável.

o templo de malkuth

Siga os procedimentos iniciais costumeiros.

Imagine-se em meio a uma vasta planície que se estende até o horizonte em todas as direções. Ao olhar ao seu redor, é como se você estivesse no centro de um círculo:

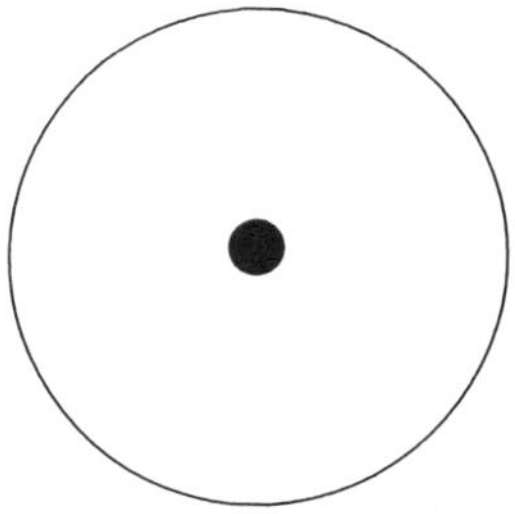

A consciência de que você está no centro de um círculo pode continuar mesmo quando você preenche a planície com cidades, estradas, jardins, montes de lixo, muros de tijolos e tudo o que possa rodeá-lo em seu ambiente. Embora não seja visto diretamente, aquele horizonte ainda está presente — e se você se mover em qualquer direção, por maior ou menor que seja a distância, você sempre permanece no centro do círculo.

Este é um exercício importante no que diz respeito à consciência. É uma maneira prática, viva, de experimentar a verdade de que *você é sempre o centro.* Onde quer que esteja, você é o centro do círculo da sua consciência, tanto no mundo interior como no exterior.

Esse círculo, do qual você é o centro, pode ser cruzado, entrecruzado, entrelaçado e sobreposto a milhares de outros círculos pertencentes a outras pessoas, animais, plantas e objetos inanimados — tudo, na verdade; mas o seu círculo é sempre unicamente seu. Se eu estivesse próximo de você olhando através do espaço infinito para uma estrela distante, embora pudéssemos não percebê-la diretamente, nossa percepção dessa estrela ficaria alterada pelos poucos metros que nos separariam. Eu dou o nome de "verde" a esta cor à minha frente, e você também — mas nós realmente vemos a mesma coisa? Mesmo que assim fosse, poderíamos prová-lo?

Malkuth recebeu apropriadamente o nome de *O Templo*. É *um templo* composto de *duas* partes:

- um templo interior (quando você mantém os olhos fechados),
- um templo exterior (quando você mantém os olhos abertos).

Talvez você queira criar um templo "ambiental" particular (seja ele o templo de um mago, uma sala de estar ou outro cômodo), mas o seu verdadeiro templo exterior (olhos abertos) é aquele círculo (ou talvez, mais corretamente, aquela esfera) do qual você sempre é o centro. Seu verdadeiro templo interior (olhos fechados) é tudo o que está dentro de você, incluindo tanto as coisas de que você está consciente *como* aquelas de que você não tem consciência. Todos os limites são artificiais.

o contínuo da percepção

Siga os procedimentos iniciais costumeiros.

Usando as palavras "Agora eu percebo..." no início de cada afirmação, verbalize tudo o que você percebe e observe como o centro de sua atenção muda o tempo todo. Por exemplo:

Agora eu percebo que estou datilografando estas palavras... agora eu percebo que estou agradavelmente aquecido... agora eu percebo um carro passando pela rua... agora eu percebo o borborigmo no estômago... agora eu percebo uma pequena dor nos ombros... agora eu percebo que me sinto feliz... agora eu percebo o som das teclas da máquina... agora eu percebo...

Prossiga com esse contínuo de percepção sozinho — por cinco minutos, aproximadamente.

Em seguida, faça o exercício novamente por alguns minutos, dessa vez observando o que distrai sua percepção. Há momentos em que nada parece surgir? Você se sente ridículo fazendo o exercício — ou ele lhe parece despropositado?

Torne a fazer o exercício, lembrando de começar cada afirmativa com as palavras: "Agora, eu percebo..." Dessa vez, preste atenção a como o centro da atenção passa do interior para o exterior, e vice-versa.

Esse contínuo da percepção é constituído pelas nossas intuições, pensamentos, sentimentos, emoções, sensações, fantasias... todas as funções do nosso ser.

Malkuth poderia ser descrita como o lugar onde tudo acontece. Ela tem sido chamada *A Porta*, tanto a porta através da qual manifestamos fisicamente todos os aspectos de nós mesmos, como a porta através da qual chegamos à manifestação. Malkuth, então, é a existência "primeira", ou o "primeiro corpo". Mais adiante, conheceremos o "segundo" e o "terceiro" corpos de Hod e Netzach.

Correspondências com Malkuth

À medida que formos pesquisando o funcionamento de cada Sephira na Árvore da Vida, daremos atenção a algumas das principais correspondências. Uma correspondência é algo que "acompanha" o que a esfera representa. Por exemplo, como Malkuth representa a terra, todos os deuses e deusas relacionados com a terra (por exemplo, Ceres) terão correspondência com esta Sephira. De modo semelhante, o círculo mágico corresponde a Malkuth; o mesmo acontece com os seus pés.

Embora as correspondências apresentadas neste livro sejam em número limitado, mesmo assim elas são inúmeras; e há uma quantidade incalculável de outras. As obras 777, de Crowley, *The Mystical Qabalah,* de Fortune, e *Practical Guide to Qabalistic Symbolism*, de Knight, são todas boas fontes de correspondências, mas a melhor de todas é a experiência do trabalho prático com a Árvore da Vida. As novas tabelas de correspondência deste livro baseiam-se em anos de pesquisas efetuadas por muitos estudantes de Cabala. À medida que prosseguir com o estudo da Cabala, você descobrirá suas próprias correspondências "pessoais" para cada esfera e caminho da Árvore. É uma boa idéia reservar um caderno para todas as correspondências que você descobrir, pessoalmente ou através do estudo deste curso ou de outras fontes de ensinamento cabalístico.

É de fundamental importância testar a validade de todas as correspondências. As maneiras de fazer isso serão apresentadas durante o curso, mas nada pode constituir melhor teste de uma correspondência do que seus próprios sentimentos e intuições sobre ela. Se lhe parecer "certo", e se houver uma harmonia com a sua percepção do universo (interior e/ou exterior), adote-a; caso contrário, rejeite-a.

Mal em hebraico significa "real", e *kuth,* "vulva". Assim, *Malkuth*, como a "vulva real", é a porta para a manifestação. Uma Imagem Mágica associada a Malkuth é o Jardim do Éden, a deusa da terra em seu reino de manifestação. Às vezes, Malkuth é chamada *Kallah*, significando "a noiva"; outras vezes é "a virgem".

Também se atribui a cada Sephira o que tradicionalmente se chama uma Virtude e um Vício. Às vezes, há mais do que uma virtude ou mais que um vício. As Virtudes que correspondem a Malkuth são:

- discriminação e ceticismo

ao passo que os Vícios são:

- inércia e avareza.

Antes de prosseguir, reflita sobre esses Vícios e Virtudes e, levando em conta o que você já conhece de Malkuth, veja como você se relaciona com eles.

No corpo, e também representando o corpo todo como o templo, Malkuth é atribuída aos pés (como órgãos de manifestação) e ao ânus (como órgão de discriminação).

Malkuth é também atribuída ao chakra *Muladhara*, aquele que, entre os sete chakras principais, ocupa a região mais baixa. Esta "zona de energia" está associada à base da coluna. Num capítulo posterior, examinaremos com maior profundidade as correspondências entre os chakras e a Árvore da Vida.

Não queira memorizar essas correspondências. Não há nenhum problema se você quiser fazer isso, obviamente, mas as correspondências mais proveitosas são as que você sente que são corretas quase instintiva ou intuitivamente. Essas não precisam ser memorizadas: uma vez conhecidas, serão sempre lembradas.

Também não se deixe absorver pelas correspondências. Esta seção apenas relacionou algumas mais importantes. Por ora, procure principalmente apreender um pouco do seu *significado.* Procure compreendê-las e senti-las, mas não se preocupe se as esquecer.

Malkuth está associada com a manifestação principal dos quatro elementos, e, portanto, é descrita como "a esfera dos elementos". Esses quatro elementos são:

fogo, água, ar, terra

Talvez eles possam ser mais adequadamente denominados "elementos do sábio", pois, embora representem aquilo a que realmente dão nome, vão muito além disso. Tudo no mundo é composto de uma combinação determinada desses elementos. Assim, por exemplo, o ferro poderia ter as características da terra em sua dureza, do ar em sua condutividade, do fogo em seu magnetismo. Poder-se-ia dizer que uma nuvem tem as características do fogo em sua capacidade de se transformar numa nuvem de tempestade; da água em sua capacidade de produzir chuva; do ar por sua leveza; e da terra por ocultar o céu azul. (Você pode discordar dessas correspondências com uma nuvem — muito bem! Quanto mais você formar suas próprias correspondências, melhor.) Procure elaborar a composição elemental de outros detalhes da sua vida. Nem sempre é possível estabelecer essas combinações, mas o exercício pode ser muito proveitoso.

Os símbolos que em geral representam os quatro elementos são:

Fogo Ar Água Terra

A cor de Malkuth é o azul ("nosso planeta azul"), mas é representado com quatro cores que têm relação com os quatro elementos, quais sejam:

castanho-avermelhado	para o fogo
citrino	para o ar
oliva	para a água
preto	para a terra

Como você deve saber, as cores primárias são o vermelho, o amarelo e o azul. É interessante observar:

o castanho-avermelhado é composto de todas as cores primárias, com mais vermelho,
o citrino é composto de todas as cores primárias, com mais amarelo,
o oliva é composto de todas as cores primárias, com mais azul,
o preto é a absorção de todas as cores, não rejeitando nenhuma.

O número de Malkuth é 10. Dez é o Décado, composto de 1+2+3+4=10. Como o seu símbolo mostra (10), o dez é também o um voltando para o nada.

O iniciado vê o mundo (isto é, Malkuth) como resplandecente (brilhante, fulgurante, iluminado) e o "Sepher Yetzirah" chama Malkuth a "inteligência resplandecente".

O "Sepher Yetzirah" (O Livro da Formação) é um texto cabalístico tradicional e fonte de muitas correspondências originais. Às vezes, passagens dele extraídas são citadas como sendo "o texto Yetzirático".

Os símbolos mágicos e as Armas que correspondem a Malkuth são o círculo e o triângulo, a cruz de braços iguais e o corpo.

A Visão atribuída a Malkuth é a "visão do Santo Anjo da Guarda".

O Santo Anjo da Guarda habita em Tiphareth, o "sol" no centro da Árvore. A visão deste sol ou Anjo da Guarda é *vista* — mas não alcançada — em Malkuth. Mais adiante, você aprenderá o modo de conhecer e de dialogar com o seu Santo Anjo da Guarda.

Cada esfera tem vários deuses e deusas associados a ela. Os mais importantes atribuídos a Malkuth são Osíris (egípcio), Perséfone (grega) e Ceres (romana). Por meio dos seus diferentes aspectos, todos os deuses e deusas têm relação com muitas ou com todas as esferas. Como os humanos, eles são "completos" em sua natureza. Por outro lado, os anjos e os arcanjos se relacionam especificamente com esferas determinadas. (Veja tabelas de correspondência.)

Uma vez mais, procure não memorizar essas correspondências; em vez disso, medite e reflita profundamente sobre elas, e observe como fazem sentido para você e para sua experiência. Desse modo, elas não serão símbolos intelectuais, mortos, mas serão frutos viçosos em sua Árvore da Vida pessoal e viva.

A Árvore e o Tarô

O estudo e a prática do Tarô são de grande auxílio para que você se envolva com o sistema cabalístico vivo. No capítulo 14, examinaremos a Árvore da Vida e o Tarô em detalhes. Por ora, entretanto, você verá que, à medida que subimos pela Árvore da Vida, certa compreensão do Tarô o ajudará a compreender a Árvore, e vice-versa.

Os Arcanos Menores do Tarô, às vezes chamados de cartas "pequenas", têm correspondência numérica com a Árvore. Assim, por exemplo, os quatro 7 correspondem a Netzach (número 7), os 3 correspondem a Binah (número 3), e assim por diante. Os Arcanos Maiores, chamados de "Atus de Thoth", as vinte e duas cartas primárias do Tarô, correspondem aos vinte e dois caminhos que unem as esferas, enquanto que as Figuras têm associações especiais com certas esferas.

Com relação às figuras, as Princesas nos interessam aqui de modo particular, porque correspondem a Malkuth. No momento, podemos considerá-las como representando a materialização da energia.

As figuras também correspondem aos quatro elementos e às letras do Tetragrama, IHVH, assim:

Cavaleiros (Reis)	I	fogo
Damas (Rainhas)	H	água
Príncipes (Valetes)	V	ar
Princesas (Pajens)	H	terra

Se considerarmos a União de macho e fêmea para produzir o filho e a filha, como representada nesta fórmula do Tetragrama, teremos:

I + H = V + H

Aqui, o H final representa as Princesas, associadas com Malkuth. Esta fórmula também poderia ser escrita assim:

I + H = V + E

onde "E" representa a energia produzida pela união de I + H. Esse "E" é também representado pelas Princesas.

Os quatro naipes do Tarô também correspondem aos elementos:

fogo	paus	vontade, energia criadora
água	copas	amor, energia receptiva
ar	espadas	intelecto, energia formadora
terra	ouros	matéria, energia de manifestação

Os quatro "10" do Tarô são a manifestação final das energias dos elementos. Eles correspondem a Malkuth.

Se você quiser estudar o Tarô em profundidade, o que se recomenda enfaticamente, seria uma boa idéia adquirir um baralho de cartas do Tarô. Atualmente, o mercado põe à disposição dos interessados uma variedade muito grande de baralhos (ver bibliografia).

A Pessoa na sua Totalidade

Estude as várias associações e correspondências no diagrama da pessoa na sua totalidade (à página 38), e procure memorizar o maior número de elementos possível. Não se preocupe se tiver dificuldade; a assimilação acontecerá à medida que seu trabalho for avançando.

A Cabala Não-escrita

A essência da assim chamada Cabala "não-escrita" é o conhecimento das correspondências enquanto elas dizem respeito às várias esferas e caminhos da Árvore. Essas correspondências abrangem muitas que você já encontrou nesta descrição de Malkuth e incluem as cartas do Tarô, as visões, vícios e virtudes, os signos do zodíaco, os planetas, os elementos, os arcanjos, as cores, ervas, árvores, flores, e assim por diante.

Cada caminho pode ser visto como uma ligação dinâmica entre as Sephiroth, ou esferas, que esse caminho estabelece. Ele é mais bem entendido levando em consideração a natureza das esferas que liga. Assim, o caminho entre Hod e Netzach, digamos, diz respeito à relação entre a mente e os sentimentos. Cada Sephira individual, entretanto, não pode ser entendida de maneira tão simples. Por um lado, todas precisam ser compreendidas dentro dos quatro Mundos (ver a seção anterior sobre os quatro Mundos Cabalísticos); e sua natureza também deve ser compreendida como tendo um lado positivo e um lado negativo em sua organização. Ainda, elas são masculinas (em seus aspectos criativos) e femininas (em seus aspectos receptivos). Considerando todos esses atributos, vistos em conjunto e inter-relacionados, podemos então examinar os elementos que constituem cada Sephira: primeiro, sua função como "zona de energia" ou "chakra"; segundo, sua função como origem de seres de outras dimensões; terceiro, como a consciência de certa função; e quarto, como um aspecto determinado de energia em manifestação.

as dez alegrias secretas do mestre

Siga os procedimentos iniciais costumeiros.

Leia com toda a atenção o texto que segue, extraído dos escritos de Aleister Crowley; em seguida, escolha uma das afirmações do número 4 ao 10 (que correspondem às esferas da Árvore com esses mesmos números):

1. Tu és aquilo que escolhes pensar que és, imune a tudo, pois tudo é uma questão de ponto de vista.

2. Teu nome, que é tua palavra, é a substância da tua vontade, cujo modo de agir constitui a existência. Oportunidade.

3. Aquilo que crias é tua compreensão do teu amor.

• • •

4. A Necessidade do Universo é uma Medida da tua *Probidade.*

5. O Movimento do Universo é a Realização da tua *Energia.*

6. A Ordem do Universo é a Expressão do teu Êxtase de *Beleza*.
7. A Sensibilidade do Universo é o Triunfo da tua *Imaginação*.
8. A Mutabilidade do Universo é o Esplendor da tua *Engenhosidade*.
9. A Estabilidade do Universo é Mudança, a Certeza da tua *Verdade*.
10. A Perfeição do Universo é a Realização do Ideal da tua *Paixão*.

Medite inicialmente sobre cada palavra da frase escolhida; depois, reflita sobre o sentido da afirmação tomada em conjunto.

Escreva a palavra da afirmação que está em *itálico* num círculo centralizado numa folha de papel e medite sobre essa palavra. À medida que as associações ocorrerem, acrescente raios ao círculo; por exemplo:

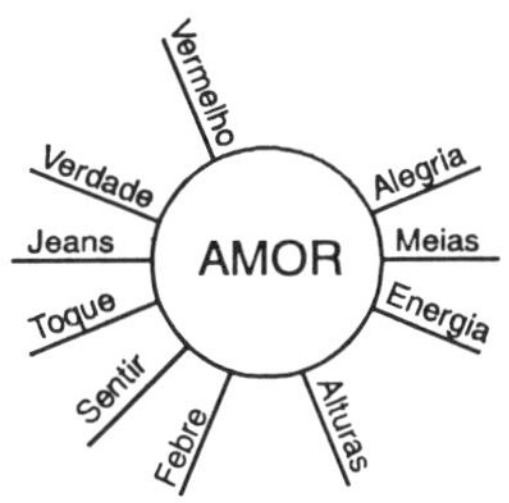

Fique sintonizado com a palavra central; isto é, depois de cada associação, volte à palavra original. Assim, no exemplo acima, depois de escrever "vermelho", eu voltei à palavra "amor" para meditar sobre ela, não dando continuidade à seqüência de "vermelho", que poderia ter levado a outras associações, como, por exemplo, a lábios, a caixa receptora de correspondência, a ônibus etc.

Não censure nem julgue. Por exemplo, no diagrama acima, a palavra "meias" é tão apropriada quanto, digamos, "energia".

Copie o seu diagrama no diário, e escreva tudo o que você sentiu enquanto fazia o exercício.

Se você escolheu a afirmação número 6, por exemplo, a palavra "Beleza" é que deve ter sido escrita no círculo. Então, pelo sistema de correspondências, você pode dizer que tudo o que está nos raios do círculo está associado com "Beleza", e que essas são correspondências *para você* particularmente, com relação à esfera número 6 — ou seja, Tiphareth.

Faça apenas uma meditação dessa por dia, mas não deixe de meditar sobre cada afirmação do texto, compondo, assim, a sua compreensão das dez esferas da Árvore da Vida.

O Corpo Humano e o Universo

Como já vimos, Malkuth corresponde ao corpo e ao mundo exterior, ou o universo. Também aprendemos que há uma correspondência viva e verdadeira entre ambos. É importante que você compreenda essa correspondência e que comece a relacionar seu mundo interior, e seu corpo, ao seu mundo exterior, e seu universo. Nas tabelas de correspondência, você encontrará atribuições detalhadas da estrutura física do corpo, e componentes internos do corpo. À medida que seu estudo avançar, você se habituará a essas relações. No momento, porém, concentre-se na Árvore da Vida, uma vez que ela corresponde ao corpo todo (como representado de maneira simples no diagrama a seguir).

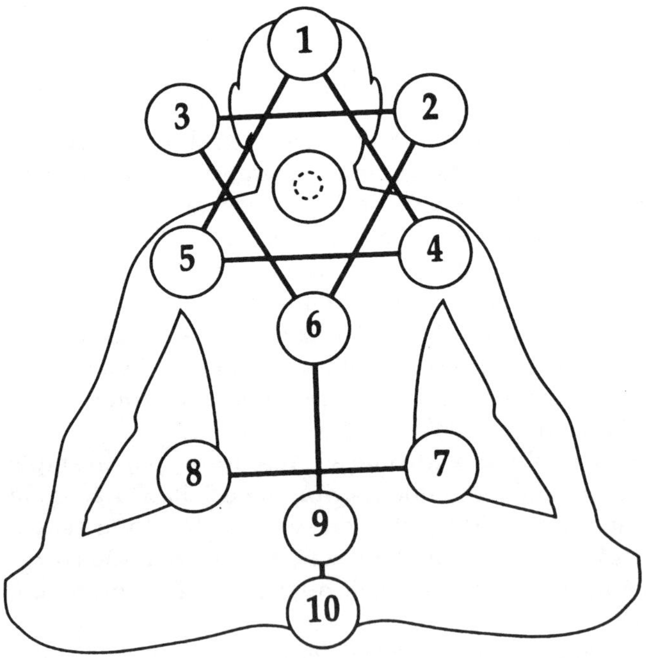

CAPÍTULO 4

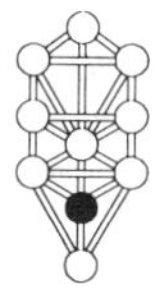

A Nona Esfera

A Nona Esfera, Yesod

O nome desta Sephira (ou esfera) é *Yesod*, que em hebraico é:

יסוד

D V S Y

Yesod está localizada no pilar do meio, diretamente acima de Malkuth, mas abaixo do plano que contém Hod (pensamento) e Netzach (sentimento).

Todas as esferas do pilar central têm uma atribuição dupla. Como você pode lembrar, Malkuth, no pilar central, foi atribuída tanto ao corpo físico/sentidos *como* ao mundo exterior. Yesod é atribuída:

ao inconsciente inferior
e
à energia bipolar/sexual

Yesod significa "Fundamento", e pode ser vista como a base do nosso trabalho vital enquanto ela:

- contém o "material" que recolhemos em nosso passado e que estamos carregando conosco,
- é a transmissora perfeita da energia potencial ou "futura" que

tem origem nas esferas superiores e com a qual criamos a nós mesmos *e* ao nosso mundo.

A energia específica que estamos analisando pode ser chamada de "inconsciente inferior", "subconsciente", "energia propulsora", "inconsciente" e assim por diante. Quando relacionada com o "subconsciente" freudiano, ela se refere especificamente à parte do subconsciente que está envolvida com o *passado*.

Você pode considerar todas as esferas da Árvore, do topo até Tiphareth, como representativas do *futuro*, o potencial dentro de nós. Netzach, Hod e Malkuth representam o *presente*. Sempre carregado dentro do presente está o *passado* — isto é, Yesod. O passado influencia o presente. O que somos em qualquer momento é condicionado pelo que nos aconteceu e pelo que aprendemos até esse momento. As energias que aprendemos a usar livre e adequadamente se fundiram e se tornaram parte do nosso ser todo como somos *agora*. Mas muitas experiências que temos na vida — por exemplo mágoas, medos, desordens emocionais etc. — nós *não* as aceitamos como partes nossas. Em vez disso, sufocamos e/ou reprimimos as energias envolvidas. É essa energia, assim abafada, que nos controla e que "nos mantém em nosso lugar".

Esse material contido/reprimido, acrescido de todos os nossos instintos básicos de sobrevivência, é a substância de Yesod como inconsciente inferior. Se todas as nossas energias funcionam harmoniosamente, então Yesod é um Fundamento realmente positivo para que as forças "superiores" se manifestem dentro de nós. Mas o material sufocado e reprimido — que todos temos — provoca *desequilíbrios*.

Abraham Maslow classificava nossas necessidades em dois tipos — as "necessidades de deficiência" e as "necessidades de ser". Se as necessidades de deficiência, que são basicamente as de alimento, de abrigo etc., são atendidas, começamos a satisfazer as necessidades de ser, que são as que se referem, por exemplo, ao amor, à verdade, à beleza, ao conhecimento, e assim por diante. Se suas necessidades de deficiência não tivessem sido satisfeitas, provavelmente você não estaria lendo estas palavras — com maior probabilidade, você estaria na cozinha preparando algum alimento (supondo que você seja uma pessoa de sorte — você também poderia estar num ambiente de seca prolongada, passando fome). Yesod tem por função "nos impulsionar" a satisfazer essas necessidades de deficiência, e em seguida nos fornece o material básico para manifestar nossas necessidades de ser.

O processo acima descrito de abafamento/repressão não é absolutamente "ruim" ou negativo. Essa energia desequilibrada é o material de que dispomos; é com esse material que podemos trabalhar em nossa vida e, ainda, é através dele que podemos — liberando-o e transformando-o — ampliar nosso conhecimento, nossa compreensão e nossa sabedoria. (Conhecimento é Daath, Compreensão é Binah, Sabedoria é Chockmah.)

O sexo também é um ponto de "equilíbrio" ou de "desequilíbrio" em nossa vida. Todos conhecemos muito bem a força da energia sexual, tanto para o bem como para o mal. A Cabala atribui uma importância vital à correta compreensão e uso da energia sexual/bipolar. Trataremos desse assunto com considerável profundidade mais adiante. Por ora, considere Yesod, em sua relação com a energia sexual, como sendo a "manifestadora" ou a "criadora" de novos padrões energéticos. O sexo é um manifestador primeiro de energias potenciais ou futuras, cuja transmissão é função primeira desta esfera.

Pode-se dizer que "o novo nasce a partir do fundamento do velho". Yesod nos oferece a oportunidade de nos tornarmos inteiros.

equilibrando os opostos

Para este exercício, você precisa de um baralho de Tarô. Se ainda não tiver um, use qualquer figura ou fotografia, escolhendo uma com a qual você se sente positivamente identificado no momento de realizar o exercício, e outra pela qual você nutre sentimentos negativos. Por exemplo, uma pode ser a fotografia de uma pessoa querida, a outra um anúncio ou talvez a fotografia de um político.

> Se você estiver usando um baralho de Tarô, espalhe todas as cartas com a parte da frente voltada para baixo; feito isso, vire-as para cima, examine-as por alguns momentos e escolha uma carta com a qual você se identifica, com relação à qual você tem uma reação positiva; logo em seguida, escolha uma segunda carta que desperta em você uma reação negativa, da qual você não gosta no momento presente.
>
> A partir desse ponto, o exercício é para todos.
>
> Siga os procedimentos iniciais costumeiros.
>
> Disponha as duas cartas/fotos à sua frente e vire a negativa para baixo. Passe algum tempo olhando para a *positiva* e identificando-se com ela.
>
> Identifique alguma figura básica na cena representada (pode ser uma pessoa, um animal ou um objeto inanimado). *Seja essa figura* e fale como se você fosse ela. *Em voz alta,* descreva a si mesmo usando o pronome pessoal "Eu".
>
> Descreva-se fisicamente (por exemplo, "Eu sou vermelho, eu moro no sopé de uma montanha" etc.); em seguida, descreva-se emocionalmente; depois, mentalmente, e por fim, espiritualmente.

Vire a carta positiva para baixo e a *negativa* para cima. Siga o mesmo procedimento, sem esquecer de usar o pronome pessoal "Eu" para se descrever.

Vire as cartas novamente. Repita o processo, *mas dessa vez concentre a atenção nos aspectos negativos dessa carta,* a carta que originalmente você escolheu como positiva.

Finalmente, agora com a carta negativa à frente, repita o exercício, *concentrando toda a sua atenção nos aspectos positivos* da carta "negativa".

Depois de realizar o exercício quatro vezes (carta positiva: atributos positivos e negativos; carta negativa: atributos positivos e negativos), você pode perceber como o positivo contém aspectos negativos, e vice-versa. Essa é uma maneira de liberar energia e de criar equilíbrio.

Nada é inteiramente bom nem inteiramente mau; o mínimo que se pode dizer é que sempre há a semente do pólo oposto em cada aspecto e, freqüentes vezes, muito mais.

O passado modela o presente; o futuro é mudança potencial.

Você pode repetir esse exercício muitas vezes com o seu baralho de Tarô; sua função secundária é ajudá-lo a compreender o Tarô (e por meio dele, a Árvore da Vida).

Yesod prende nossa personalidade e cria um caráter inflexível. Nosso trabalho é liberar a personalidade e nos tornarmos pessoas de caráter livre, através do qual alma e espírito possam se manifestar. (Não se preocupe se você tem dificuldade em aceitar termos como alma e espírito, ou se quer entender o seu significado — estudaremos essas palavras com mais profundidade em capítulo posterior.)

Yesod pode ser descrita como o fulcro entre Hod (pensamento) e Netzach (sentimento).

A Esfera da Lua

Yesod é atribuída à Lua. A Lua não tem luz própria, mas reflete a luz do Sol para a Terra (durante a noite). Assim, também, Yesod reflete a luz do sol de Tiphareth para a terra de Malkuth (embora Yesod, diferentemente da Lua, tenha sua própria fonte de luz).

A Lua nos apresenta apenas uma face, mas existe um lado escuro permanente que nunca vemos. Isto também se aplica a Yesod, que tem um lado escuro ou reverso (o que é válido para todas as esferas).

A face de Yesod que vemos (a transmissora de luz) é sua função como esfera de energia sexual; como o lado escuro, nunca visto, ela é a esfera do inconsciente inferior. Essa distinção nos ajuda a compreender também a diferença entre sentimentos e emoções. Às vezes, esses termos são usados indiferentemente, um substituindo o outro, mas as emoções são *reativas* (lado escuro) e os sentimentos são *expressivos* (lado iluminado).

A Lua tem quatro fases: crescente, cheia, minguante e nova (ausente) (compare essas fases com os quatro estágios do Sol: nascente, meio-dia, poente, meia-noite/Sol oculto). As luas crescente e cheia são mais apropriadamente atribuídas à lua do caminho da "sacerdotisa" da Árvore, o caminho que une Kether e Tiphareth, o Espiritual ao Eu pessoal. As luas minguante e "escura" estão mais próximas das luas de Yesod, ou, alternativamente, as luas crescente e cheia podem ser atribuídas a Yesod como a esfera sexual e as luas minguante e escura, a Yesod como a esfera do inconsciente inferior.

A lua "alta" (crescente e cheia) recebe luz e a *retransmite*. A lua "baixa" (minguante e nova) recebe luz e a *absorve* — trata-se de um sistema fechado em que nossas energias podem ficar estagnadas, a menos que trabalhemos conscientemente em nós mesmos e liberemos essa energia. Considere as duas deusas da Lua: *Diana*, a caçadora, e *Hécate,* a feiticeira. Reflita também sobre a importância de ambas na criação de todo um sistema.

Correspondências com Yesod

Uma imagem mágica associada a Yesod é a de uma pessoa bonita, sexualmente atraente. No corpo, Yesod corresponde aos genitais (macho e fêmea — o pênis ereto equivalendo ao clitóris excitado sexualmente).

A Virtude tradicional de Yesod é a independência, ao passo que os Vícios são o desânimo, a preguiça e a estagnação.

O texto Yetzirático chama Yesod de "Inteligência Pura", pura no sentido de que ela se encontra no ápice do processo criativo. A experiência espiritual associada a Yesod é "a Visão da Engrenagem do Universo". Imagine essa visão em termos do que você já aprendeu sobre essa esfera.

Perfumes e *sandálias* têm relação com Yesod. Os perfumes são usados nos rituais para servir de base material para forças prestes a se manifestar (a fumaça em si), e para despertar determinadas emoções, lembranças, e assim por diante. Portanto, se for usado o perfume/aroma apropriado, ele ativará as emoções/lembranças e os sentimentos/reações correspondentes exigidos para que o objetivo daquele ritual específico seja atingido.

As sandálias podem ser vistas sob dois aspectos: como a parte de cada pessoa que mantém contato com o caminho de modo mais direto; e como o fundamento do ser todo, o elemento de ligação da pessoa com o mundo. Compare isto com a visão da reflexologia, que acredita que na planta do pé há um mapa de todo o corpo.

Uma substância associada a Yesod é a *raiz de orquídea*. O pó da raiz de orquídea é altamente nutritivo para o sistema humano, e alguns dizem que ele pode ser usado como alimento completo.

As quatro cartas do Tarô relacionadas com Yesod são os quatro 9:

o 9 de paus	força	(Lua em Sagitário)
o 9 de copas	felicidade	(Júpiter em Câncer)
o 9 de espadas	crueldade	(Marte em Gêmeos)
o 9 de ouros	ganho	(Vênus em Virgem)

Mesmo que você ainda não esteja usando as cartas do Tarô, é interessante refletir um pouco sobre seus títulos e, se estiver interessado em astrologia, sobre suas correspondências astrológicas.

A Cor e a Árvore da Vida

Há quatro escalas de cor, uma para cada Mundo Cabalístico:

Escala	*Mundo*	*Letra do Tetragrama*
Rei	Atziluth	I
Rainha	Briah	H
Imperador	Yetzirah	V
Imperatriz	Assiah	H

Você pode usar as quatro escalas ao efetuar operações pelos quatro Mundos, mas, para todos os fins práticos, o esquema de cor é o apresentado nas tabelas de correspondência. Esse esquema se baseia em correspondências tradicionais e na percepção de pessoas sensíveis às cores nos corpos sutis humanos. Se você, lembrando-se de que o equilíbrio é importante, vier a errar, seu erro será sem importância.

exercício

Recorte seis pedaços de papel em forma circular, com 25 mm (1 polegada) de diâmetro. Escreva neles o que segue:

No primeiro, escreva "4 azul"
No segundo, "5 vermelho"
No terceiro, "6 amarelo"
No quarto, "7 verde"
No quinto, "8 laranja"
No sexto, "9 púrpura"

Esses números correspondem às esferas que vão de Chesed a Yesod. Disponha os pedaços de papel de acordo com o lugar que ocupariam na Árvore da Vida:

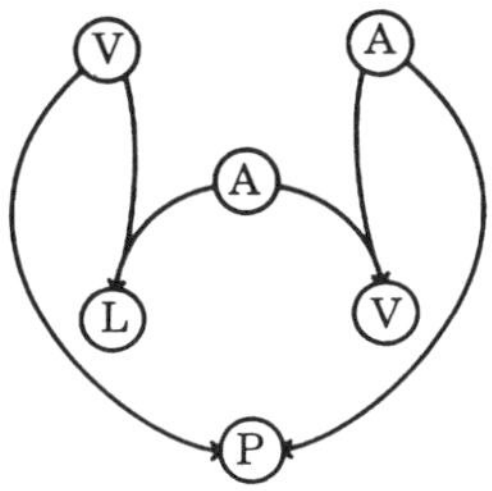

Observe a combinação, assim:

4, 5 e 6 são as cores primárias;
5 e 6 fazem 8;
4 e 6 fazem 7;
4 e 5 fazem 9.

Se preferir, pinte os círculos (talvez no verso) com as cores específicas, e procure usá-los para visualizar a Árvore com suas cores. Para deixar o quadro completo, você pode acrescentar uma esfera branca para Kether, uma cinza para Chockmah, uma preta para Binah, e uma azul-celeste, suave, para Malkuth.

A Luz Astral

A *Luz Astral* tem recebido outras denominações — o éter dos sábios, akasha (num sentido da palavra), *élan* vital e energia orgônica.

O astral pode ser considerado como a energia dupla do material. Em certo sentido, ele é "a matéria de que são feitos os sonhos". Os sonhos têm origem em outras esferas da Árvore, quer isoladamente quer em combinação, mas *a substância* que dá origem às imagens é a luz astral, que é a energia de Yesod. É a mesma substância que dá luz e vida a tudo o que você possa imaginar, quer visualmente ou pelos outros sentidos.

A luz astral, equivalente ao "plano" astral, é o reino da projeção ou viagem astral. A projeção astral trabalha por meio da combinação da *vontade* e da *imaginação,* criando as imagens exigidas e apropriadas. Essas "vêm à luz" na luz astral de Yesod. Embora a "qualidade da sensação" possa ser diferente, as imagens criadas pela imaginação visual, pelas fantasias, pelos sonhos, pela imaginação dirigida ou pela fantasia orientada são todas — em termos de sua relevância e de sua substância — idênticas às imagens da viagem astral.

Os livros que descrevem a viagem astral como um processo em que o "duplo" sai do corpo (em geral pelo topo da cabeça, ficando preso por um fio ou cordão de prata ou de ouro) estão na verdade descrevendo o processo de separação do duplo *etérico* da forma física, e não a viagem astral. O processo de separação do duplo etérico do corpo é perigoso; a "separação" astral, porém, muito raramente é prejudicial.

Ao longo da história da humanidade, vários grupos concentraram suas energias, imaginação e vontade em vários símbolos ou sistemas simbólicos — tanto de orientação mística como mágica — e criaram planos astrais "permanentes", isto é, lugares onde a luz astral foi impressa com os símbolos de certa crença. Por exemplo, pode-se encontrar vários "subplanos" no plano astral: um plano alquímico, um plano cristão (ou muitos planos cristãos!), um plano encantado, um plano celta, um plano tibetano, e assim por diante. Embora esses planos tenham uma característica mais coletiva do que individual, é por meio de Yesod que uma pessoa pode entrar em contato com eles.

a gruta da lua

Siga os procedimentos iniciais costumeiros.

É noite. Visualize-se descendo por uma vereda íngreme, mas de fácil locomoção, na direção da margem de um rio. À medida que se aproxima, você pode ouvir a água batendo mansamente na areia da praia.

Na margem do rio, você encontra um pequeno bote. Suba nesse bote, desamarre-o e deixe que ele desça com a corrente, levando-o a uma viagem mística na noite.

Imagine que você se aprofunda cada vez mais na noite, consciente apenas dos embalos do bote e do som da água tocando mansamente as margens. Relaxe e aproveite sua viagem na escuridão.

Depois de algum tempo, o bote se aproxima lentamente de uma praia e pára por si mesmo. Você pode descer, pois o lugar é uma pequena ilha. Nesse instante, as nuvens se desfazem, e uma Lua cheia e brilhante ilumina o cenário à sua frente. Perscrute a ilha. Um pouco adiante, você percebe uma caverna ou uma gruta, toda iluminada pela Lua.

Essa caverna é um lugar especial, a morada da deusa Lua que pode curar você e lhe ensinar a arte da magia da Lua. Caminhe até a gruta e veja a deusa vindo em sua direção para saudá-lo.

Ouça o que ela tem a dizer. Suas palavras são palavras de sabedoria. Apresente-lhe seus problemas e preocupações. Peça-lhe orientações sobre a magia.

Este é um momento importante que você está passando com a deusa Lua. Aproveite-o!

Quando estiver pronto, despeça-se dela, suba no bote e volte ao seu ponto de partida — a sua realidade habitual. Abra os olhos e veja se está se sentindo revigorado, relaxado e concentrado.

Registre no diário as impressões decorrentes da experiência.

Você pode voltar a ver a deusa Lua sempre que desejar. Uma época especialmente apropriada é a fase da Lua cheia.

Yesod e a Nova Era

Nesta Nova Era em que estamos prestes a entrar (chame-a pelo nome que preferir — Era de Aquário, Éon de Hórus, Armagedão etc.), o homem realmente esteve na Lua. Este fato simboliza um grande passo para todos nós; em termos da Árvore da Vida, a abertura *completa* do 32º caminho de Malkuth a Yesod. Ele sugere que no final da idade, éon ou era atual, a humanidade terá deixado a Terra — Malkuth — e não existirá mais na manifestação como a conhecemos. Muitas religiões e sistemas diferentes de magia predizem que esta idade (por exemplo, a Kaliyuga, a Idade de Kali) é a última.

Os Caminhos e a Árvore da Vida

Ao estudarmos este capítulo, passamos de Malkuth a Yesod. Isto equivale a passar pelo 32º caminho, a via que une a Terra com o astral, Malkuth a Yesod. Os caminhos ligam as esferas da Árvore. Observando a árvore de baixo para cima, eles são os caminhos que subimos para alcançar o conhecimento e a compreensão das esferas superiores. Vendo a árvore de cima para baixo, eles são os caminhos que transmitem energia espiritual para todo o sistema.

Os caminhos são a *experiência da ligação*. Eles são a experiência subjetiva da realidade objetiva das esferas. Por exemplo, o caminho que liga Malkuth a Yesod é o caminho para *subir*, ou para entrar *mais profundamente* na Árvore, e é também o caminho que transmite (a) a energia pura de Yesod a Malkuth, e (b) as repressões associadas com Yesod ao corpo (na forma de tensões, de repressão emocional, e assim por diante).

Os caminhos que cruzam o Abismo têm a função especial de representar as *Qualidades* do Eu que se irradiam para a alma do indivíduo. Eles estão no mesmo nível de irradiação dos Arquétipos que permeiam a alma. Na seção sobre as Qualidades da alma, mais adiante, isto será explicado mais detalhadamente.

É útil meditar sobre cada caminho, até esclarecer bem o que eles ligam, e como o fazem.

meditação ativa sobre os caminhos

Siga os procedimentos iniciais costumeiros.

A meditação sobre determinado caminho da Árvore da Vida e sobre os símbolos correspondentes ajuda a *harmonizar* e a *equilibrar* a ligação entre as duas esferas interligadas.

Use a tabela de correspondências (Apêndice 5) para escolher vários símbolos fortes associados ao 32º caminho (Malkuth a Yesod) e medite sobre esses símbolos da maneira que desejar. Visualize-os, estude-os, desenhe-os para pendurá-los na parede, observe a ligação entre eles, e assim por diante.

Também trate-os com carinho, pois eles o ajudam a dar o primeiro passo na direção do sistema cabalístico do conhecimento, da compreensão e da sabedoria.

Repita este exercício à medida que for subindo pela Árvore, com todos os outros caminhos que ligam as várias esferas.

meditação para a paz interior

Eu louvo a ... Criança ... que,
manifestada, toca a flauta de
sete bambus, o Grande Deus Pã, que,
levado à Perfeição que desejava, é
Silêncio.

Mestre Therion

Na continuação do seu trabalho cabalístico, você poderá passar por momentos de inquietação e de baixa energia. Este exercício o ajuda a encontrar o equilíbrio, a paz interior e a certeza.

Siga os procedimentos iniciais costumeiros.

Preste atenção à sua respiração, sem forçá-la, apenas observando o fluxo rítmico do ar entrando e saindo do seu corpo de modo natural.

Mentalmente, afirme: "Meu corpo está em paz."

Preste atenção a todas as sensações do corpo — *não* as abafe.

Em seguida, em silêncio, afirme: "Minhas emoções e sentimentos estão em paz."

Novamente, não controle as emoções que aflorarem — apenas tenha consciência delas e esqueça-as.

Então afirme: "Meus pensamentos estão em paz."

Atente para os pensamentos que lhe ocorrerem, mas não se apegue a eles.

Visualize todo o seu ser em total silêncio, num mundo de tranqüilidade e paz.

Em voz baixa, diga a si mesmo:

"Tenho sensações, emoções, sentimentos, pensamentos, mas eu, como uma centelha individual do Eu, estou eternamente em paz e em união com o ritmo universal."

Atente para a verdade desta afirmação.

Tome nota de todas as impressões no seu diário, de todas as dificuldades e resultados relativos à realização deste exercício.

O Significado dos Símbolos

Um símbolo contém o segredo e a sua revelação.

Carlyle

	contexto	
aparência		realidade
forma exterior		verdade interior
atitude	ENCANTO	energia
consciente		inconsciente
interno		externo

Os símbolos são um meio de liberar energia do inconsciente. Integrando gradativamente conteúdo consciente com inconsciente na psique, eles afetam a qualidade da sua vida pessoal, valorizando-a e dando-lhe um sentido.

Os símbolos não podem ser entendidos intelectualmente, mas também devem despertar sentimentos para que sejam verdadeiramente compreendidos e integrados.

Eles não podem ser entendidos fora do seu contexto (ver figura acima). Por exemplo, um carro numa pista de corrida e um carro numa estrada interiorana não somente envolvem conceitos diferentes de "carro", mas também despertam sentimentos muito diversos.

O fato de um símbolo revelar ou ocultar algo depende não do símbolo em si, mas da nossa atitude com relação a ele. Se nos detemos diante da sua aparência, da sua forma, ele se encobre e oculta. Se compreendemos o seu sentido e conseguimos apreender o seu significado, ele se transforma num meio de revelação.

O simbolismo, o estudo dos símbolos, opera com *totalidades,* percebidas por intuição, isto é, padrões globais e seqüências globais, e com a ação recíproca das partes no contexto. Os símbolos fazem com que nos liguemos ao macrocosmo. No mundo dos símbolos, você pode ligar seu coração ao Sol e perceber sua identidade com as estrelas mais distantes, e mesmo com toda a criação.

Os símbolos descrevem pictórica e vividamente o que mais nos interessa neste planeta, tanto individual como coletivamente — isto é, nosso ser interior e seu relacionamento com o mundo exterior.

Os símbolos destroem a distinção entre interior e exterior. Nossa visão interior procura expressão, e o mundo aparentemente "exterior" busca sentido — os símbolos fazem a mediação entre os dois e ao mesmo tempo os combinam.

Você já deve ter visto as tabelas de correspondência no Apêndice 5. (Se ainda não fez isso faça-o agora, antes de continuar.) Essas tabelas são de importância vital para um estudo exaustivo, complementado pela experiência, da Cabala prática. Estaremos nos referindo a elas com freqüência no decorrer deste livro, e de agora em diante você deve propor-se a estudá-las. Procure não memorizá-las como um papagaio; antes, familiarize-se constantemente com elas e com suas conexões. Isto é vital; quanto mais você as usar, mais as correspondências se ligarão e sintonizarão com sua psique.

As correspondências não são arbitrárias. Elas se baseiam:

- nas observações e experiências ao longo de muitos séculos,
- nas ligações racionais,
- nas pesquisas individuais e de grupo.

Embora não seja necessário aprendê-las de cor, algumas merecem atenção especial na fase inicial de estudo, sendo útil guardá-las na memória, se você tiver facilidade. Entre essas, temos: as atribuições celestiais, os valores numéricos, as cartas do Tarô, os títulos e as letras hebraicas.

Lembre-se de que, embora essas correspondências sejam, em sua grande maioria, "universalmente" verdadeiras, as que interessam são as que ressoam com você como indivíduo. Se, durante o seu estudo prático, você achar que outras correspondências funcionam melhor com você, deixe estas de lado e crie suas próprias tabelas. Isto diz respeito especialmente aos caminhos, que são subjetivos por natureza.

As cartas do Tarô são símbolos muito eficazes que correspondem tanto às esferas quanto aos caminhos da Árvore, e é por isso que se recomenda dispor de um baralho. As 78 cartas podem ser vistas como *entidades vivas* que habitam na Árvore da Vida, e cuja substância é criada a partir dos símbolos que correspondem à sua localização. Conhecendo essas entidades, você amplia seu conhecimento de toda a Árvore.

CAPÍTULO 5

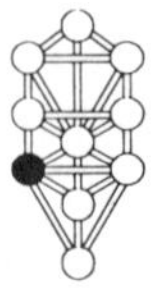

A Oitava Esfera

A Oitava Esfera, Hod

O nome da oitava Sephira (ou esfera) é *Hod*, que em hebraico é:

ה ו ד

D V H

Hod está situada no plano entre Yesod e Tiphareth, no lado esquerdo da Árvore (que corresponde ao lado direito do corpo). Ela forma um "par" de Sephiroth nesse plano, juntamente com Netzach, no lado direito da Árvore.

Hod é atribuída à mente. Outras palavras para mente são intelecto, mente intelectual, mente concreta e *pensamentos.*

"Mente" pode significar muitas coisas diferentes. Por exemplo, algumas pessoas usam "mente" para designar o que na Cabala chamaríamos de Tríade Suprema (isto é, Kether, Chockmah e Binah) ou para identificar a Árvore inteira. Às vezes, a palavra "mente" é também usada para indicar "a faculdade de ligação", a consciência da percepção em si. O termo aplicado a Hod significa "a mente concreta, a mente intelectual, os pensamentos" em oposição à mente "abstrata", que inclui elementos "superiores" de Hod junto com aspectos das Sephiroth 4, 5, 6 e 7.

Hod significa "glória", a glória da mente iluminada ou cheia de luz.

a porta da mente

Siga os procedimentos iniciais costumeiros.

Mantenha o quarto semi-iluminado (uma luz de vela é a ideal).

Sentado ou deitado confortavelmente, feche os olhos e respire profundamente. Você sempre pode usar a respiração para se acalmar ou para se concentrar.

Imagine uma porta à sua frente, uma porta de qualquer tipo que você queira imaginar. Nessa porta estão escritas as palavras "*Hod*" e "*mente*". Visualize essas palavras claramente na porta, com luz branca e brilhante.

Não passe pela porta agora, mas abra-a e veja o que há do outro lado. Deixe que todas as imagens que emergirem apareçam diante de você. Não as julgue nem as censure.

Se quiser, e só se quiser, você pode passar pela porta e entrar no mundo que você vê. Se decidir fazer isso, entre apenas um pouco nesse mundo. Você sempre pode voltar em outra ocasião, se quiser.

Quer você entre ou não nesse mundo atrás da porta, quando tiver terminado, feche bem a porta, *com firmeza e com toda a disposição.*

Tome nota de suas experiências no diário.

Você pode realizar esse exercício de muitas maneiras — de tantas maneiras quantas são as palavras, imagens e/ou símbolos que você pode visualizar escritos na porta.

Correspondências com Hod

Thoth, Mercúrio e Hermes, na condição de mensageiros e comunicadores, são divindades associadas a Hod. Esses deuses têm relação com a *comunicação*, a qual pode ser definida como informação de transmissão, de intercâmbio e/ou de união. Hod relaciona-se tanto com os aspectos internos como com os externos da comunicação; isto é, a que ocorre entre as partes do seu eu total, e a que se efetua com "outros eus".

Hod é a esfera da *magia mental,* a magia das "*grimoires*" (isto é, das gramáticas) e dos encantamentos (isto é, da grafia).

A polaridade entre pensamentos e sentimentos, que conhecemos muito bem pelos efeitos constantes que todos sentimos em conseqüência de sua ação recíproca, será analisada mais profundamente no próximo capítulo. No momento, lembre-se de que, quando duas Sephiroth aparecem no mesmo plano (como acontece com Hod e Netzach), elas são estudadas com mais propriedade em conjunto, visto que uma está indissoluvelmente ligada à outra. Além disso, neste estágio, procure compreender a diferença entre os *sentimentos* de Netzach, que vêm de dentro, e as *emoções* de Yesod, que reagem ao exterior. Existem também dois níveis de pensamentos: os que procedem do interior e os que são reações a ocorrências externas.

O texto Yetzirático chama Hod "inteligência perfeita". A Virtude tradicional associada a Hod é a veracidade, enquanto que os Vícios são a falsidade e a desonestidade. A essas pode-se acrescentar a inflexibilidade no que concerne à maneira de pensar.

A cor relacionada com Hod é o laranja. A experiência espiritual é chamada a "Visão do Esplendor"; "esplendor" é uma palavra que descreve brilho, luz, iluminação.

Associados com Hod estão as palavras, os nomes, os versos e os encantamentos da magia tradicional. Em sua essência física (se não em seu efeito desejado), todos os mantras também pertencem a Hod.

As drogas relacionadas com Hod são as que tradicionalmente (ou não tão tradicionalmente!) levam à iluminação — mescalina, psilocybin, *cannabis*, LSD, e semelhantes.

As cartas do Tarô correspondentes a Hod são os quatro 8. São eles:

8 de paus	agilidade
8 de copas	indolência
8 de espadas	interferência
8 de ouros	prudência

É um exercício proveitoso refletir sobre as qualidades do fogo, da água, do ar e da terra, como elas podem ser aplicadas à mente de Hod, e como esses títulos do Tarô podem descrever aspectos dessa correspondência.

8 de paus	mente ígnea	(Mercúrio em Sagitário)
8 de copas	mente aquosa	(Saturno em Câncer)
8 de espadas	mente aérea	(Júpiter em Gêmeos)
8 de ouros	mente terrena	(Sol em Virgem)

O que você entende por "mente ígnea", "mente aquosa" etc.?
Antes de continuar, pense nessa questão:
Se o pensamento precede a ação, o que precede o pensamento?

a elaboração do mapa da mente

Para este exercício, você vai precisar de algumas folhas de papel; quanto maiores, melhor, mas devem ser do tamanho A4, pelo menos; tenha à mão também lápis ou canetas, de preferência coloridos.

Siga os procedimentos iniciais habituais.

Escolha uma das afirmações da lista abaixo e escreva-a num círculo no meio da folha. Fixe o olhar na afirmação e deixe que sua mente divague por entre associações. Por exemplo, se a palavra escrita é "peixe", você pode obter uma grande variedade de associações, desde "*chips*" até "Cristo". Podem também ocorrer associações que você não entende de modo nenhum — não as censure; inclua essas também.

À medida que as associações ocorrerem, trace uma linha a partir do círculo central, e escreva sobre ela as palavras adequadas. À proporção que o seu círculo for recebendo um maior número de raios, deixe que as associações se estendam também às palavras e imagens que estão nesses raios — acrescente outras linhas que tenham seu ponto de origem nas primeiras. Com base numa primeira afirmação escolhida, você pode criar um "complexo" de associações.

Procure fazer a experiência com pelo menos duas afirmações; extraia a afirmação seguinte de um livro de sua preferência.

Além de tomar nota dos resultados deste exercício no seu diário, responda à pergunta: "O que aprendi sobre mim mesmo fazendo esse exercício?"

As Afirmações

1. Faze o que quiseres.
2. Procura os problemas para encontrares as dádivas deles.
3. O universo é perfeito.
4. A verdade reconhece.
5. A mudança é o resultado de um ato de amor.
6. A pura loucura é a chave para a iniciação.
7. A natureza, para ser comandada, deve ser obedecida.
8. Nada, nem mesmo um deus, é maior para mim do que eu mesmo.
9. O brando vence o inflexível.
10. A vida só é real quando eu sou.
11. Eu sou...
12. À semelhança de uma vaca sem rabo.
13. Tudo o que você vê é uma flor.
14. Por meio de minha natureza eu dou origem a toda a criação.
15. Uma lei, uma forma de agir para todos.

Hod e o Corpo

Hod, como a mente pensante, intelectual, em geral está associada ao cérebro físico, mas a verdade não é tão simples assim. Como já foi mencionado, Hod está em constante ação recíproca com Netzach, os sentimentos. A *polaridade* está situada e é experienciada no *plexo solar.* Quando sentimos dores, sensações, energias ou outros efeitos em nosso plexo solar ou na região superior do estômago, tendemos a considerá-los como o efeito de sentimentos e de emoções. A sensação na boca do estômago causada pelo medo, o peito apresso em função da angústia, os espasmos estomacais conseqüentes da ansiedade, a sensação de calor no plexo solar em virtude de se reprimir os sentimentos — tudo isso é efeito. A Cabala diz que essas sensações são resultado da *ação mútua* de sentimentos e pensamentos.

Num capítulo posterior, estaremos estudando os chakras, ou os centros de energia do corpo. Os chakras estão ligados à espinha, e tanto Hod como Netzach estão ligadas no mesmo lugar, atrás do plexo solar. Isto novamente confirma a relação entre essas duas Sephiroth. Metaforicamente, podemos considerar que o nosso cérebro, grande e em forma de bulbo, é apenas uma "saliência" no topo da coluna espinhal que serve para abrigar nossa volumosa Hod.

Hod também está associada ao braço direito e ao rim direito.

A Individuação da Consciência

As quatro Sephiroth — Netzach, Hod, Yesod e Malkuth — estão associadas com a personalidade individual. A primeira dessas esferas é Netzach, número 7; Hod, número 8, vem em seguida. A seqüência não é arbitrária. Como a "consciência" passa pelo processo de individuação nesta parte inferior da Árvore, em Netzach ela é fluida, individualizando-se, mas ainda está em contato com a consciência de grupo. À medida que se desloca para Hod, ela se torna mais sólida, mais concreta, e o processo de individuação se completa.

Uma personalidade equilibrada é fluida e livre, embora individualizada. Ela está em contato com o coletivo, pelo menos através de Netzach, os sentimentos. Compare esta com uma personalidade desequilibrada, que se torna dura, rígida e incapaz de desenvolvimento criativo; essa personalidade "desequilibrada" não está em contato consigo nem com outros níveis de consciência. Ela é o que se chama de "caráter" de uma pessoa. Tenha cuidado com os hábitos de formação do caráter!

Uma analogia para o processo de individuação está na total relação entre *arte* e *filosofia,* embora a ênfase de ambas seja absolutamente diferente. A arte é fluida, ligada à consciência de grupo e orientada para os sentimentos. A filosofia é concreta, ligada à consciência individual e orientada para o pensamento.

Não se quer dizer com isso que a filosofia seja desequilibrada, ou que uma seja melhor do que a outra. Ambas são igualmente necessárias, para si mesmas e uma para a outra. E as duas precisam da influência centralizadora de Tiphareth, o "Eu" que conhece a si mesmo.

CONSCIÊNCIA DE SI

6

(Ambos 7 e 8)

MENTE
8

SENTIMENTOS
7

(Nem 7 nem 8)

a visualização dos três símbolos

Siga os procedimentos iniciais costumeiros.

Escolha qualquer conjunto de três itens de Netzach ou de Hod nas tabelas de correspondência (veja Apêndice 5 — linha 7 ou 8).

Relaxe o corpo, feche os olhos e visualize uma porta à sua frente com a palavra "Netzach" ou "Hod" escrita nela (a que você tiver escolhido).

Preste atenção à porta (percebendo que tipo de porta é, seu estilo, cor, forma, tamanho etc.).

Imagine que você vai até ela, abre-a e passa por ela, entrando num outro mundo. Diante de você desvenda-se uma cena desse mundo que, de alguma maneira, incorpora os três *itens escolhidos* nas tabelas de correspondência.

Não julgue nem analise essa cena; simplesmente observe-a como ela é ou como ela se desdobra diante de você.

Preste especial atenção a outros conteúdos da cena, além daqueles que você escolheu.

Quando tiver terminado, volte passando pela porta, sem se esquecer de fechá-la com firmeza. Abra os olhos quando julgar conveniente.

Apanhe uma folha de papel grande, desenhe ou pinte a cena que você acabou de testemunhar. (Não há necessidade de ser uma grande obra de arte!)

Os Nomes Hebraicos dos Números e das Letras

Você pode encontrar esta informação nas tabelas de correspondência. Veja as colunas intituladas:

- Letras hebraicas
- Nomes hebraicos das letras
- Equivalente português
- Valores numéricos
- Letras portuguesas
- Sistema humano
- Cores
- Atribuições celestiais

Não há necessidade de aprender esses itens de cor mas, a esta altura, você deve prestar atenção a essas correspondências específicas. Estude-as em detalhe e veja se você consegue fazer algumas ligações entre elas. Para isso, use Hod. Também é necessário que você se familiarize com essas colunas antes de tentar a Gematria, descrita numa seção subseqüente.

A tradução das letras serve para que nos lembremos delas. Por exemplo, se nos lembrarmos que "zain" é uma espada, será fácil visualizar sua forma. As sugestões a seguir podem ajudá-lo a compreender as letras hebraicas e a lembrar-se delas:

letra		*significado*	*relações*
aleph	א	boi	forma de uma canga
beth	ב	casa	mostra o teto, o assoalho e uma parede
gimel	ג	camelo	lembra-nos sua posição na Árvore (cruzando o deserto do Abismo)
daleth	ד	porta	forma de um alpendre
he	ה	janela	o vão é a janela
vau	ו	prego	diretamente hieroglífico
zain	ז	espada	a empunhadura e a lâmina aparecem claramente

cheth	ח	cerca	travessa na parte superior
teth	ט	serpente	forma óbvia
yod	י	mão/esperma	a menor letra
kaph	כ	palma da mão	sugere um punho
lamed	ל	aguilhão	forma óbvia
mem	מ	água	aparência de uma onda
nun	נ	peixe	imaginação forçada para esta!
samech	ס	apoio	forma de um travesseiro
ayin	ע	olho	forma de dois olhos e um nariz
pe	פ	boca	forma óbvia; o yod no meio é a língua
tzaddi	צ	anzol	forma óbvia
qoph	ק	nuca	forma sugestiva
resh	ר	cabeça	visão de perfil de uma cabeça
shin	שׁ	dente	três cúspides de um dente molar
tau	ת	cruz tau	forma condizente

As letras hebraicas se dividem em três tipos: as letras "mães", as "simples" e as "duplas". Analisadas deste modo, elas revelam de maneira muito interessante um esquema coerente de associações.

As letras-mãe:

os três	fogo	***shin***	cabeça	verão
elementos	água	***mem***	estômago	inverno
	ar	***aleph***	peito	primavera/ outono

As letras duplas:

Os sete planetas:

Mercúrio	***beth***	em cima	vida/morte
Lua	***gimel***	embaixo	paz/guerra
Vênus	***daleth***	leste	conhecimento/ignorância
Júpiter	***kaph***	oeste	riqueza/pobreza
Marte	***pe***	norte	graça/restrição
Sol	***resh***	sul	fertilidade/esterilidade
Saturno	***tau***	meio	poder/escravidão

As letras simples:

Os 12 signos do zodíaco:

Áries	***he***	nordeste	visão
Touro	***vau***	sudeste	audição
Gêmeos	***zain***	leste	olfato
Câncer	***cheth***	leste	articulação
Leão	***teth***	norte	gosto/digestão
Virgem	***yod***	norte	sexo
Libra	***lamed***	sudoeste	atividade/trabalho
Escorpião	***nun***	noroeste	movimento
Sagitário	***samekh***	oeste	firmeza/raiva
Capricórnio	***ayin***	oeste	leveza/alegria
Aquário	***tzaddi***	sul	imaginação
Peixes	***qoph***	sul	sono

Gematria, Temurah e Notariqon

A Gematria baseia-se no valor numérico relativo das palavras. Palavras do mesmo valor numérico são consideradas reciprocamente explicativas, e essa teoria se estende às frases. Assim, a letra shin, sh, é 300, e é equivalente ao número a que se chega pelo acréscimo do valor das letras das palavras RVCh ALHIM, Ruach Elohim — o Espírito dos Deuses. De maneira semelhante, as palavras AChD, Achad — Unidade, e AHBH, Ahebah — Amor, ambas com o mesmo valor 13 (para A:1, Ch:8, D:4 = 13; e A:1, H:5, B:2, H:5 = 13). Portanto, por gematria, descobrimos que Amor e Unidade são equivalentes!

No Gênesis 49:10, encontramos a frase "Shiloh virá", Yeba Shiloh, IBA ShILH, que equivale a 358. Este também é o número de MShICh, o Messias.

Em Gênesis 18:2, encontramos VHNH ShLShH, Vehenna Shalisha, que significa "e, vê!, três homens". Isto é numericamente equivalente à frase ALV MIKAL GBRIAL V RPAL, Elo Mikhael Gabriel Ve-Raphael; isto é, "esses são Miguel, Gabriel e Rafael" (cada frase equivale a 701). Assim, o "três homens" da primeira frase esconde (por correspondência gemátrica) os nomes dos três arcanjos.

Sempre que surge alguma dificuldade entre duas frases ou palavras que totalizam o mesmo valor numérico, mas que superficialmente parecem não corresponder, a solução muitas vezes está na meditação. Sempre haverá uma identidade. Assim, ALP, Aleph — a Unidade, é 111; também APL — profunda escuridão, e ASN — morte repentina, totalizam 111. Pode-se interpretar essa identidade dizendo que ela revela o aniquilamento do indivíduo na Unidade, e a escuridão que é o limiar dessa Unidade.

À primeira vista, a gematria pode dar a impressão de não passar de um disparate, tomando liberdades com nomes, letras e números. Provavelmente, você poderia fazer o mesmo com palavras e frases extraídas de um romance de Agatha Christie! Mas, na verdade, assim como o koan no Zen-budismo tem sentido, mas não é, necessariamente, racional — uma afirmação feita a partir de um nível místico de consciência —, assim também a gematria pode ser vista sob essa luz e utilizada para criar um tipo de iluminação semelhante. Para compreendê-la, precisamos sentir a emoção de unir duas ou mais palavras ou frases aparentemente desconexas.

O processo de reduzir uma palavra ou uma frase a um número para, em seguida, testar essa redução comparando-a com o conhecimento que você já tem desse número é ao mesmo tempo um teste de suas capacidades cabalísticas e, mais importante ainda, um estímulo para a rendição da mente racional à experiência mística, em que a Unidade é vista como a Totalidade, e vice-versa.

Você pode usar os mesmos valores numéricos para o alfabeto inglês e ter uma gematria inglesa razoável. Mas, tenha cuidado! — pode haver outras atribuições, e pode não haver nenhuma finalidade em fazer isso. A realização das ligações é o que é importante.

Você pode usar atribuições, cartas de Tarô — na verdade, tudo o que fizer sentido para você — para ajudá-lo nas suas ligações gemátricas. Por exemplo, em inglês, as palavras *infinite space* totalizam 289, o que é 17 x 17; isto afirma que *infinite space* contém uma multidão de estrelas, pois 17 é o número da carta "Estrela" do Tarô. Ou, ainda em inglês, "Ankh-af-na-khonsu" e "Hoor" (o deus Hórus), ambas totalizam 345. Este é o número de Mosheh (Moisés) e também de AL ShDI, Deus Todo-Poderoso. Assim, pode-se estabelecer uma identidade entre Hórus e o escriba do seu "livro", e o "Deus" judeu e seu escriba Moisés. É válido entrecruzar línguas, correspondências etc. desde que você faça ligações e, conseqüentemente, sinta a "alegria" em função desses tipos de ligações. Se as ligações aqui apresentadas lhe parecem carentes de sentido, este é um motivo a mais para você fazer suas próprias tentativas.

Temurah e Notariqon são bem menos úteis do que a Gematria, e não vale a pena você se dedicar a elas, a menos que o atraiam de modo muito especial. Temurah baseia-se num sistema de permutas, em que letras são substituídas por outras letras. Notariqon tem duas formas: a primeira, em que cada letra de uma palavra passa a ser a inicial de outra palavra; a segunda, exatamente o oposto, que consiste em tomar a primeira letra das palavras de uma frase e formar uma palavra (como um acróstico). Assim, por exemplo, com a primeira forma de Notariqon, cada letra de BRAShITH, a primeira palavra do Gênesis, é a inicial de outra palavra — a frase geralmente citada é BRAShITH RAH ALHIM ShIQBLV IShRAEL ThVRH: "No princípio Elohim viu que Israel aceitaria a lei." Poderia haver muitas outras respostas possíveis. Do segundo tipo, um bom exemplo é ChKMH NSThRH, a sabedoria secreta. As iniciais dessas duas palavras são ChN, e a palavra significa "graça". Assim, Notariqon (e Temurah) podem levar a resultados interessantes, mas em geral um conhecimento e prática profundos da Gematria são suficientes para o cabalista prático.

O Poder do Som

Como a esfera de Hod tem relação com a magia mental, e a palavra falada (sob a forma de encantamentos, "*grimoires*", mantras, e assim por diante) é a base desse tipo de magia, precisamos examinar o poder do som. Este pode ser considerado um oceano de vibração que permeia todas as coisas. Isto sempre foi assim e, pelo que sabemos, continuará sendo assim. "No princípio era o verbo..." — No fim será o verbo também. Mesmo nos lugares mais silenciosos, embora nem sempre se tenha condições de ouvir, haverá algum ruído exterior — e o som interno é incessante. Tape os ouvidos com os dedos e ouça por alguns momentos...

Esse "oceano de som" varia desde a *música das esferas* até a *cacofonia do mundo moderno*. Já foi provado que um som dissonante, alto e prolongado pode afetar (em geral, de modo nocivo) os nervos e várias partes do corpo. Também se acredita que sons baixos, contínuos e subaudíveis podem exercer a mesma influência. Por analogia, é fácil sugerir que sons harmoniosos podem afetar o indivíduo beneficamente. Numa cidade, de tamanho relativamente médio, o nível de som normal fica em torno de 50 db; no interior, em torno de 10 db. Se isso parecer incompreensível, então saiba que uma trompa soprada a mais ou menos 3 metros de distância de você é equivalente a 90 db, fazendo com que a quantidade de sangue bombeada através do coração duplique.

Cada letra do alfabeto (de qualquer alfabeto, seja do inglês seja de qualquer outro assim chamado alfabeto sagrado) tem certo efeito sobre o corpo quando emitida. A forma como o som é intensificado também altera o efeito da letra. As notas produzem padrões diferentes quando ressoam através da limalha de ferro.

A harmonia e o equilíbrio podem ser alcançados pelo uso de sons que nos fazem bem, que "captamos" interiormente. O exemplo mais conhecido, naturalmente, é *om*.

exercício com o som 1

Siga os procedimentos iniciais costumeiros.

Emita o som *om*, alongando especialmente o som da vogal. Ao produzir o som, fixe o olhar, sem piscar, num ponto determinado (como a chama de uma vela, por exemplo), que esteja no mesmo nível dos seus olhos, a aproximadamente um metro ou um metro e meio de distância. Quando tiver terminado de produzir o som, procure ouvir atentamente possíveis sons em seus ouvidos (especialmente o ouvido direito).

Repita essa seqüência várias vezes, ouvindo atentamente a cada vez.

Finalmente, repita a seqüência, mas com os olhos fechados. O que você ouve agora?

exercício com o som 2

Siga os procedimentos iniciais costumeiros.

Feche todos os "buracos" na cabeça e ouça. (Os "buracos" a que nos referimos são os olhos, os ouvidos, o nariz e a boca. Feche os olhos e a boca, ponha os polegares nos ouvidos e prenda o nariz com os dedos. Lembre-se de respirar entre uma tentativa e outra!)

exercício com o som 3

O som acima mencionado, *om*, é mais bem compreendido por meio de suas partes componentes, quais sejam, *a u m*: *a* é o início da respiração nos pulmões, *u* é o som produzido quando o ar passa pela garganta, e *m* é o som nos lábios; pode-se acrescentar *gn*, que é o som ressonante à medida que o mantra continua, ou o som da inspiração através do nariz. Toda a fórmula então se torna *aumgn*, e sintetiza a criação toda.

Siga os procedimentos iniciais costumeiros.

Emita o som *aumgn*, consciente das partes componentes *a*, *u*, *m*, *gn*.

Inspire profundamente. Visualize o *a* em seu coração, como uma luz branca brilhante.

Ao expirar, deixe que o *a* se transforme no som *u* ao passar pela garganta. Imagine o som como uma onda de energia branca subindo do coração.

Quando o som chegar aos lábios, mude-o para *m*. Não pare aí, mas faça com que esse som se transforme num som *gn* (pronunciado nnn) nasal ressonante. Então, imagine a energia que subiu do seu coração passando pelo nariz e pelos olhos.

Você pode terminar o exercício nesse ponto. Opcionalmente, você pode projetar a energia como energia de cura, ou para uma pessoa determinada (na sua presença ou distante) ou para a Terra inteira. Como outra alternativa, você pode dirigir a energia visualizada para o seu terceiro olho/chakra ajna (um ponto um pouco acima e entre as sobrancelhas) e aí visualizar um símbolo para um desejo.

exercício com o som 4

As duas palavras *Al* e *La* representam Deus/Tudo e Deusa/Nada, Forma (*Al*) e Força (*La*), o infinitamente pequeno e o infinitamente grande, o ponto e o círculo. Reunidas, elas formam *Alla*, um nome de Deus (equivalente a Allah).

Ouça o som da sua respiração quando ela passa pelo nariz, pela boca e pela garganta. Em cada inspiração, emita o som *Al*, e, em cada expiração, o som *La* (o som *l* sendo o ponto de parada onde a respiração passa do interior para o exterior).

Poder-se-ia dizer que todas as pessoas, ao respirar, pelo fato mesmo de respirar, estão continuamente enunciando o nome de Deus, Alla.

Não confunda a natureza essencial de “Alla”, que é uma manifestação perfeitamente equilibrada dos princípios masculino/feminino, com “Allah”, que, embora seja absolutamente equivalente em essência, passou a ser uma denominação que muitas pessoas utilizam para designar um Deus de orientação especificamente masculina.

Hod é o *locus* da magia mental, envolvida principalmente com as palavras e com os sons. Os exercícios acima o ajudarão a ligar-se a alguns dos seus próprios poderes relacionados com Hod. Usados com prudência e com amor, esses poderes podem ajudar não só a consolidar o seu desenvolvimento pessoal, mas também a elevar a consciência de todo o planeta.

CAPÍTULO 6

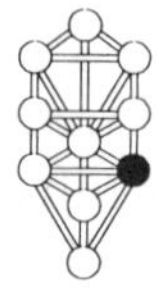

A Sétima Esfera

A Sétima Esfera, Netzach

O nome desta Sephira é *Netzach,* que em hebraico é:

נ צ ח

Ch Tz N

Netzach está situada no plano entre Yesod e Tiphareth, no lado direito da Árvore (que corresponde ao lado esquerdo do corpo). Ela forma um "par" de Sephiroth nesse plano, o quinto plano (a outra Sephira é Hod, de que nos ocuparemos no último capítulo).

Netzach é atribuída aos *sentimentos,* que precisam ser distinguidos (na teoria, se não com facilidade na prática) das emoções. Os sentimentos vêm de *dentro* e incluem energias positivas e negativas, por exemplo, amor e ódio, alegria e tristeza. As emoções são sempre reativas, isto é, elas surgem como resultado de algum acontecimento *exterior* a você, e são uma conseqüência da sua *reação interna* a esse incidente. As emoções são atribuídas ao que se pode chamar de aspectos "inferiores" de Netzach, juntamente com os aspectos "superiores" de Yesod. Isto não significa que os sentimentos sejam "melhores" do que as emoções; eles são diferentes, mas igualmente valiosos como parte da estrutura global de que você é constituído.

Netzach significa "Vitória", a vitória do real sobre o potencial (o movimento do Raio da 6ª para a 7ª esfera na Árvore), e a vitória da energia indiferenciada ou coletiva sobre a energia individual (o movimento da 8ª para a 7ª esfera da jornada de subida pela Árvore).

Como já foi descrito no último capítulo, Netzach forma uma *polaridade* com Hod, a outra esfera no mesmo plano da Árvore. Todas as nossas experiências prolongadas e habituais de desenvolvimento podem ser expressas em termos da interação entre essas duas esferas.

Reflita sobre a sua experiência com os "pensamentos" e com os "sentimentos". A qual deles você está mais ligado?

Lembre-se de que o desenvolvimento provém da *inclusão.* Se, por exemplo, você chega à conclusão de que está mais apegado (ou identificado) com a mente e que presta menos atenção aos sentimentos, não anule nem reprima sua força mental para corrigir o equilíbrio, mas dê vazão aos sentimentos até que obtenha esse equilíbrio. Obviamente, o mesmo princípio se aplica no caso de você dar mais atenção aos sentimentos. Nunca é demais enfatizar a importância desse conceito.

O Cálice

Um símbolo tradicionalmente associado a Netzach é o Cálice, Taça Mágica ou Graal. Se você pudesse usar o material que quisesse e se tivesse as capacidades necessárias para tanto — que tipo de cálice você faria?

Faça isso agora: imagine realmente o cálice que você faria — suas dimensões, estrutura, forma, cor e outros detalhes, tudo de acordo com sua preferência.

O cálice é um símbolo de Netzach. Pode-se dizer que o cálice que *você* criou é uma representação simbólica do seu relacionamento atual com essa esfera. À medida que você mudar, seu cálice também mudará.

exercício

Antes de continuar, siga os procedimentos iniciais costumeiros.

Imagine encontrar-se num campo aberto, próximo ao sopé de uma colina. O cálice que você criou há poucos minutos está com você. Olhe para o cálice e visualize claramente sua forma e contorno. Em seguida, olhe ao seu redor; conscientize-se de tudo o que você puder ver, cheirar, tocar, saborear e ouvir. Talvez a grama esteja alta, talvez os pássaros estejam cantando, talvez você possa ver o orvalho matutino reluzindo no prado — deixe que a imagem do seu prado se forme ao seu redor.

Você vai levar o seu cálice ao topo da colina próxima. Assim, sem pressa, atravesse o campo e dirija-se até a trilha que dá para o alto da colina. Palmilhe essa trilha vagarosamente, tomando consciência realmente do que está à sua volta. Ao aproximar-se do topo, pare e descanse por alguns momentos; reveja o caminho percorrido e contemple o prado ao longe.

Quando se sentir revigorado, continue sua caminhada até o topo. Lá você encontrará uma pedra firmemente presa ao solo, projetando-se uns noventa centímetros acima dele. Coloque o cálice sobre essa pedra. Lembre-se de que a energia do Sol, brilhando sobre o cálice, o preenche com essa energia e o faz brilhar. Também lembre-se de que a energia da Terra que sobe pela pedra também envolve o seu cálice, que é receptivo às energias da terra, do ar, da água e do fogo. Deixe que ele altere sua forma, que incorpore outras partes, ou simplesmente que resplandeça ao receber toda essa energia positiva.

Quando estiver pronto, agradeça ao Sol e à pedra, e volte ao prado, trazendo seu cálice com você. Na volta, preste realmente atenção à sensação dos seus pés pisando no solo firme; em seguida, abra os olhos e tome nota da experiência no seu diário.

A Ligação com Vênus

Netzach é atribuída a Vênus e também aos "sentimentos superiores" (para distinguir das emoções). Esses "sentimentos superiores" são uma manifestação de amor.

Observe que Netzach (número 7) está ligada a Chesed (número 4), que é atribuída ao Amor.

De maneira semelhante, poder-se-ia dizer que a atividade mental "superior" é uma forma de vontade, visto que Hod (número 8) está ligada a Geburah (número 5), que é Vontade.

Um aspecto importante do desenvolvimento cabalístico é efetuar as ligações *cruzadas* da Vontade aos Sentimentos e do Amor aos Pensamentos:

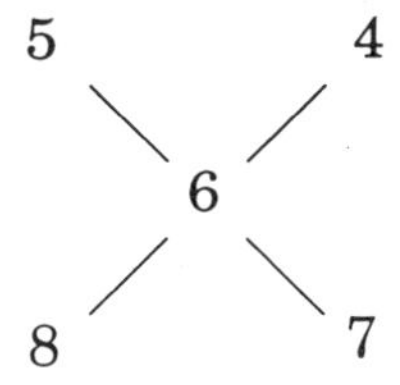

Considere esse cruzamento das energias em termos da Árvore da Vida; saiba que você pode realizar essas relações cruzadas através de Tiphareth — o centro, o coração, o "Eu".

Correspondências com Netzach

A Virtude tradicional de Netzach é o desprendimento, o altruísmo, o amor do que é "bom para todos". O Vício, por outro lado, é a concupiscência, regido pelas emoções "inferiores".

No corpo, Netzach corresponde ao plexo solar (juntamente com Hod; reveja o último capítulo se você não se lembrar disso) e ao braço e rim esquerdos.

A cor de Netzach é o verde-esmeralda.

O texto yetzirático denomina esta esfera de a "Inteligência Oculta", por estar escondida, se comparada com a inteligência "aberta", "resplandecente" de Hod.

A visão de Netzach é a "visão da Beleza Triunfante". Ela está associada com todas as formas mais elevadas de arte.

O símbolo de Netzach é a lâmpada que pode ser levada (em oposição à lâmpada fixa acima da cabeça, ou a outras lâmpadas, como as dispostas em torno do círculo).

As drogas específicas são: damiana ("erva do amor"), MDA, "êxtase" (e derivativos da "poção do amor"), psilocybin e LSD.

As divindades típicas de Netzach são as relacionadas com o amor e com os sentimentos intensos, como Afrodite (grega), Hathoor (egípcia) e Vênus (romana).

As cartas do Tarô correspondentes a Netzach são os quatro 7:

7 de paus	valor	(Marte em Leão)
7 de copas	libertinagem	(Vênus em Escorpião)
7 de espadas	futilidade	(Lua em Aquário)
7 de ouros	fracasso	(Saturno em Touro)

O Contato com Netzach

A forma mais adequada de entrar em contato com Netzach é a *arte,* em todas as suas manifestações, seja a pintura, a dança, a música, ou qualquer outra forma de arte criativa. Você pode se envolver com a arte de duas maneiras diferentes: como criador ou como espectador. Este é um exemplo claro de como os princípios *criativo* e *receptivo* podem ser aplicados a uma esfera da Árvore. Ambos os modos são igualmente válidos para entrar em contato com Netzach, ou com qualquer outra esfera.

Como você aplica os princípios de ser criativo e/ou receptivo a Hod?

No nível da personalidade, é mais fácil estabelecer uma relação criativa com Hod e uma receptiva com Netzach. É por isso que é tão importante "cruzar" as energias: o cruzamento faz com que as polaridades opostas aumentem sua atividade na personalidade.

Especialmente apropriado a Netzach é o processo de *entrega* à energia — sem forçar nada, sendo tranqüilo e receptivo ao fluxo e permitindo que ele aconteça. Entregar-se à energia de Netzach leva à *claridade,* especialmente com relação à valorização da beleza. É por isso que viver em meio à natureza é tão importante para muitas pessoas. A natureza as une a Netzach.

Ao terminar a leitura desta seção, faça uma caminhada em algum lugar que seja do seu agrado (mesmo residindo numa cidade grande, sempre há um parque pelas redondezas) e preste atenção simplesmente ao fato de *estar* aí, apreciando tudo o que o cerca. Você pode criar um mundo de beleza em qualquer lugar. Tente!

entrega

Siga os procedimentos iniciais costumeiros.

Imagine-se numa praia — uma praia bem longa, vazia, quente e bonita. Ocupe o tempo que for necessário para realmente imaginar-se nela, e observe suas sensações e seus sentimentos. O que você vê, ouve, cheira?

Entre lentamente na água; siga vadeando pelo mar, até perder pé e precisar nadar; deixe-se levar e nade nas águas profundas.

Usufrua a experiência de nadar no alto-mar, sem outro objetivo a não ser o do simples prazer de nadar; a experiência em si é tudo o que existe e tudo o que você precisa nesse momento.

Em seguida relaxe, solte-se e apenas flutue sobre a água salgada, que o sustenta e o mantém em segurança.

Entregue-se da maneira que desejar ao abraço do mar.

Registre a experiência em seu diário, fazendo a si mesmo as perguntas: Posso me entregar desse modo? Se a resposta for sim, com que facilidade? O que isso me sugere?

A Expressão da Experiência

Ao estudar a magia, sob qualquer forma que for, é importante prestar atenção à linguagem que usamos. No último capítulo, mencionamos que a sua gramática é a sua *"grimoire"* e estabelecemos uma relação entre encantar (ou as palavras que constituem um encantamento) e enfeitiçar. Usar palavras que você *escolhe* usar é uma parte vital de ser um mago. É especialmente vital com uma "linguagem" como a Cabala, em que a mudança de uma letra pode alterar todo o significado.

A linguagem é fundamental para a comunicação sobre nós mesmos — tanto para outras pessoas *como* para nós próprios. A reificação de uma linguagem implica achar e usar a palavra correta para cada idéia, conceito, ser e/ou coisa existente. Se você sabe o nome de alguma coisa, você a controla; se você não sabe, ela o controla.

É essencial compreender a própria Cabala interior, o que só pode ser feito pelo uso de uma linguagem precisa, quer ela seja escrita com símbolos que chamamos palavras, ou com *qualquer* outro tipo de símbolo.

Aceite como sendo seu o que você diz e aquilo sobre o que você fala. Por exemplo, em vez de dizer: "isso me faz sentir..." ou "meu pé dói", procure dizer, "eu sinto..." e "eu sinto dor no meu pé", ou expressões equivalentes.

Esclareça o que você diz em termos de como você realmente passa por essa situação. Por exemplo, você pode dizer, "Eu sinto que você deveria trabalhar um pouco mais" — mas *como* e *onde* você "sente" isso? O que você provavelmente quer dizer é "Eu penso/acho..." ou "Eu imagino..." Percebe a diferença?

Prestar atenção ao fato de *aceitar* e de *esclarecer* suas experiências são duas formas de iniciar o processo de controle e de direção do modo como você fala para as outras pessoas e para você mesmo.

meditação durante a caminhada

Siga os procedimentos iniciais costumeiros.

Imagine que o Eu de Kether habita em alguma parte do seu corpo — no topo da cabeça, nos pés, no coração, no polegar esquerdo, em qualquer parte!

Localize um lugar onde o Eu se encontre e procure imaginar esse lugar o mais especificamente possível.

Agora, concentre toda a sua atenção nessa parte do corpo. Imagine que todas as qualidades da vida — alegria, paz, verdade, amor etc. — emanam desse lugar.

Tudo o que você conhece, sente e experimenta se irradia dessa parte; apesar disso, porém, o local em si é perfeitamente harmônico, calmo, claro, puro, silencioso — absolutamente sem conteúdo.

Mantendo a percepção desse local em você e prestando atenção apenas a isso, *levante-se* e comece a andar.

Sempre que desviar a atenção desse lugar, *pare,* imobilize-se e volte a concentrar-se antes de continuar a andar.

Termine o exercício no momento que achar oportuno.

Nos próximos dias, traga essa consciência à sua vida diária, concentrando-se dessa forma quando estiver caminhando de uma sala a outra, ou na rua, num parque — onde estiver.

E, o mais importante de tudo: divirta-se ao fazer o exercício!

Caminhos Relacionados com Hod e com Netzach

No momento, você está estudando Hod e Netzach. O exercício a seguir pode ser realizado com proveito em qualquer plano da Árvore, quer se trate de um plano com uma única esfera ou de um com duas esferas. Tudo o que você tem a fazer é "extrair" os caminhos relacionados com sua(s) esfera(s), destacá-los e contemplá-los isoladamente.

De início, apenas *reflita* sobre as ligações que são feitas — por exemplo, com Hod e Netzach, você pode perceber o equilíbrio entre os caminhos de *nun* e *ayin* que ligam essas esferas a Tiphareth. Quais são as semelhanças e diferenças entre esses caminhos? Qual é o seu significado quando considerados em conjunto, e não isoladamente? Você pode ligá-los ao caminho do *pê* que liga Hod e Netzach? Por que "A Torre" e Marte são atribuídos a esse caminho? Essas atribuições ficariam melhor em algum outro lugar? Se ficassem, por quê? Tente outras atribuições nesse caminho — elas funcionam? Qual é a relação entre a correspondência de Marte e este caminho e a correspondência de Marte a Geburah? — e assim por diante. Reflita realmente sobre tudo o que você sabe a respeito desses caminhos e sobre as ligações que você pode fazer.

Em seguida, siga os procedimentos iniciais costumeiros. Sente-se, pondo à sua frente um mapa da área escolhida da Árvore e deixe que o conhecimento venha à luz. Relaxe e simplesmente *receba* as imagens, os pensamentos e os sentimentos que você possa relacionar com essa área da Árvore.

Registre essas impressões e suas reflexões no seu diário. Se existir, qual é a diferença entre o conhecimento sobre o qual você meditou e as intuições que você recebeu sobre sua(s) esfera(s) escolhida(s)?

O Aumento da Energia

"Exalta-te em oração"; "Inflama-te"

Existem muitas maneiras de aumentar a energia ou de "inflamar-se" para intensificar a sua consciência, quando apropriado, com o fim de se sintonizar mais prontamente e de realizar a(s) tarefa(s) escolhida(s). Como você está prestes a iniciar a Parte 3 deste livro, relacionada com reinos mais transpessoais do que os estudados até aqui, este é o momento oportuno de entrar em contato com esses modos específicos para aumentar a energia. Eles incluem:

1. Concentração total.
2. Sexo.
3. Fusão (compaixão absoluta por toda a vida senciente).
4. Êxtase estético (apreciação artística).
5. Música (ritmo, bateria, *jazz*; também mantras, sons).
6. Velocidade (incluindo a dança).
7. Drogas.
8. Choque (incluindo emoções, como surpresa, pesar, êxtase).
9. Devoção (a qualquer "divindade").

O Ritual Menor de Purificação Relativo ao Pentagrama

A expectativa é que você já venha realizando algum trabalho de concentração e de purificação como, por exemplo, a realização da Cruz Cabalística. A técnica a seguir pode ser usada no início de um exercício ou de um ritual. Ela tanto o ajuda a se concentrar como dispersa todos os pensamentos, emoções e sensações indesejados durante o tempo de duração do ritual ou do exercício. Purificando-se de elementos indesejados, você abre espaço para que os "elementos desejados" ou os resultados almejados possam se manifestar. O Ritual Menor de Purificação Relativo ao Pentagrama, que incorpora a Cruz Cabalística, é também uma forma de purificar um espaço das energias e/ou impressões "psíquicas" indesejadas. Realizado com intenção pura, seus efeitos permanecem pelo menos por várias horas, com freqüência por dias ou semanas, e às vezes até por meses. Se você o estiver realizando em seu quarto ou num templo, e não praticar outros atos particularmente inconseqüentes nesse espaço, provavelmente bastará celebrar o ritual esporadicamente. Do contrário, é recomendável que você o realize regularmente.

o procedimento

Voltado para o leste, faça a Cruz Cabalística.

Usando o dedo indicador da mão direita, imagine a forma de um pentagrama flamejante no ar, à sua frente.

Aponte para o meio do pentagrama e diga num tom de voz alto: IHVH (pronúncia yod-hey-vau-hey).

Volte-se, ou caminhe ao redor da sala, mantendo a mão estendida como antes, formando a linha de um círculo branco brilhante.

Voltado para o sul — trace um pentagrama flamejante e diga: ADNI (pronúncia ahhh-don-ayyy).

Voltado para o oeste — faça o mesmo traçado e diga: EHEIEH (pronúncia ehhh-hey-eee-yeh).

Voltado para o norte — faça o mesmo traçado e diga GAIA (pronúncia gai-yaaah).

Volte ao leste, depois de traçar um círculo de luz ao seu redor, com quatro pentagramas flamejantes nos quatro quadrantes. Por alguns momentos, visualize esse traçado o mais intensamente possível. Em seguida, de pé e com os braços estendidos em cruz, diga:

"À minha frente, Rafael
Às minhas costas, Gabriel
À minha direita, Miguel
À minha esquerda, Oriel
Ao meu redor reluzem os pentagramas
Acima de mim e dentro de mim brilha o hexagrama"

Imagine um hexagrama brilhante acima da cabeça, irradiando energia para todo o seu corpo.

Finalmente, faça de novo a Cruz Cabalística.

Para purificar-se, o sentido do traçado do pentagrama é este:

Este é o ritual que você usa normalmente. Para alterá-lo para um "ritual de invocação do pentagrama", trace o pentagrama ao contrário, assim:

Você não deve fazer o "pentagrama de invocação" sem antes fazer o ritual de purificação. O pentagrama de invocação é então seguido pela parte principal do ritual; conclua com o ritual de purificação.

PARTE III

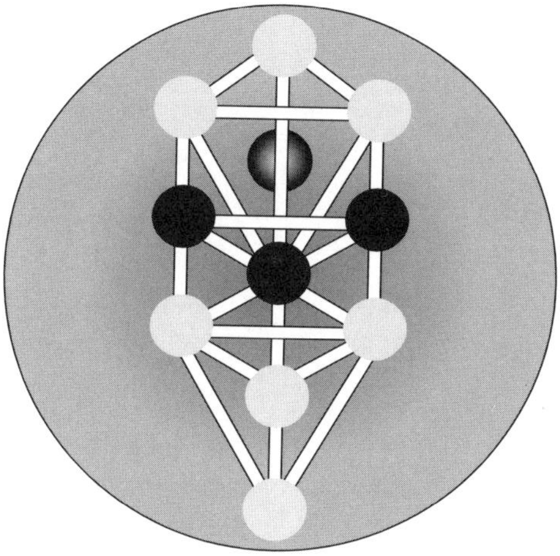

A Alma e a Árvore da Vida

CAPÍTULO 7

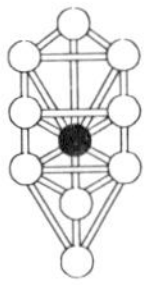

A Sexta Esfera

A Sexta Esfera, Tiphareth

O nome desta esfera é *Tiphareth,* que em hebraico é:

ת	ר	א	פ	ת
Th	**R**	**A**	**P**	**Th**

Tiphareth está situada no pilar central, no quarto plano, no centro da Árvore. Ela forma um triângulo ascendente com Netzach e Hod, e um triângulo descendente com Geburah e Chesed.

Tiphareth é atribuída ao centro da pessoa na sua totalidade, ao "eu pessoal", à "identidade pessoal", ao "ego", ao "centro" ou (às vezes) à "alma". Ela recebe nomes variados, usados pelas pessoas de maneiras diversas. Por exemplo, é "ego" num sentido da palavra, mas não em outro. Por este motivo, preferimos atribuí-la à *consciência de si,* ou simplesmente ao "Eu". Este é o "eu" que tem uma personalidade constituída de Netzach — Sentimento, Hod — Pensamento, Yesod — Subconsciente e Malkuth — Sensação.

Tiphareth significa "Beleza e Harmonia", a beleza criada quando tudo fica sintetizado num *todo* completo, a harmonia que resulta de viver a vida a partir de um centro claramente definido.

Tiphareth é atribuída ao *Sol* — o centro do sistema solar, e ao *coração* — o "centro" do sistema humano. Essa dupla atribuição estabelece uma identidade entre o coração e o Sol — ou, dito de outra maneira, entre o microcosmo e o macrocosmo.

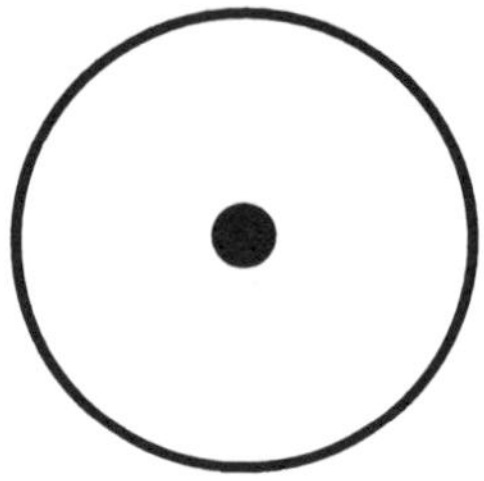

O Sol pode ser descrito como o ponto em torno do qual tudo se agrupa ou gira. E assim acontece com o coração.

Quando você está "vivendo dentro da sua personalidade" (representada por todas as esferas estudadas até aqui), você está *apegado aos* conteúdos da sua consciência e *com* eles *identificado* — você está tendo sensações, sentimentos, pensamentos, ou uma combinação disso tudo. Algumas pessoas tendem a se identificar mais com os pensamentos, e têm na mente o ponto central de sua existência. Outras se identificam mais com os sentimentos, e esses então se constituem na experiência de maior importância. Algumas pessoas identificam-se principalmente com seus corpos.

Não há nada de "errado" em estar identificado desse modo — na verdade, essa identificação é absolutamente necessária para que a pessoa tenha condições de experienciar e de se expressar no mundo por meio desses "veículos de identificação". Entretanto, para uma situação de plenitude ou equilíbrio, é preciso:

1. Um apego equilibrado: não voltado apenas para a mente ou excessivamente orientado para os sentimentos, mas igualmente capaz de se identificar com os dois "veículos de manifestação" como é apropriado.
2. Ter a capacidade de se afastar *completamente* dessas identificações, e de estar num espaço claro, des-identificado da personalidade. Desse espaço aberto é então possível efetuar escolhas claras para tornar a se identificar da maneira adequada. Tiphareth (o Sol e o coração) é o lugar onde essa clareza é descoberta. É o "Eu" que pode dizer de si mesmo: "Eu sou eu, um centro de pura consciência de si e de decisão autodirigida." A vontade da pessoa nesse espaço claro e concentrado identifica-se com as esferas inferiores para adquirir experiência e expressar a si mesma, e entra em contato com as esferas superiores para manifestar as Qualidades da alma.

consciência solar e terrestre

Siga os procedimentos iniciais costumeiros.

Estando na terra, você tem a experiência (de acordo com o que o seu conhecimento lhe diz) de que o Sol "nasce" todas as manhãs, eleva-se no céu, alcança o apogeu (ao meio-dia) — e daí declina, se põe e "morre", para voltar a nascer no dia seguinte. Até muito recentemente (em termos de história humana), todos acreditávamos que era isso que acontecia.

Para passar dessa consciência de base terrestre para uma consciência *solar*, precisamos apenas dar um pequeno passo:

Ver o sistema solar tendo por base o Sol (e não a Terra).

Sua experiência muda. Agora você está constantemente iluminado; não existe mais nascimento, nem morte, nem renascimento — existe apenas o fator constante de estar no centro de toda consciência e experiência. Tudo muda o tempo todo, mas o "Eu" solar permanece onisciente, onipotente e onipresente.

Você pode experienciar a vida a partir desse centro, desse "Eu", o eu do Sol e do coração.

Esta é a experiência de Tiphareth — consciência solar.

Correspondências com Tiphareth

A Virtude tradicional associada a Tiphareth é a dedicação à Grande Obra. Essa Grande Obra é o que foi descrito por Jesus de Nazaré como "Conhece-te a ti mesmo". Sua Vontade Verdadeira, ou propósito na vida, é sua meta, e a Grande Obra é tudo o que você faz que o leva a se aproximar um pouco mais da realização dessa meta. Isso é tudo o que você faz com percepção ativa, com consciência e escolha pessoal.

Os Vícios tradicionais são o orgulho e o egoísmo; não o Eu que ilumina o ser com luz, vida, liberdade e amor — mas o "eu sombrio" que direciona tudo para dentro, que toma mas que nunca dá, uma distorção do verdadeiro Eu que vive num emaranhado de egoísmo.

O Santo Anjo da Guarda é atribuído a Tiphareth. Você saberá mais sobre isso no próximo capítulo.

A cor de Tiphareth é o amarelo-dourado.

A imagem associada com Tiphareth é a de um rei majestoso, que no período antigo (de consciência de base terrestre) em geral era representado como um homem, de barbas e venerável, mas que agora (nessa nova era de consciência solar) é mais corretamente apresentado como uma criança de beleza radiante, sorridente, hermafrodita.

O texto yetzirático descreve Tiphareth como a "Inteligência mediadora", mediadora entre a alma e a personalidade. Outros nomes dados a Tiphareth são: Adão, Homem, Filho, Rei. À luz do que você já aprendeu sobre esta esfera, é recomendável meditar sobre esses nomes, e sobre o porquê de eles se aplicarem a Tiphareth.

Em hebraico, Adão é MDA: A, como a primeira letra, indica o início de alguma coisa; DM é a palavra hebraica para "sangue"; assim, Adam (ADM) significa "o primeiro sangue".

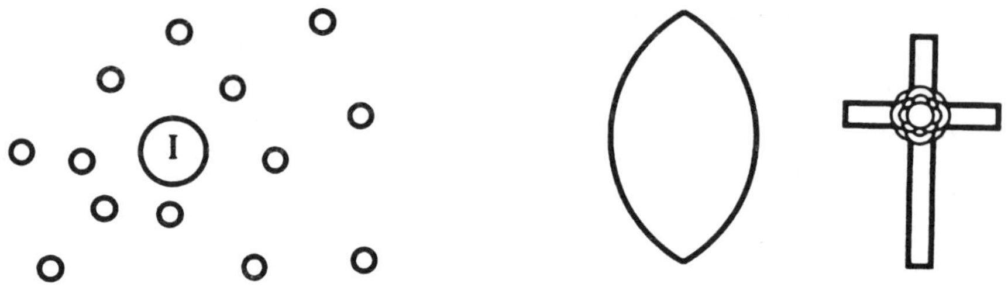

A visão espiritual atribuída a esta esfera é a "Visão da Harmonia", a harmonia criada quando todas as "partes" se reúnem num "todo", ou num grupo em torno de um centro estável.

Todos os estimulantes cardíacos, como o álcool, a digitalina e o café, são drogas de Tiphareth, mas infelizmente podem promover os aspectos negativos dessa esfera. Drogas psicodélicas também estão associadas a Tiphareth.

Tiphareth corresponde à lámen, à Rosa-cruz, à Cruz "Cristã" (as três geralmente usadas sobre o coração) e ao Cubo.

As cartas do Tarô associadas a esta esfera são os quatro 6:

6 de paus	vitória	(Júpiter em Leão)
6 de copas	prazer	(Sol em Escorpião)
6 de espadas	ciência	(Mercúrio em Aquário)
6 de ouros	sucesso	(Lua em Touro)

O desenho de todas elas representa a harmonia.

Os quatro Príncipes do Tarô também são atribuídos a Tiphareth.

consciência de si

O exercício apresentado a seguir deve ser feito sem interrupção. Siga os procedimentos iniciais costumeiros; em seguida, leia uma vez as palavras do exercício, lentamente, prestando atenção aos conceitos como são apresentados e procurando sentir o significado do exercício.

Terminada a leitura, assuma uma posição confortável, mas atenta, respire relaxadamente e faça o exercício uma segunda vez, agora parando para executar as instruções. (Uma maneira alternativa é dispor de uma pessoa que leia para você o exercício lentamente, ou também através de um gravador.) Este é um exercício de particular importância, por isso preste especial atenção à sua realização, tendo a atitude correta e estando num espaço adequado.

Tome consciência do seu corpo:

- que sensações você está tendo?
- você sente alguma tensão?
- em que posição está seu corpo?

- tenha consciência da posição exata em que seu corpo está

- tenha consciência do chão/cadeira debaixo de você
- tenha consciência do ar ao seu redor

Agora, conscientize-se do que está acontecendo dentro do seu corpo.

Conscientize-se o máximo possível do seu corpo.

Agora, imagine uma esfera ao redor dessa consciência corporal e imagine a si mesmo dando um passo e saindo dela.

À sua frente está uma esfera que envolve toda a sua consciência corporal.

Imagine vividamente essa esfera à sua frente.

Agora, procure perceber suas emoções e sentimentos:

- você tem reações emocionais a essas perguntas?
- que sentimentos você tem?
- você está alegre ou triste?
- como se sente?

Observe de que modo seus sentimentos mudam o tempo todo.

Conscientize-se o máximo possível dos seus sentimentos.

Agora, imagine uma esfera em torno dessa percepção dos sentimentos; imagine a si mesmo dando um passo e saindo dela.

À sua frente está uma esfera que envolve toda a percepção dos seus sentimentos. Imagine vividamente essa esfera de sentimentos.

Agora, tome consciência dos seus pensamentos:

- pensamentos sobre este exercício
- outros pensamentos que ocorrem no seu campo de consciência e que se vão
- observe esses pensamentos por algum tempo

Perceba como esses pensamentos vêm e vão quase como se fossem independentes de você.

Conscientize-se o máximo possível desses processos de pensamento.

Agora, imagine uma esfera em torno dessa percepção dos pensamentos; visualize a si mesmo dando um passo e saindo dela.

Veja essas três esferas de consciência à sua frente:

- a esfera de consciência do corpo (equivalente a Malkuth)
- a esfera de consciência dos sentimentos (equivalente a Netzach)
- a esfera de consciência dos pensamentos (equivalente a Hod)

Essas três esferas constituem sua personalidade. Você tem um corpo, sentimentos e pensamentos que lhe permitem experienciar o mundo e expressar a você mesmo.

Você pode entrar em qualquer uma dessas esferas de consciência sempre que achar conveniente.

Você pode também escolher ficar separado ou não-apegado a esses conteúdos da sua personalidade.

Novamente, tome consciência das três esferas à sua frente.

Agora pergunte-se:

- *quem sou eu?*
- *quem é que tem essas esferas de corpo, sentimentos e pensamentos?*
- *quem une esses veículos de expressão?*
- *quem é esse "eu" que sente a mudança incessante?*

Experiencie plenamente esse "eu".

Não se esqueça de que você é um ser que tem consciência de si mesmo. Diga para si mesmo:

Eu sou eu, um centro de pura consciência de si... Eu posso escolher me identificar com os conteúdos da minha personalidade, ou também escolher simplesmente ser consciente de mim mesmo.

Execute a Cruz Cabalística.

Depois de concluir o exercício, reserve alguns minutos para passar suavemente à consciência do dia-a-dia.

Registre em seu diário a experiência que teve.

As três esferas de consciência do corpo, dos sentimentos e do pensamento foram as Sephiroth Malkuth, Netzach e Hod. Esta consciência de si, este "eu", é Tiphareth.

Caminhos Relacionados com Tiphareth

Se observar o diagrama da Árvore da Vida, você perceberá que há oito caminhos diretamente ligados a Tiphareth, cinco que descem e três que sobem. Numa seção posterior, serão apresentadas outras informações sobre os cinco caminhos que descem até Tiphareth. No momento, medite sobre os oito caminhos, e considere a estrutura como a mesma se apresenta no diagrama.

Kether é o Eu Espiritual ou Transpessoal, que podemos simplesmente chamar de Eu. Do ponto de vista mundano, ele é universal; em seu próprio nível, ele é um "ser", um centro estável de vida do qual se irradiam energias. Com freqüência, Kether é chamada "Deus".

Tiphareth é o eu pessoal, o "eu" consciente de si, uma projeção, reflexão ou uma fagulha do Eu nos níveis normais da consciência humana.

A relação entre o Eu, que habita Kether, e um eu individual, representado por Tiphareth, pode ser comparada com a relação existente entre o Sol e um planeta, mas esta é apenas uma analogia aproximada, parcial. Do Sol emanam muitas radiações poderosas que afetam o planeta e todos os seres vivos que nele se encontram — na verdade, eles não existiriam sem essas energias. Elas produzem as condições necessárias para o crescimento, o desenvolvimento e a evolução. De maneira semelhante, o Eu projeta uma pequena porção de autoconsciência, Tiphareth, que pode se desenvolver e se transformar em consciência de si, inteligência, poder de agir, e assim por diante, sob a influência combinada da substância de conservação do que está embaixo (a personalidade e o ambiente) e do impacto das energias que emanam de cima. Tiphareth, o eu pessoal, pode tomar consciência de Kether, o Eu, de duas maneiras básicas:

1. Abrindo-se *conscientemente* à irradiação que emana de Kether e *aceitando-a*;
2. *Ascendendo* para entrar em contato e fundir-se (pelo menos parcialmente) com Kether.

Muitas pessoas testemunham que o Eu pode ser experienciado como uma realidade viva e, mais do que isso, como um "ser" vivo. A experiência em si é indescritível. Dizer que Kether é um "ser" (ou alguma outra coisa) é apenas um modo de tentar comunicar a experiência. Esta talvez se revele mais claramente nas mudanças que ocorrem na vida do Adepto. Uma experiência clara e plena de Kether proporciona uma sensação tão forte de identidade com o Eu, que é sentida como algo puro, permanente, imutável e indestrutível. Comparativamente, todas as outras experiências parecem impermanentes e de significado menor.

Algumas Qualidades manifestadas por Kether são: iniciativa pura, vontade livre total, impulso criador, sabedoria, amor altruísta, e uma sensação de poder que é ao mesmo tempo totalmente serena e dinâmica. Alguns efeitos da realização de Kether são: um senso de orientação interior, de força, de propósito, de vontade verdadeira, de responsabilidade e de alegria.

Lembre-se: Kether é o Eu. Chockmah, Binah, Chesed e Geburah são as esferas através das quais Kether irradia a sua energia para Tiphareth, que é o centro ou eu pessoal, que, por sua vez, canaliza a energia para a personalidade, representada pelas esferas que vão de Netzach a Malkuth.

Auto-identificação

A experiência da consciência de si, de ter um "eu", distingue nossa consciência da consciência da maioria de outros seres sencientes do nosso planeta. Essa consciência de si, entretanto, geralmente é vivenciada, não como consciência pura de si mesmo, mas misturada com os conteúdos de consciência e por eles velada — isto é, todas as impressões das sensações, dos sentimentos e dos pensamentos com que convivemos o tempo todo. Geralmente, vivemos *identificados* com esses conteúdos da nossa consciência. Para fazer da consciência de si um fato explícito e experimental, precisamos antes nos *des*-identificar dos "conteúdos" de consciência.

Em geral, as pessoas tendem a se identificar mais ou com a esfera dos pensamentos ou com a dos sentimentos, e assim podem ser descritas como mental ou emocionalmente identificadas. E essa identificação pode ser útil às vezes, e até necessária, mas, para viver uma vida equilibrada, precisamos tanto cultivar a esfera em que somos deficientes como ser capazes de nos des-identificar de todas essas esferas de experiência e de expressão. Assim, as pessoas que se identificam predominantemente com os seus pensamentos — em outras palavras, que são mentalmente identificadas — precisam ampliar sua consciência, experiência e expressão dos seus sentimentos, em vez de diminuir ou de reduzir sua consciência mental. Se imaginarmos a situação em que as duas esferas de Hod e Netzach, Mente e Sentimentos, se acham desenvolvidas desigualmente e em que são de dimensões diferentes, o processo consistirá em aumentar o tamanho da menor, de modo que ela possa chegar ao tamanho da maior. Isto é equilíbrio através do desenvolvimento e do crescimento ascendente, e não através da redução, que é ao mesmo tempo desnecessária e ineficiente.

Você já teve alguma experiência de des-identificação da personalidade no exercício das "três esferas", apresentado nas páginas anteriores. Se combinarmos essa necessidade de des-identificação com o processo de identificação com o Eu, poderemos realizar duas funções úteis e orientadas para o desenvolvimento, ao mesmo tempo. Pela des-identificação *deliberada* da personalidade e pela identificação com o Eu, obtemos a liberdade e o poder de escolha para nos identificarmos com qualquer aspecto da nossa personalidade, ou de nos des-identificarmos deles, de acordo com o que for mais apropriado em qualquer dada situação. Assim, podemos aprender a controlar e a utilizar toda a nossa personalidade numa síntese abrangente e harmoniosa. O exercício a seguir, que faz exatamente isso, é extraído da psicossíntese. Seu objetivo é servir de instrumento para alcançar a consciência do Eu. Siga as instruções do exercício com atenção. Você verá que ele é semelhante ao exercício das "três esferas" e é apresentado aqui como uma alternativa para alcançar o que basicamente é o mesmo fim. Nunca se enfatizará em excesso a importância de se aprender maneiras diferentes de des-identificação.

exercício

Siga os procedimentos iniciais costumeiros.

Afirme para si mesmo o seguinte:

Eu tenho um corpo, mas sou mais do que meu corpo. Meu corpo pode achar-se em diferentes condições de saúde ou de doença, pode estar descansado ou cansado, mas isso não tem nenhuma relação com o meu Eu verdadeiro. Valorizo meu corpo como meu precioso instrumento de experiência e de ação no mundo, mas ele é apenas um instrumento. Eu o trato bem, procuro mantê-lo saudável, mas ele não é meu Eu. *Eu tenho um corpo, mas sou mais do que meu corpo.*

Feche os olhos, relembre o que a afirmação diz, e concentre a atenção no conceito fundamental: "Eu tenho um corpo, mas sou mais do que meu corpo."

O quanto for possível, procure sentir essa afirmação como um fato vivenciado em sua consciência.

Agora, continue com as duas afirmações que seguem, tratando-as do mesmo modo, compreendendo o conceito central de cada uma ou como um fato vivenciado:

Eu tenho emoções, mas sou mais do que as minhas emoções. Minhas emoções são diversificadas, mutáveis, às vezes contraditórias. Elas podem passar do amor ao ódio, da calma à raiva, da alegria à tristeza, e no entanto minha essência — minha natureza verdadeira — não muda. Eu permaneço. Embora uma onda de raiva possa me engolfar temporariamente, eu sei que, a seu tempo, ela passará; portanto, eu não sou essa raiva. Visto que posso observar e compreender minhas emoções, e que posso aprender gradativamente a controlá-las, utilizá-las e integrá-las harmoniosamente, é claro que elas não são o meu Eu. *Eu tenho emoções, mas sou mais do que as minhas emoções.*

Eu tenho uma mente, mas sou mais do que a minha mente. Minha mente é um instrumento valioso de descoberta e de expressão, mas ela não é a essência do meu ser. Seus conteúdos mudam constantemente, pois ela apreende novas idéias e novos conhecimentos e experiências, e estabelece novas relações. Às vezes ela parece recusar-se a me obedecer. Por conseguinte, ela não pode ser eu, meu Eu. Ela é um órgão de conhecimento que se relaciona tanto com o mundo externo como com o interno, mas ela não é meu Eu. *Eu tenho uma mente, mas sou mais do que minha mente.*

A seguir, vem a fase de identificação. Afirme clara e lentamente para você mesmo:

Depois dessa des-identificação do meu Eu em relação aos conteúdos de consciência, das emoções, das sensações e dos pensamentos — eu reconheço e afirmo que sou um centro de pura autoconsciência. Eu sou um centro de vontade, capaz de observar, de dirigir e de usar todos os meus processos psicológicos e meu corpo físico.

Focalize sua atenção na realização principal:

Eu sou um centro de pura autoconsciência e de vontade.

O quanto for possível, procure sentir essa afirmação como um fato *vivenciado* em sua consciência.

Depois de praticar este exercício diversas vezes, você pode usá-lo numa forma mais breve. Se quiser, também pode personalizá-lo, desde que continue com as quatro afirmações principais:

Eu tenho um corpo e sensações, mas sou mais do que o meu corpo e as minhas sensações.

Eu tenho sentimentos e emoções, mas sou mais do que os meus sentimentos e emoções.

Eu tenho uma mente e pensamentos, mas sou mais do que minha mente e meus pensamentos.

Eu sou eu, um centro de pura autoconsciência e de vontade.

Este exercício é eficaz se praticado diariamente, de preferência nas primeiras horas do dia. Ele pode então ser considerado como um segundo e simbólico despertar.

Influências do Alto

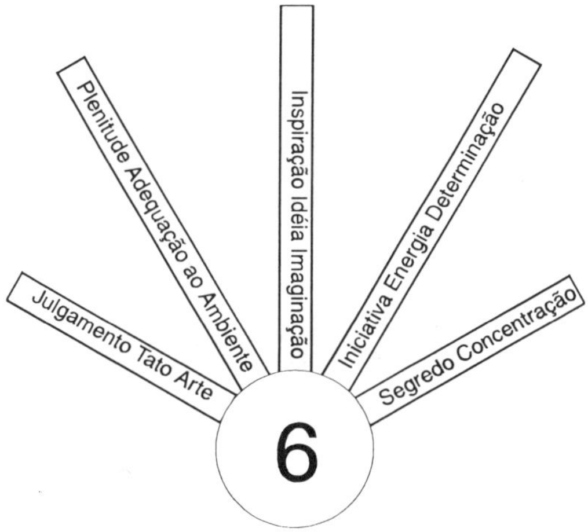

Esses cinco caminhos que convergem para Tiphareth são os caminhos associados com a irradiação das Qualidades do Eu, de si mesmo para a personalidade, através de Tiphareth.

O diagrama mostra a influência das forças dos cinco caminhos sobre o coração humano, que é Tiphareth na Árvore da Vida.

Os três caminhos que têm origem acima do Abismo vertem seus benefícios apenas sobre o Adepto que está centrado em Tiphareth. Só pode haver *verdadeira* inspiração, iniciativa e plenitude intelectual para aquele que Conhece e Dialoga com o Santo Anjo da Guarda. Os caminhos que partem de Chesed e Geburah são influências mais práticas, e suas qualidades são evidenciadas por suas respectivas atribuições do Tarô, o Eremita e o Julgamento (ou Justiça).

Esses cinco caminhos estão associados com as seguintes letras hebraicas:

o caminho da Sacerdotisa	gimel
o caminho da Estrela	he
o caminho dos Amantes	zain
o caminho do Eremita	yod
o caminho do Julgamento/Justiça	lamed

Se somarmos essas letras de acordo com seus valores (G=3, H=5, Z=7, I=10, L=30), teremos um total de 55.

Cinqüenta e cinco é a soma dos números de um a dez, representando a Árvore da Vida inteira. Cinqüenta e cinco é o Número Místico de Malkuth, que afirma essa totalidade.

exercício do feiticeiro

Este é um exercício extremamente fácil, mas de muita importância. Pratique-o com a maior freqüência possível.

Execute os procedimentos iniciais costumeiros.

Feche os olhos e afirme para você mesmo:

> Eu sou um feiticeiro. Tudo o que vejo eu crio. Eu criei e continuo criando meu próprio mundo.

Abra os olhos, olhe ao seu redor e perceba a verdade da afirmação.

CAPÍTULO 8

Ainda a Sexta Esfera

A Criação da Árvore

Até agora estivemos estudando a Árvore da Vida de baixo para cima. Essa é a jornada que nós, seres encarnados, seguimos nesta nossa iniciação e crescimento. A Árvore, entretanto, foi "criada" de cima para baixo, como se pode ver pela numeração das esferas de 1 a 10. Não precisamos nos preocupar com o modo como ela foi "criada", mas é vital sermos capazes de ver o processo nessa direção. Quando vemos a Árvore de cima para baixo, podemos ver o "impulso" da criação, a energia criadora em ação. Na continuação do estudo da Árvore, é importante que você a veja sob essa *dupla perspectiva,* de cima para baixo e de baixo para cima.

A criação ou construção da Árvore, de cima para baixo, segue o curso do *Esplendor do Raio* que começa em Kether e se desloca naturalmente pelas esferas até chegar a Malkuth. Os véus acima da Árvore representam a ausência de tudo o que é concreto — o *nada* em seu sentido mais positivo. Essa área da Árvore está *velada,* o que sugere que esses são os limites máximos do conhecimento e da compreensão *humanos.* É necessário muito tempo para ter uma compreensão plena *deste lado* dos Véus, talvez muitas vidas. O que existe além desses Véus é assunto que veremos adiante, depois de conhecer mais a fundo a Árvore manifesta.

O primeiro passo no processo de criação é compreendido por meio do conceito de *posição.* Aparece um *ponto* que não tem partes nem magnitude, mas apenas posição. É positivo, mas indefinível. É Kether. É o número 1, que é indivisível, incapaz de multiplicação ou divisão por si mesmo.

Posição não significa muito, a não ser que haja alguma coisa mais, alguma outra posição com que compará-la. Essa condição só pode ser criada tendo-se um segundo ponto, que então forma (entre os dois pontos) uma *linha*. A única maneira pela qual o 1 original de Kether pode vir a ser mais é por meio da duplicação de si mesmo (por uma espécie de reflexão). Este segundo ponto, Chockmah, recebe o número 2, e corresponde à vontade ou propósito do ponto original de duplicar a si mesmo.

Não há maneiras de se medir essa linha criada. Tudo o que se sabe até aqui é que há dois pontos numa distância imensurável um do outro. Para distinguir um do outro, deve haver um terceiro ponto, Binah, o número 3. Três pontos podem criar uma superfície, um *triângulo*. Agora, podemos definir qualquer um desses pontos em termos de sua posição relativa com relação aos outros dois. Assim, surge uma consciência (isto é, uma Consciência Espiritual). O amor é atribuído ao terceiro ponto, como sendo a agência da verdadeira compreensão. Esses três pontos criam o "Triângulo Supremo".

Entre o Triângulo Supremo e o restante da Árvore está o *Abismo*. Este é o golfo entre o potencial e o atual, o universal e o individual, o "criador" e sua criação, o noumênico e o fenomênico. Nesse estágio potencial, em que somente o Triângulo Supremo existe, encontramos três pontos distintos (o Eu, sua vontade e a consciência) mas não fazemos idéia de onde qualquer um deles está; eles são imanifestos. Um quarto ponto (não no plano do triângulo inscrito pelos três primeiros pontos) deve surgir, o qual manifesta a idéia de matéria criando um sólido tridimensional.

Agora, o ponto original pode ser definido por três outras coordenadas. A solidez existe, a manifestação aconteceu. O potencial se tornou atual; do nada original, algo emergiu. É Chesed.

Essa matéria "inicial" é extremamente tênue, pois a única propriedade de qualquer ponto dado é sua posição relativa a outros pontos. Nenhuma mudança é possível, nada pode acontecer. Portanto, uma quinta (ponto) idéia positiva deve ser postulada, a de "movimento" (Geburah, o número 5). Só no movimento/tempo os eventos podem ocorrer. Agora, não só é possível a idéia concreta de um ponto, mas também esse ponto pode se tornar consciente de si mesmo, porque ele pode definir a si mesmo em termos de tempo e de movimento — ele tem passado, presente e futuro. Eis Tiphareth, o número 6, o centro do sistema, autoconsciência pura, capaz de experiência.

Pela criação do sólido, em Chesed, uma realidade tridimensional passou a existir, o espaço foi criado. Quando surge o tempo, em Geburah, então temos a existência manifesta, o verdadeiro Contínuo Espaço-Tempo.

Observe como as esferas 4, 5 e 6 formam um triângulo invertido, como se fossem um reflexo *além do Abismo* do triângulo superior das Supremas. Mas note também que a Vontade (esferas 2 e 5) e a Consciência (ou Amor) (esferas 3 e 4) mudaram de colunas, ou de lados. Assim, quando a segunda trindade de esferas se inverteu, pelo ápice por assim dizer, também realizou um movimento de espiral.

Esse processo de espiral lembra-nos a dupla espiral do DNA, e também a relação entre o lado direito e o lado esquerdo do corpo, controlados pelos hemisférios opostos do cérebro.

Este ponto autoconsciente, número 6, Tiphareth, tem vontade de se conhecer mais, e assim prossegue a criação do restante da Árvore, formando veículos para a experiência e para a expressão. Esses são os sentimentos, a mente e o corpo, trazendo dentro de sua própria substância o passado (Yesod) que controla sua função-caráter com relação ao mundo exterior. Esta é a personalidade de que o Eu se reveste. As esferas de números 7, 8, 9 e 10 são a experiência do ponto original de suas atribuições. Às vezes, 7, 8 e 9 são relacionadas ao enxofre, ao mercúrio e ao sal, e a Satchitananda, que é Ser (Sat), Conhecimento (chit) e Bem-aventurança (ananda).

Observe como 7, 8 e 9 são um reflexo do triângulo de 4, 5 e 6 num plano inferior (como 4, 5 e 6 eram um reflexo de 1, 2 e 3) *mas agora sem movimento de espiral ou inversão.*

Em Malkuth, número 10, a idéia de si mesmo como ponto vem a realizar-se, e há uma manifestação material completa.

Para descrever a "realidade" sob a forma de conhecimento, os cabalistas idealizaram essa descrição do processo de criação, usando as dez idéias atribuídas às dez esferas como sendo o *caminho mais curto* para descrever o nada se transformando em algo que é consciente de si mesmo.

As Qualidades da Alma

O segundo triângulo da Árvore, o de Chesed, Geburah e Tiphareth, é equivalente à alma. A "alma" é a ponte entre o espírito e a personalidade. A energia espiritual pura é individualizada através da alma antes de penetrar na personalidade. Em parte, isto acontece para proteger a personalidade de um influxo demasiadamente forte de energia espiritual não diluída que poderia "extingui-la", e em parte para individualizar a energia para as lições da encarnação daquela alma em particular.

Essa energia espiritual, quando é individualizada na alma, é ainda muito pura, e pode ser chamada de *Qualidades* da Alma. Essas Qualidades estão relacionadas com os Arquétipos, e muitas vezes são denominadas "Qualidades de Vida". Elas estão além de uma possível descrição, mas podemos atribuir-lhes nomes que nos ajudem a compreendê-las, incluindo: Alegria, Verdade, Paz, Beleza, Coragem, Criatividade, Poder, Entusiasmo, Eternidade, Universalidade, Liberdade, Boa Vontade, Assombro, Harmonia, Humor, Bem-aventurança, Luz, Amor, Ordem, Paciência, Realidade, Confiança, Serviço, Silêncio, Síntese, Plenitude, Vitalidade...

Essas energias ou Qualidades da alma fluem para a personalidade e lá se tornam difusas ou "distorcidas". Isso não implica algo "errado" ou "mau": é necessário para que a alma possa desenvolver-se através de uma variedade de experiências — por exemplo, a Qualidade da Vontade pura, tornando-se distorcida na personalidade, poderia transformar-se em raiva cega, o Amor em possessividade, a Verdade em verdade parcial ou mesmo em falsidade.

Uma grande parte do trabalho do Adepto consiste em estar atento a essas "distorções" das energias da alma quando elas aparecem, e então transformá-las em energia mais pura. Por exemplo, a "distorção" da raiva pode se dever à sensação de frustração por não ter sucesso em algum empreendimento. A moralidade convencional poderia sugerir que essa raiva deveria ser reprimida, pois é vista como negativa e prejudicial. O Adepto cabalista, entretanto, não fará isso. Ele observará a raiva, dar-lhe-á rédeas, e deixará que se estruture e se expresse — mas de uma forma inofensiva (não batendo na cabeça de alguém, por exemplo, mas descarregando-a num ato inofensivo, como esmurrando uma almofada). Assim, o Adepto procura a Qualidade no âmago dessa raiva e a vivencia num sentido mais pleno. Ele descobrirá o que é necessário para deixar que essa energia mais pura se expresse de um modo mais criativo, e então criará as condições para tornar isso possível. Assim, uma emoção aparentemente "negativa" se transforma numa energia criativa e enriquecedora da vida.

Uma maneira de intensificar o fluxo de energia espiritual para a alma (e da alma para a personalidade) é através de contatos constantes com Tiphareth. Daí a importância da des-identificação e da identificação com o Eu. Paralelamente ao fortalecimento do centro e à canalização da energia através da alma, há também a necessidade de trabalhar ativamente na clarificação da personalidade. Isso pode ser alcançado pela prática dos exercícios já apresentados até aqui e daqueles que você fará à medida que seu trabalho cabalístico prosseguir.

evocando e desenvolvendo as qualidades desejadas

Este exercício permite a você criar condições interiores e exteriores que lhe possibilitem relacionar-se com uma qualidade desejada e mantê-la ativa. Quanto maior for a freqüência e a regularidade com que você o realizar com relação a qualquer qualidade éscolhida, mais forte ela se tornará. Você pode usar o exercício para qualquer qualidade; como exemplo, usaremos a *Alegria*, uma qualidade associada especificamente a Chesed e de maneira geral a toda a Árvore. Ao executar o exercício, entretanto, é importante escolher de *dentro de você mesmo* a qualidade com que você quer trabalhar. Escolha qualidades que aprofundem sua Grande Obra.

Siga os procedimentos iniciais de costume.

Pense na Alegria (ou na qualidade de sua escolha). Mantenha o conceito de Alegria em sua mente e reflita sobre ele. Pergunte a você mesmo sobre essa qualidade: o que ela é? qual é a sua natureza? qual é o seu significado? e assim por diante. Tome nota de suas idéias e das imagens que vierem à tona.

Mantenha-se sereno e receptivo. Que significado a qualidade tem para você?

Perceba o valor da Alegria, o seu propósito, o seu uso em sua vida e no planeta como um todo. Que diferenças haveria se a Alegria fosse abundante?

Deseje a Alegria.

Deixe que a Alegria esteja no seu corpo, assuma uma postura que expresse essa qualidade. Relaxe de toda a tensão, deixe que ela se vá. Respire lentamente. Deixe que a Alegria se expresse em sua face. Visualize a si mesmo com essa expressão.

Evoque a qualidade da Alegria. Imagine estar num lugar onde você sente Alegria: uma praia tranqüila, com uma pessoa amada, num templo de Alegria — a escolha é sua. Procure sentir realmente. Repita a palavra Alegria várias vezes. Deixe que a qualidade o impregne, ao ponto de identificar-se, se possível. Seja a Alegria.

Tome a decisão de continuar cheio de Alegria, de ser a incorporação viva da Alegria, de irradiar Alegria.

Escreva numa folha de papel ou num cartão a palavra Alegria, usando as cores e as letras que melhor transmitem a qualidade para você. Fixe esse cartaz onde você possa vê-lo todos os dias, com a maior freqüência possível. Você pode elaborar vários desses cartazes e fixá-los estrategicamente em vários lugares da casa. Sempre que você deparar com um, reviva dentro de si o sentimento de Alegria.

Você pode desenvolver este exercício e transformá-lo num ritual mais intenso e prolongado realizando-o diariamente e ao mesmo tempo reunindo poemas, artigos, quadros, símbolos, peças de arte, dança, tudo que possa simbolizar a qualidade escolhida por você. Cercando-se desses símbolos, especialmente enquanto pratica o exercício, você pode ajudar a aprofundar seu sentido da qualidade. Isto é essencialmente idêntico ao uso das correspondências nos rituais de magia.

Se, ao tentar evocar a qualidade desejada, o que aparecer for o oposto (por exemplo, se em vez de Alegria, surgir a Tristeza), em geral isto significa que existe um bloqueio de emoções negativas detendo o desenvolvimento da qualidade desejada. Se o sentimento negativo for forte, interrompa o exercício e investigue os sentimentos negativos que surgiram e, sem se deixar envolver por eles, permita que se expressem simbolicamente. Então, deixe que se vão e retome o exercício, percebendo que agora, ao evocar a qualidade, ela pode preencher o espaço vazio deixado pela emoção negativa liberada.

A Co-criação e as Idades do Homem

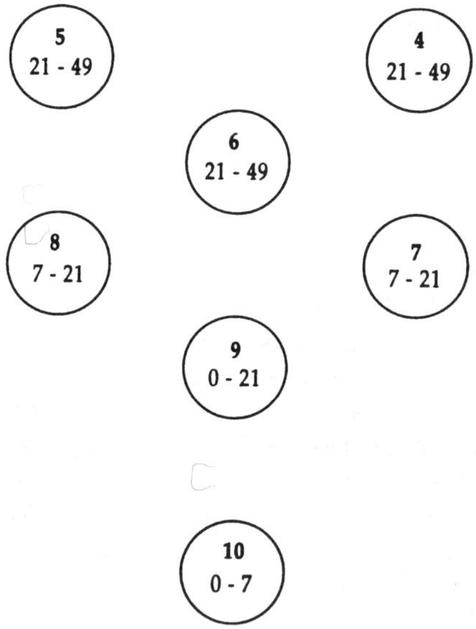

Tendemos a pensar em nós mesmos como sendo uma personalidade que tem um eu “superior”. *Deste momento em diante, comece a considerar a si mesmo como o Eu que tem uma personalidade.* Como quer que você o sinta, o Eu é uma realidade viva. Você é o Eu, você tem uma personalidade e assim pode vivenciar a diversidade infinita neste mundo.

Observe o diagrama anterior. A parte de baixo de cada esfera está relacionada com uma faixa de idade. Assim, Malkuth é atribuída à idade de 0 (nascimento) a 7 anos, Netzach e Hod à de 7 a 21, e assim por diante. Isto não quer dizer que o desenvolvimento de uma esfera acontece somente durante esses anos, mas, sim, que o ponto principal de desenvolvimento se concentra nesses anos. Os anos em si são apenas aproximados. Não se trata de uma regra rígida, havendo variações de pessoa para pessoa; porém, a seqüência permanece constante.

Como você pode ver, o trabalho da Alma (esferas 4, 5 e 6) é atribuído à idade dos 21-49+ anos. Tudo é visto em etapas de sete anos. Compare o diagrama anterior com este:

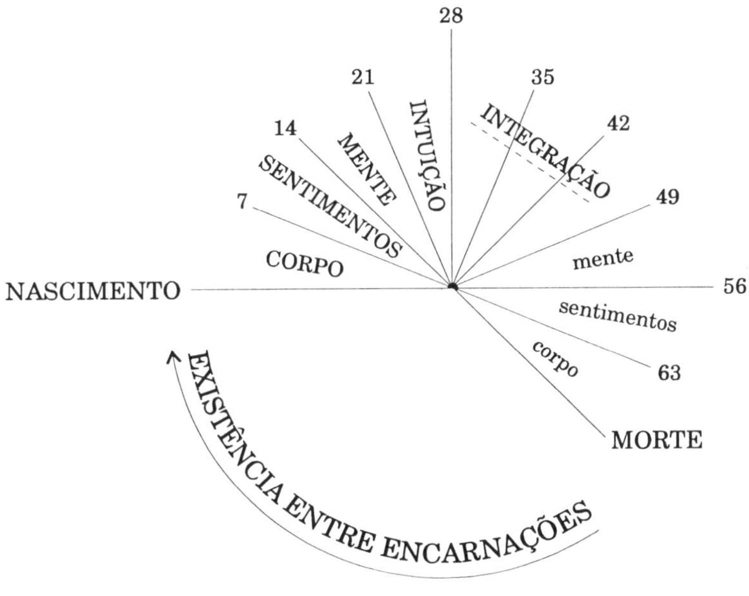

Você observa que, depois de 49 anos, ainda há três conjuntos de sete anos reservados para compor o "período de vida médio" de 70 anos. Esses são um reflexo dos três primeiros conjuntos de sete anos e possibilitam à pessoa que não trabalhou muito com essas esferas uma espécie de "oportunidade a mais" (você *não* poderia chamá-la de uma segunda oportunidade!) para lidar com esses meios de manifestação. Note como as "doenças" da mente tendem a ocorrer no período 49-56 (várias crises mentais, por exemplo); as "doenças" dos sentimentos, entre 56 e 63 (por exemplo, ataques cardíacos); e as "doenças" do corpo no período 63-70 (por exemplo, aos "70", ou em qualquer idade em que realmente ocorra, o "fim" é a morte corporal).

"Co-criação" é o processo implícito nisso, pelo qual, depois de nossa "criação inicial" no nascimento, a partir do Eu, nós "ascendemos" em nosso crescimento e desenvolvimento de volta ao Eu, assim co-criando, juntamente com o Eu, a totalidade da nossa experiência.

Os Dez Planos do Ser

O diagrama dos "Dez Planos do Ser" revela uma nova forma de ver o esquema da Árvore da Vida. Usando as observações a seguir, estude o diagrama atentamente e veja como ele se ajusta ao seu conhecimento cabalístico.

As cinco esferas (identificadas com as letras de *a* a *e*) são equivalentes a:

(a) O Eu relacionado com a Consciência Universal/Cósmica.
(b) O microcosmo completo. O próximo passo para a humanidade como um todo.
(c) O microcosmo em aperfeiçoamento, concentrado em Tiphareth e ligado a Daath e Yesod.
(d) A personalidade, concentrada em Yesod, mas incluindo Tiphareth.
(e) Ações astrais, etéricas e demoníacas recíprocas.

Os dez planos (numerados de 1 a 10) encontram-se dentro das cinco esferas:

1. Os 3 véus	o eu universal, a crescente de Nuit (a deusa egípcia da Lua).
2. Esferas 1, 2 e 3 e Daath (D)	a vesícula espiritual (a forma criada pela sobreposição de dois círculos), o Eu transcendente e imanente.
3. Daath	o passo seguinte, o Eu imanente.
4. Daath (D) e esferas 4, 5 e 6	a vesícula da alma.

5. Esfera 6	o centro da pura consciência de si.
6. Esferas 6, 7, 8 e 9	a vesícula da personalidade.
7. Esfera 9	a vesícula sexual e o inconsciente inferior.
8. Esferas 9 e 10	a vesícula física, incluindo os veículos astral e etérico.
9. Esfera 10	o corpo e o mundo exterior, a crescente receptiva para corresponder com a crescente criativa do plano dois, pois, "como em cima, assim embaixo".
10. Nenhuma esfera	mundo dos demônios e dos elementais, um reflexo inferior da crescente diretamente acima dela.

Diálogo com o Anjo da Guarda

O diálogo com o Anjo da Guarda às vezes também é chamado de Conhecimento e Diálogo com o Santo Anjo da Guarda (abreviado para CDSAG) ou simplesmente de Diálogo Interior. Esse "diálogo interior" não é a tagarelice incessante dos pensamentos (que, na verdade, precisa ser desligada para que a verdadeira orientação interior seja ouvida), mas o diálogo entre a personalidade concentrada e o ponto central da alma. Este é representado por um símbolo como uma pomba, uma luz, um anjo, uma pessoa radiante, sábia, idosa, e assim por diante. O "Anjo da Guarda" é um símbolo desse tipo. O anjo pode ser descrito como um "elo com os reinos espirituais" ou como "o transmissor do próximo passo". O Anjo da Guarda habita em Tiphareth e o diálogo com esse anjo é o trabalho principal dessa esfera. Na próxima seção, você terá maiores referências sobre o anjo e sobre uma maneira de entrar em contato com ele (o anjo pode ser do sexo masculino ou feminino, ou de ambos).

A atividade de contato e de diálogo com o seu Anjo da Guarda é fundamental para o seu progresso. Aleister Crowley disse que é muito importante que a pessoa mantenha esse diálogo, e que nada é mais importante do que isso. Gurdjieff descreveu o mesmo processo como

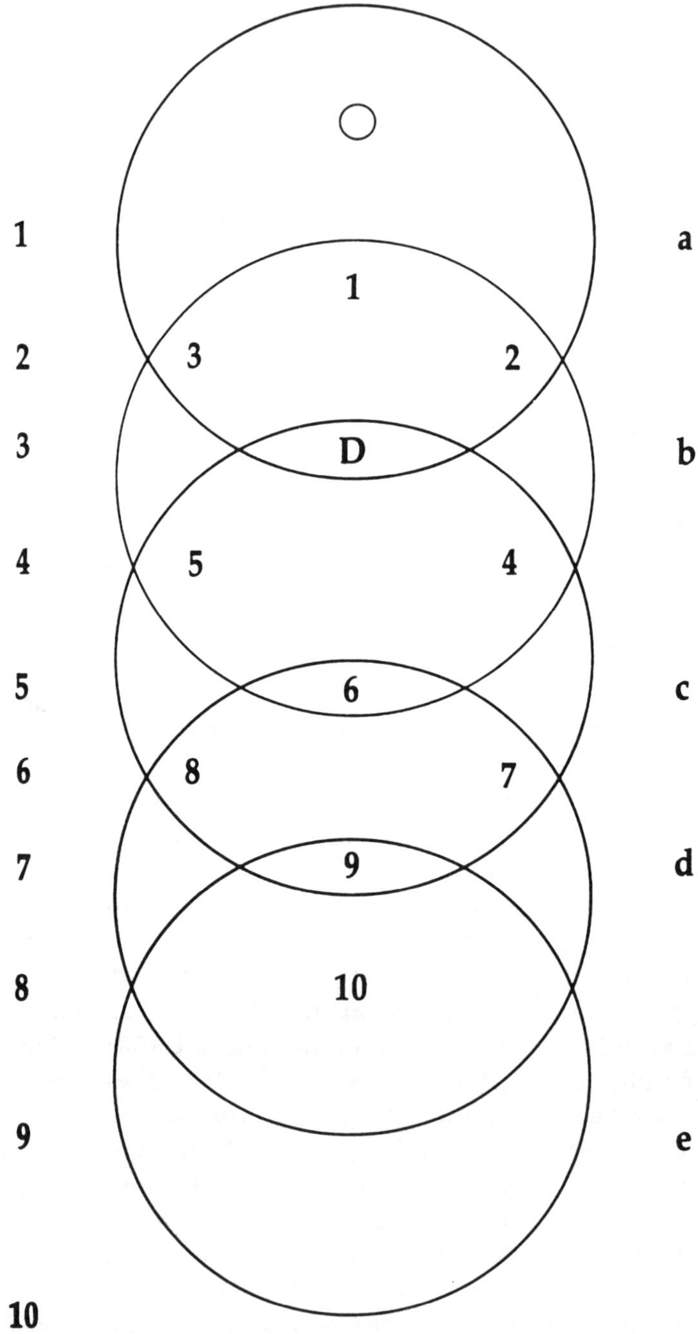

Os Dez Planos do Ser

"fisgar uma alma", e também lhe atribuiu importância primordial. Todas as religiões, com exceção daquelas que se baseiam fundamentalmente na fé, acreditam que esse *contato* é vital. Esta é uma forma de forjar um elo entre o temporal e o eterno.

Ao realizar o exercício, talvez você se pergunte como pode ter certeza de que o ser com que você entra em contato é o seu Anjo da Guarda. Poderia ser outra entidade, disfarçada (por assim dizer) nessa fonte de "sabedoria divina". Qualquer que possa ser essa outra entidade, um demônio das trevas, seu próprio superconsciente ou uma subpersonalidade destacada, os pontos a seguir podem ajudá-lo a verificar a validade do seu contato. Lembre-se de que a *sensação* do que é certo ou do que é errado para você é que tem maior importância. Só você pode decidir se uma mensagem ou uma orientação tem sentido para você.

Itens para avaliação do contato:

1. Em última análise, todas as mensagens do Anjo da Guarda são *positivas* para o eu, nunca negativas. Elas nunca julgam ou "criticam" (embora possam ser sérias e rigorosas — como a atitude de um pai ou de uma mãe bondosa e amorosa, e não a de uma pessoa autoritária, pretensiosa e desinteressada).
2. Use Netzach e Malkuth. A *sensação* é a de "coisa certa"? Você sente que é um contato verdadeiro com seu Anjo verdadeiro?
3. Use Hod e Malkuth. A virtude de Malkuth é o discernimento (num sentido sensorial) e a mente é a melhor "arma" para discernir.
4. Existe reforço não-verbal? A cena parece correta? Você sente a retidão dos símbolos envolvidos? A expressão do seu anjo é correta?
5. Todas essas mensagens (quando compreendidas — elas podem não ser claras de imediato) se expandem e se estendem à personalidade.

As três palavras-chave envolvidas na verificação da validade de uma mensagem do seu Anjo são *discernimento* (Malkuth), *interpretação* (Hod) e *sentido de retidão* (Netzach).

Também vale lembrar que o Anjo pode lhe dizer seu nome. Se você ouvir o nome do seu Anjo, *jamais* o mencione a alguém — ele é o segredo primeiro da sua vida e uma palavra de *poder* imenso. Isto acontece porque, conhecendo o nome do seu Anjo, você pode invocá-lo à vontade.

Todos temos uma fonte de sabedoria e de compreensão que sabe quem somos, onde estivemos e para onde vamos. Ela está em sintonia com o nosso propósito em desenvolvimento ou Vontade Verdadeira, e percebe claramente quais os próximos passos que deverão ser dados para alcançar esse objetivo. À medida que a contatamos, podemos reconhecer melhor as dificuldades que estamos tendo em nosso desenvolvimento e, com sua ajuda, podemos guiar nossa consciência e vontade para a solução dessas dificuldades. Usada corretamente, ela pode nos ajudar a dirigir nossas energias para alcançar a integração em nossa personalidade e para a unificação da personalidade, da alma e do espírito numa realidade viva.

Muitas imagens estão associadas a esta fonte de orientação interior. Na linguagem oculta habitual, como você já observou, ela é chamada de Santo Anjo da Guarda, Augoeides ou Demônio. Outras imagens comuns são o Sol, um diamante, uma fonte, uma estrela, um anjo, uma águia, uma pomba, uma fênix, Cristo, Buda, um Ancião ou uma Anciã Sábios. Diferentes imagens surgem para ir ao encontro de diferentes necessidades, de acordo com o desenvolvimento, a cultura e o condicionamento da pessoa. Em termos gerais, muitas vezes se percebe que uma imagem "masculina" é animadora, estimuladora e inspiradora, ao passo que uma imagem "feminina" alimenta, dá apoio e aceita. Mas, nem sempre é assim.

conversa com o anjo da guarda — também conhecida como diálogo interior

Existem muitos rituais e procedimentos complicados para entrar em contato com o Anjo da Guarda ou o Ancião Sábio. O procedimento mais simples, entretanto, é o apresentado a seguir — uma técnica vantajosa por ser simples e ao mesmo tempo muito eficaz.

> Siga os procedimentos iniciais de costume.
>
> Feche os olhos, respire profundamente algumas vezes e deixe que surja em sua imaginação a face do seu Anjo, com os olhos expressando grande amor por você.
>
> Convide-o a um diálogo e, do modo que achar mais conveniente, use a presença e a orientação para que o ajudem a compreender melhor todas as questões, direções, escolhas, problemas etc. com que você esteja lidando neste momento. Esse diálogo pode ser verbal ou não-verbal, ocorrendo num nível visual e simbólico de comunicação e compreensão.
>
> Passe o tempo que for preciso com seu Anjo; depois, agradeça à imagem por ter aparecido para você, retorne à consciência normal e anote o que aconteceu.
>
> Veja bem: a única orientação realmente apropriada que você deve pedir ao seu Anjo diz respeito *ao próximo passo* que deve ser dado no seu processo de desenvolvimento.

Depois de certa prática, você não terá mais necessidade de imaginar um Anjo — ele poderá ser ouvido como uma espécie de voz interior, ou mesmo como um "conhecimento" direto do que é melhor fazer numa dada situação.

Seu Anjo não precisa ser sempre do mesmo sexo.

Lembre-se de avaliar a validade de todas as mensagens.

Você pode adaptar esse procedimento simples a um diálogo com qualquer outra coisa, desde uma forma divina específica até uma parte do seu corpo. Tente fazer isso: mantenha um diálogo interior com várias partes do seu corpo — exteriores e interiores — e veja o que elas têm a lhe dizer.

O Ser Iluminado

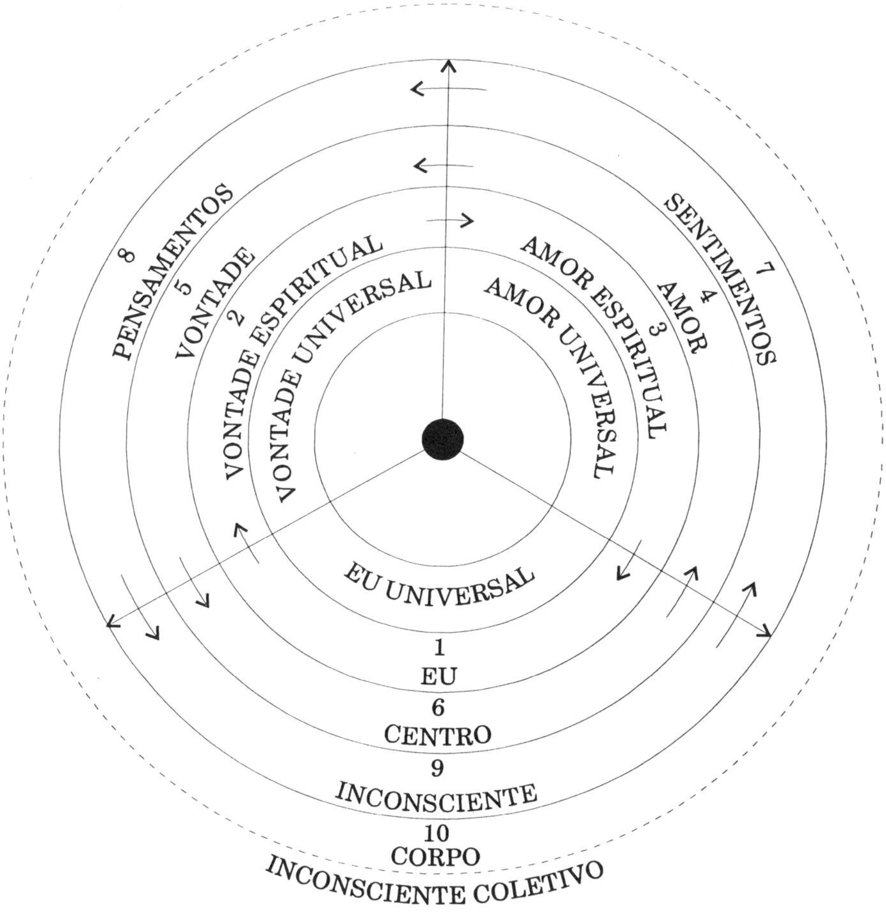

O diagrama mostra os resultados do posicionamento das esferas da Árvore em círculos concêntricos, com os aspectos "universais" no centro, irradiando para fora. Observe como, alterando a direção do círculo, na seqüência da Tríade Suprema (isto é, na posição do Abismo), nós efetivamente alinhamos os aspectos espirituais e da alma das esferas. Assim, Chockmah (Vontade Espiritual), Geburah (Vontade) e Hod (Mente/Pensamentos) integram o mesmo segmento. Daí a descrição deste diagrama como "O Ser Iluminado". Também poderia ser "O Momento da Integração Total".

Uma Síntese Poética da Criação

O capítulo seguinte, extraído do livro *The Book of Lies* [O Livro das Mentiras], de Aleister Crowley, é a síntese mais sucinta de toda a Árvore e é, ao mesmo tempo, um estímulo à imaginação e um auxílio à memória.

0. *A Tríade anterior aos primórdios que é "não-Deus".*
O Nada é.
O Nada se torna.
O Nada não é.

A Primeira Tríade que é Deus.
1. EU SOU.
2. Eu digo a Palavra.
3. Eu ouço a Palavra.

O Abismo.
A Palavra se rompe.
Há Conhecimento.
Conhecimento é Relação.
Esses fragmentos são Criação.
O rompido manifesta a Luz.

A Segunda Tríade que é Deus.
4. Deus Pai e Mãe está oculto na Geração.
5. Deus está oculto na energia remoinhante da Natureza.
6. Deus é manifesto na reunião, na harmonia, na consideração, o Espelho do Sol e do Coração.

A Terceira Tríade.
7. Produzindo, preparando.

8. Vibrando, flutuando, cintilando.
9. Estabilidade, geração.

A Décima Emanação.

10. O Mundo.

Os Princípios de Mudança e de Manutenção

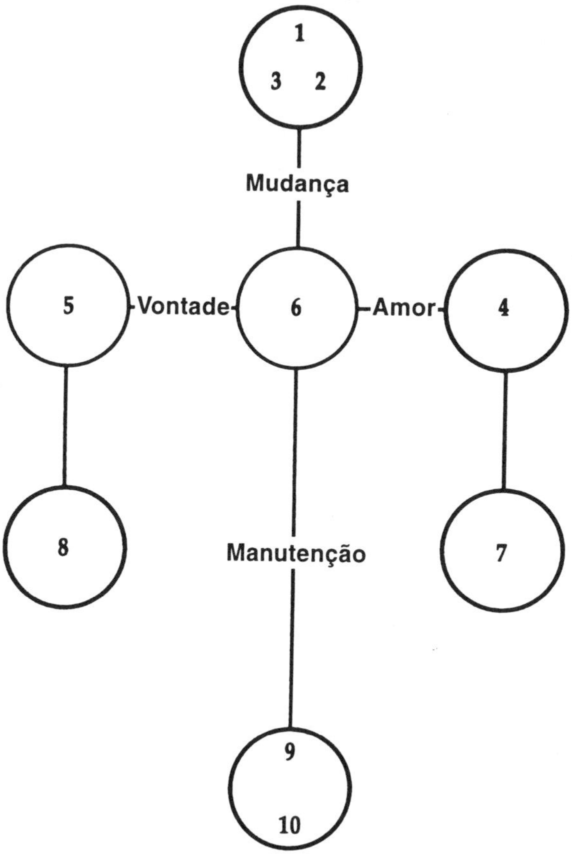

A Árvore Horizontal e Vertical

No próximo capítulo você aprenderá algo sobre a *Vontade* e o *Amor*, os dois Arquétipos primordiais, relacionados, respectivamente, com Geburah e Chesed. Eles constituem a *ação* da alma ao manifestar a si mesma. Eles criam uma polaridade vertical que cruza a Árvore da esfera 4 a 5. Essas duas direções (esquerda e direita) são equilibradas pelas duas outras direções (acima e abaixo) sob a forma de uma polaridade vertical na Árvore entre os Arquétipos de Mudança (em cima) e Manutenção (embaixo). Esses Arquétipos ou Princípios de Mudança e de Manutenção constituem, com os dois Arquétipos ou Princípios do Amor e da Vontade, as Quatro Direções do Desenvolvimento.

Como você já aprendeu, as Qualidades podem ser (pelo menos relativamente) "claras" ou "distorcidas" em sua manifestação — como, por exemplo, a "Vontade" pode ser manifesta como propósito claro ou raiva cega; o Amor, como altruísmo ou possessividade, e assim por diante. As duas Qualidades verticalmente polarizadas da Mudança e da Manutenção não são exceção, e também podem se manifestar de uma maneira clara ou distorcida. A tabela a seguir mostra algumas condições expostas por sua manifestação e dá uma indicação da diferença em seu aspecto positivo ou negativo.

	Mudança	*Manutenção*
claro	progresso	eternidade
	evolução	atemporalidade
	transformação	ritmo
	des-identificação de forma	paciência
	liberdade	regeneração
distorcido	destruição	asfixia da vida
	medo das limitações	medo do desconhecido
	mudança despropositada	inércia, indolência
	dissipação de energia	"mentalidade obtusa"
	ausência de limites	covardia
	insensibilidade às necessidades	inflexibilidade

Todos tendemos a ser atraídos a um lado de qualquer polaridade, a estar mais do lado da "Vontade" do que do lado do "Amor", ou vice-versa. Assim acontece com a Mudança e a Manutenção. Como a tabela mostra, ambas possuem qualidades claras e distorcidas. Compete a nós, individualmente, nos equilibrarmos de maneira a não excluirmos nenhuma, e incluirmos o melhor de ambas.

o manto da negatividade

Siga os procedimentos iniciais de costume.

Imagine que você está vestindo um manto preto e pesado. É o manto da sua negatividade, dos seus medos e de outras emoções, pensamentos e sensações negativos. Sinta realmente o peso desse manto.

Agora, tome consciência de que esse manto negativo começa a subir lentamente, separando-se do seu corpo, e levando consigo toda a sua negatividade.

Imagine o manto se dissipando lentamente. Quando tiver desaparecido completamente, você estará livre para vestir um novo manto de sua própria escolha, um manto de amor, de alegria, de proteção ou de qualquer outra qualidade que você desejar.

Imagine vividamente esse novo manto que você está vestindo, esse manto de luz que você escolheu. Adote-o como um símbolo de sua alma.

CAPÍTULO 9

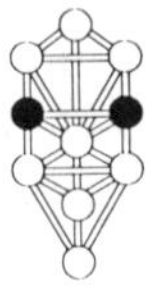

A Quarta e a Quinta Esferas

A Quarta e a Quinta Esferas, Chesed e Geburah

O nome da quinta esfera é *Geburah,* que em hebraico é:

ג ב ו ר ה

H R V B G

Geburah está situada no terceiro plano, no pilar esquerdo (o lado direito do corpo).

Geburah é atribuída à *vontade* ou *poder* "pessoal" (em oposição a "espiritual" ou "transpessoal").

O nome da quarta esfera é *Chesed,* em hebraico:

ח ס ד

D S Ch

Chesed está situada no terceiro plano, no pilar direito (o lado esquerdo do corpo), formando uma polaridade com Geburah.

Chesed é atribuída ao *Amor* ou *Consciência* "pessoal".

Geburah significa "Força" ou "Severidade"; Chesed significa "Misericórdia" (ou "Amor").

Essas duas Sephiroth representam a polaridade do *Amor* e da *Vontade,* dois Arquétipos ou princípios básicos: *tudo* na vida pode ser visto como uma expressão da relação entre Amor e Vontade.

Este nível da Árvore também representa a *alma:* novamente, tudo na vida pode ser visto como o resultado da expressão e da experiência da alma.

Não queremos dizer, com isso, que o Amor e a Vontade sejam equivalentes da alma. Pode-se ver melhor essa relação na condição em que a alma "usa" os Arquétipos do Amor e da Vontade como ferramentas básicas para o desenvolvimento. A influência recíproca dessas qualidades é, então, uma expressão em si mesma da alma que surge e se desdobra. Um desequilíbrio entre o Amor e a Vontade trará problemas à personalidade; a alma, determinando a relação entre os Arquétipos, verá esse problema como uma oportunidade de desenvolvimento.

No último capítulo, você aprendeu a ver a relação entre espírito, alma e personalidade de um ângulo diferente, realizando uma espécie de "inversão" em que, em vez de ser uma personalidade com uma alma, você se vê como uma alma que tem uma personalidade. Uma outra forma de dizer isto é que o "Arquétipo", o "padrão" ou o "princípio" que tem origem neste nível cria a experiência, *em contraste* com a experiência que cria o Arquétipo, o padrão ou o princípio.

Vejamos um exemplo. Se parte da sua personalidade depende do amor dos outros e mostra o desejo de agradar, isto não afeta sua alma diretamente; é sua alma que cria o que "estabelece" as condições em você, tornando possível à personalidade exibir essas características. A alma age assim para se dar a oportunidade de se desenvolver por meio do aprendizado do modo como resolver essas questões (através das interações da personalidade).

Às vezes, você pode pesquisar Geburah através da sua relação com o seu pai (e Chesed através da relação com sua mãe). Entretanto essa maneira nem sempre é precisa, e pode até ser invertida em algumas pessoas. Sua alma cria as condições para sua relação com seu pai e sua mãe. Isto não quer dizer que o seu pai e a sua mãe não influenciam seu desenvolvimento; antes, significa que você desempenha um papel mais importante do que poderia inicialmente imaginar. De uma maneira simples, isso equivale a dizer que você escolhe seu próprio pai e sua própria mãe!

exercícios gratuitos da vontade

Mantenha a faculdade do esforço viva em você
através de um exercício diário gratuito.
Isto é, seja sistematicamente heróico em coisas
pequenas, desnecessárias; todos os dias, ou a cada dois
dias, faça alguma coisa pelo simples fato de ela ser difícil;
desse modo, quando a hora da necessidade extrema se aproximar,
ela o encontrará calmo e preparado para suportar o teste.

Um ascetismo assim é como o seguro que um homem paga por sua casa e seus bens. O valor pago não lhe traz nenhum benefício no presente, e talvez não lhe traga nenhum retorno. Mas, se houver um incêndio, o seguro o salvará da ruína. Assim acontece com o homem que diariamente se exercita nos hábitos da atenção concentrada, da vontade enérgica e da renúncia a coisas desnecessárias. Ele se erguerá como uma torre quando tudo tremer ao seu redor, e quando os seus semelhantes mais instáveis se espalharem como a palha ao vento.

William James

Mais adiante, ainda neste capítulo, você encontrará vários exercícios para o treinamento da vontade. Os sugeridos a seguir, os "Exercícios Gratuitos da Vontade", são recomendados, pois lhe serão muito úteis numa situação em que for necessária uma vontade forte.

A técnica consiste em praticar ações sem nenhuma utilidade em si mesmas; são executadas com o único objetivo de treinar a vontade. Elas podem ser comparadas aos exercícios musculares da ginástica, cuja vantagem se restringe ao desenvolvimento dos músculos, ao aumento da coordenação neuromuscular e ao bem-estar físico geral.

Exemplos de Exercícios Gratuitos da Vontade:

1. Escolha cinco objetos dispostos ao acaso numa sala. Durante cinco minutos exatamente, nem mais nem menos, e seguindo estritamente o mesmo sentido de deslocamento, ande intencionalmente ao redor da sala tocando todos os objetos.
2. Pegue uma caixa de fósforos cheia. Intencional e deliberadamente, retire os fósforos da caixa, um por um, contando-os com cuidado. Quando a caixa estiver vazia, inverta o processo, enchendo-a novamente.
3. Fique de pé sobre uma cadeira e conte até 100, lenta e intencionalmente. Ao chegar a 100, retome a contagem na ordem inversa até 1.

Baseado nos exemplos acima, elabore você mesmo seus "Exercícios Gratuitos da Vontade".

Lembre-se dessa citação muito útil:

A Vontade Pura, não debilitada pelo propósito, livre da ansiedade do resultado, é perfeita em todos os sentidos.

O Livro da Lei

Quando terminar os exercícios sugeridos, procure lembrar-se de todas as reações que possam ter-lhe ocorrido — especialmente resistências e bloqueios que o teriam impedido de concluir a tarefa.

Correspondências com Chesed e Geburah

As atribuições de Chesed e Geburah são mais bem apreciadas em conjunto porque, num sentido inicial pelo menos, elas são inseparáveis.

Geburah	*Chesed*
Atribuída à Vontade/ao Poder	Atribuída ao Amor/à Consciência
Fazer	Ser
Marte	Júpiter
Ombro direito (e supra-renal)	Ombro esquerdo (e supra-renal)
Vermelho	Azul
Visão de Poder	Visão de Amor
Virtudes: energia, coragem	Alinhamento espiritual
Vícios: crueldade, restrição	Fanatismo, hipocrisia
Espada e lança	Orbe, bastão e cetro

Para ambas as esferas, você pode ter falta ou excesso de energia. Geburah em excesso leva à crueldade, à imposição egoísta da própria vontade e a uma visão presunçosa de si mesmo, ao passo que a falta de Geburah resulta em preguiça, falta de energia e restrição. Chesed em excesso leva ao desleixo, ao amor cego e ao fanatismo; a falta de Chesed conduz à separação, à solidão, à angústia e possivelmente à supervalorização do pólo oposto ao da vontade.

O caminho que une essas esferas tem relação com a carta do Tarô chamada Luxúria (ou Força, nos baralhos tradicionais) — não a luxúria mundana, que seria um vício tradicional, mas a luxúria do Amor guiado pela Vontade. É a luxúria pela vida gerada por um *equilíbrio dinâmico* perfeito entre as duas esferas.

Os quatro 5 do Tarô são atribuídos a Geburah e os quatro 4 a Chesed:

paus:	5 - luta	4 - obra perfeita
copas:	5 - desapontamento	4 - prazer
espadas:	5 - derrota	4 - trégua
ouros:	5 - preocupação	4 - poder

Outros nomes dados a Geburah incluem *Din,* que significa "Justiça", e *Pachad,* que significa "Medo". É interessante analisar esta palavra que designa "medo": *achd* significa "Unidade ou Unicidade". Acrescentando-se a letra "P" — a da energia marcial — na frente dela, temos *Pachd:* Medo. Isto sugere que o medo surge do fato de se estar demasiadamente só com o próprio poder, sem ter outras ligações.

Outro nome dado a Chesed é *Gedulah* (usado na Cruz Cabalística). Gedulah significa "Glória", especialmente a Glória do Amor.

O Princípio do Ajustamento

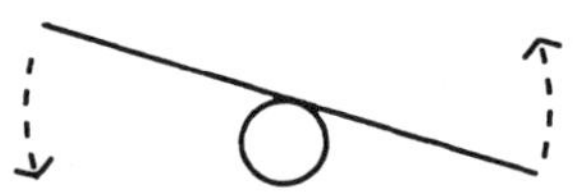

O equilíbrio não é estático; ele se ajusta constantemente. Assim, por exemplo, uma gangorra com pessoas de pesos semelhantes em cada extremidade (veja diagrama) não ficará equilibrada e estática num ponto — ela se moverá constantemente, um pouco de um lado, um pouco do outro lado, mantendo um equilíbrio dinâmico.

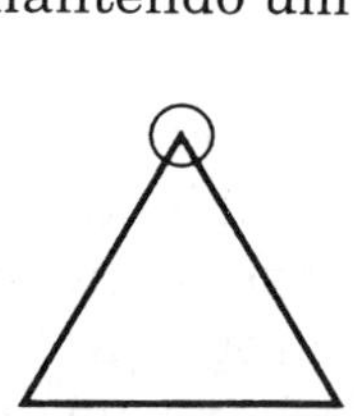

Num outro sentido, o equilíbrio só é alcançado através de um terceiro fator (ver diagrama), que em nosso exemplo da gangorra é o fulcro. O equilíbrio é alcançado dinamicamente pela *inclusão.* Pode-se alcançar uma espécie de equilíbrio entre duas polaridades encontrando-se o ponto intermediário entre as duas, mas esse ponto não coincide com nenhuma das duas polaridades. Um equilíbrio dinâmico só será encontrado num lugar diferente em que ambas estejam incluídas. Assim, o segundo diagrama se torna:

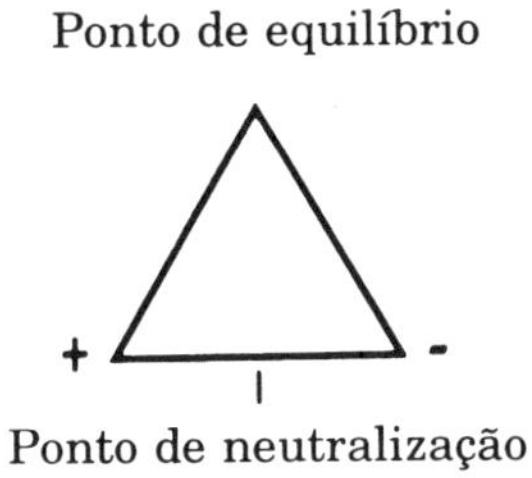

Em certo sentido, Tiphareth é o ponto de equilíbrio de Netzach e Hod. No caso de Chesed e Geburah, entretanto, Tiphareth e Daath podem ser consideradas como o terceiro ponto. Veja este diagrama:

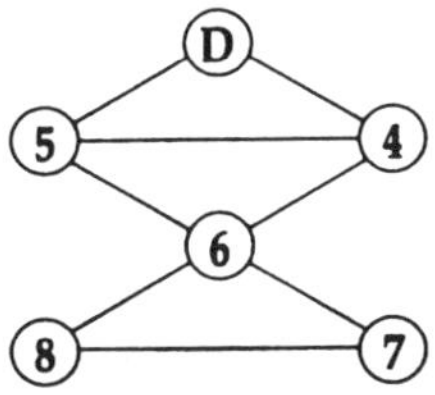

O equilíbrio entre Chesed e Geburah em termos de Tiphareth é um equilíbrio do coração e da alma. As três esferas envolvidas criam um triângulo com vértice voltado para baixo. Em termos de Daath, todavia, o equilíbrio é mantido através da ligação com os reinos espirituais, e as três esferas formam um triângulo com vértice voltado para cima. Esses dois triângulos, em conjunto, formam um *hexagrama,* ou uma estrela de seis pontas, que é um símbolo perfeito do equilíbrio total entre o espírito e a alma ou, em outras palavras, entre as energias "universal" e "individual".

A criação desse equilíbrio que incorpora o espírito e a alma implica novamente uma espécie de "inversão" do triângulo descendente, centralizado em Tiphareth, para o triângulo ascendente, centralizado em Daath. Então, como Daath é atribuída à garganta (ver próximo capítulo), esse fato leva à *expressão clara* da espiritualidade da pessoa.

O Elo Mágico e o Embasamento da Energia

O processo de manifestação de algo sempre passa por quatro estágios:

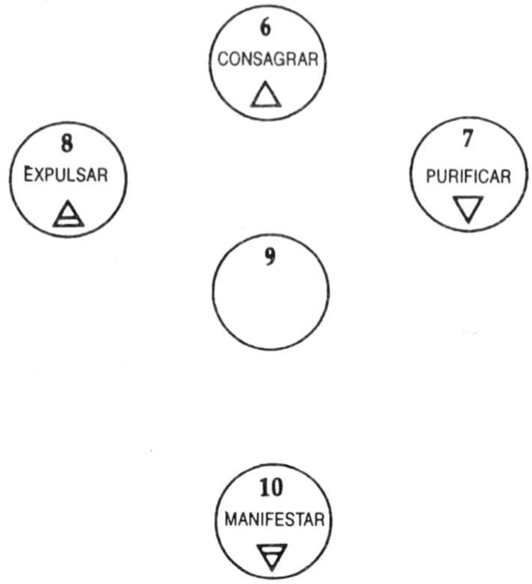

1. Expulsão — refere-se a Hod especificamente, e significa que todas as idéias não relacionadas com a questão atual devem ser postas de lado — único ponto e mente indivisa.
2. Purificação — relaciona-se com Netzach e refere-se à purificação dos sentimentos e das emoções.
3. Consagração — relaciona-se com Tiphareth, e é a dedicação do mago a um propósito único.
4. Embasamento — ou "trazer à luz", relaciona-se com Malkuth. Não há sentido em negar os pensamentos, purificar os sentimentos, consagrar o propósito e a si mesmo, se você não estabiliza a energia e não promove a mudança desejada, o que pode ser feito eficazmente por meio de um "elo mágico".

A magia pode ser definida como *qualquer* ato originado pela vontade. Em toda operação de magia, o elo deve ser estabelecido adequadamente; isto é, os meios apropriados usados na medida apropriada e aplicados de maneira pertinente ao propósito, através de um "agente" que liga a "pessoa que deseja" ao objeto desejado.

Por exemplo, um pescador pode ter um desejo inabalável de pegar um peixe. E também se pode imaginar um peixe com uma vontade forte de ser fisgado (!). Entretanto, a menos que se estabeleça um elo (neste exemplo, a linha e o anzol), a vontade de ambos jamais se realizará.

Imagine que eu queira comprar uma barra de chocolate numa lanchonete do bairro. Eu conheço os meios de chegar lá (caminhando), a direção correta (virar à esquerda, à direita, novamente à direita), a pressão correta a aplicar na direção correta (isto é, para a frente a 5 km/h de determinada maneira) — todos os detalhes estão aí para que eu realize a minha vontade e compre um chocolate, exceto o elo mágico. Se, ao chegar na lanchonete, eu não estabelecer esse elo mágico com o vendedor, não conseguirei a minha barra de chocolate. Neste caso, o elo será um talismã (de um tipo específico, em geral chamado "dinheiro").

Existem dois tipos de elo mágico — os elos que acontecem "dentro de você" e os que acontecem "fora de você". Os elos interiores são os feitos dentro do seu corpo; são os mais fáceis, no sentido de que tudo o que é preciso está contido dentro do sistema; e talvez sejam os mais difíceis, no sentido de que a inércia interior precisa ser vencida. Pense nas forças que mantêm seu corpo:

- a atração da Terra, do Sol, dos planetas, das estrelas, de cada partícula de poeira que está na sala (uma das quais — se pudesse ser destruída — moveria o seu corpo, mesmo que imperceptivelmente)
- a resistência do solo, a pressão do ar, todas as condições exteriores
- as forças de sustentação interior; o esqueleto, os músculos, o sangue, a linfa, a medula, e assim por diante
- a consciência: a mente, os sentimentos e o corpo
- e a vontade, que dirige sua decisão de estar *aqui* e *agora* nesta posição, neste lugar, lendo este livro. Sem a sua vontade, você não seria capaz de fazer nada. Se sua vontade desaparecesse neste exato momento, você ficaria para sempre preso a este lugar e à posição em que se encontra!

Entretanto, apesar dessa condição, você dispõe interiormente de todas as energias necessárias para a realização de qualquer "propósito" que você tenha em seu trabalho interior, seja ele um trabalho de orientação espiritual seja de orientação material. Com os elos exteriores, isto não é assim — é preciso que haja um elemento de ligação entre você e o objeto da sua vontade, como a linha e o anzol, ou o dinheiro dos exemplos anteriores.

Às vezes, a *força interior* em si pode estabelecer o elo. Por exemplo, se você expressa seu amor verdadeiro para alguém, uma ligação pode ser feita, supondo que essa pessoa sinta a força do seu amor e que essa força ligue o amor da pessoa por você. Todas as Qualidades da Alma (verdade, alegria, beleza etc.), *se se tornarem manifestas na personalidade*, se tornam elos em si mesmas.

De uma maneira ou de outra, com o trabalho interior e exterior, o *elo* precisa ser estabelecido. Isso sempre deve ser enfatizado. O método utilizado com mais freqüência para criar um elo é o *embasamento,* que provê à energia que você quer manifestar um "lugar" onde ela possa se manifestar.

Digamos que você tenha uma experiência; por exemplo, uma experiência intensa ou "elevada" que você queira assentar sobre uma base. Se você não fizer isso, o "elevado" permanecerá etéreo e não-manifesto em você (e ao seu redor) e a energia irá se dissipar. A consciência, sob qualquer forma, precisa se integrar na pessoa como um todo. Existem várias maneiras fáceis de proporcionar uma base à energia:

1. Simplesmente expressando a experiência.
2. Escrevendo, desenhando, criando símbolos.
3. Revisões à noite ou provisões pela manhã (examinando o passado ou o dia que inicia, e observando seu modo de agir, não como um exercício de julgamento, mas para que você possa ter um desempenho mais eficaz através do conhecimento de como você age habitualmente).
4. Criação de talismãs (ou o uso dos existentes, como o exemplo do dinheiro, acima).
5. "Agindo como se" — em outras palavras, agindo como se o fim desejado já tivesse sido alcançado.
6. Meditação, tanto sobre o objeto da vontade em si como sobre um símbolo criado para representar a vontade.
7. Cartões com palavras evocativas — às vezes chamados "conselheiros de si mesmos" — você escreve seu desejo (em palavras ou símbolos) em cartões e os fixa em vários lugares da casa para vê-los com freqüência — como acontece com os anúncios comerciais, a exposição constante influencia o inconsciente.
8. Desenho livre ou automático.
9. Criação de um ambiente (psicológico) apropriado.
10. Criação de um "mantra" baseado no desejo ou na experiência, entoando-o continuamente em silêncio ou em sussurro só para si.

O que interfere no processo de embasamento da energia?

1. *Falta de vontade* — a pessoa não tem força de vontade nem firmeza. Isso pode ser superado fortalecendo a vontade (ver mais adiante os exercícios "Treinando a Vontade").

2. *Medos* — medo da responsabilidade, de perder a individualidade, da impotência, de ser vítima, do poder, de usar mal o poder, de fragmentar a vida, da solidão, da inadequação, de ser rejeitado, de pensar erroneamente, e assim por diante. Até mesmo medo do sucesso!
3. *Racionalizações* (por exemplo, "sim... mas") que tentam convencê-lo a não fazer isso, de um modo ou de outro desvalorizando sua experiência através da análise.
4. *Distrações* — surgidas do seu interior e de fontes exteriores. A única maneira de lidar com isso realmente é entrar em contato com seu propósito e colocar novamente as suas prioridades.

O Amor, a Vontade e a Personalidade

Na seção em que abordamos a questão da Mudança e da Manutenção, você ficou conhecendo a polaridade vertical intrínseca à Árvore da Vida. Amor e Vontade, Chesed e Geburah, formam uma polaridade horizontal. Essas duas esferas podem ser vistas "em ação" na personalidade por meio do estudo das próprias atitudes e experiências. Essas energias, à semelhança das energias de Mudança e de Manutenção, podem ser *claras* ou *distorcidas*. Estude a tabela abaixo e depois siga as direções como são dadas. (Observe que, na faixa intermediária, as qualidades "claro" e "distorcido" se mesclam, ficando difícil distingui-las; as qualidades apresentadas aqui são exemplos dos extremos.)

Claro

Chesed	Geburah
Amor	*Vontade*
altruísmo	afirmação do eu
cooperação	ser a causa
fraternidade	atividade
zelo	força
inclusão	ordem
sensibilidade	autodeterminação

receptividade	atenção centralizada
.	
.	
.	
.	
.	
dependência	manipulação
apego	egoísmo
conformidade	competitividade
desejo de agradar	separatividade
solidão	orgulho
medo de ficar sozinho	ambição
incapacidade de dizer não	medo da impotência

Distorcido

Observe essa tabela e, analisando-a cuidadosamente, atribua um valor de +1 para cada expressão de Amor positiva/clara que você sente que se aplica a você; atribua -1 a cada aspecto distorcido do Amor. Faça o mesmo com a Vontade.

Pode parecer óbvio, mas é bom prevenir que não há sentido em fazer uma avaliação de si mesmo como esta se você não for o mais *honesto* que puder consigo mesmo. Também não leve as coisas muito a sério — o humor pode ser de grande ajuda para a avaliação de si mesmo.

Como exemplo, alguém pode ter sentido que foi compreensivo, sensível e receptivo, mas também mostrou dependência, apego, solidão, desejo de agradar e incapacidade de dizer não. Sua pontuação positiva para o Amor seria +3, e a negativa, -5.

Ao terminar essa tarefa, faça a média geral para os dois pólos. Por exemplo, a pessoa acima terá uma média de -2 para o Amor.

Faça isso antes de prosseguir com a leitura!

Uma pessoa "ideal" (se é que é possível que exista) teria uma pontuação de +7 tanto para o Amor como para a Vontade, o que é improvável, como também é improvável -7 para ambas as esferas. Ainda como exemplo, continuaremos observando a nossa pessoa imaginária que tem uma pontuação de -2 para o Amor. Digamos que ela tenha -1 para a Vontade. Diríamos então que ambos os pólos tendem à distorção, com uma tendência ligeiramente maior do pólo do Amor. Isso expressa a relação da pessoa com os Arquétipos do

Amor e da Vontade e, através deles, com a alma. Outra pessoa poderia ter, digamos, +3 para o Amor e -4 para a Vontade. Diríamos que essa pessoa está adiantada no esforço de tornar transparente o seu Amor, mas apresenta nitidamente uma distorção com relação à sua Vontade.

Assim, o que você pode fazer com isso? A técnica para trabalhar consigo mesmo no que diz respeito à polaridade do Amor e da Vontade pode ser expressa de maneira muito simples:

Eleve o oposto:
Corrija as distorções

No caso, então, do nosso exemplo, que mostra uma pessoa desequilibrada, o que ela precisa fazer é corrigir as distorções que mantêm preso o lado da Vontade da sua energia e elevar esse lado até o nível do pólo do Amor. Em outras palavras, não se trata de obter o equilíbrio baixando o nível do Amor ao nível da Vontade — por exemplo, fazer o Amor e a Vontade igualarem-se em -4; antes, trata-se de elevar a Vontade ao nível de +3.

No sentido em que é empregada aqui, a palavra "distorção" não sugere nada de "errado"; mesmo que sua pontuação fosse de -7 para ambos os pólos, isto apenas indicaria que esse é o estado atual da sua alma com relação ao modo como ela está *escolhendo* viver a vida. Provavelmente, significaria que você tem muito a aprender acerca dessa polaridade, o que é tanto um incentivo quanto uma promessa excitante! Na verdade, uma pontuação de +7 para os dois pólos poderia indicar que você não tem nenhum trabalho a realizar; qualquer pessoa que obtivesse +7 em ambos os pólos muito provavelmente não estaria fazendo este curso e nenhum outro!

Para o momento, a atitude mais prática é observar como você se relaciona com o Amor e com a Vontade, como você expressa essas Qualidades para os outros e, ainda, como você faz contato continuado com o seu centro em Tiphareth.

O Fator de Resolução Superior

Já vimos como alcançar um equilíbrio vital entre duas polaridades dadas, ou dualidade: encontrando um "terceiro lugar" que incorpore ambas, em vez de um que negue ambas. Isto pode ser ilustrado graficamente deste modo:

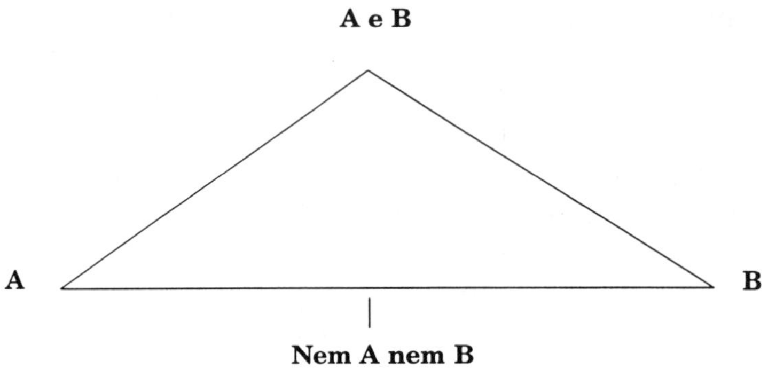

"A" e "B" representam os dois pólos opostos de qualquer dualidade. O verdadeiro equilíbrio é representado pelo ápice do triângulo classificado de "A e B"; esse estado é alcançado pela *síntese* e *inclusão.* Esse terceiro lugar é denominado "fator de resolução superior"; "superior" é usado para distingui-lo do equilíbrio "inferior" de "Nem A nem B", que não é um verdadeiro equilíbrio, por basear-se na exclusão.

Podem ser dados muitos exemplos do fator de resolução superior — de fato, tantos quantos são as dualidades existentes. Algumas dessas são:

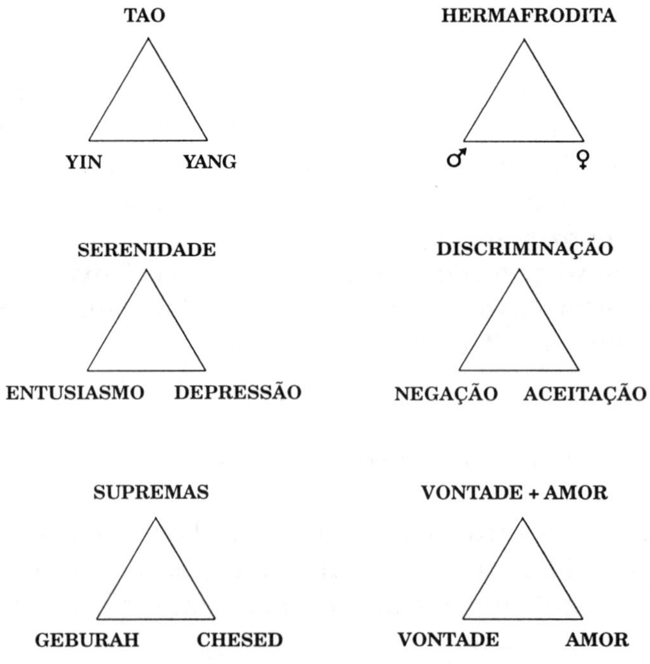

exercício

Crie pelo menos cinco triângulos semelhantes com um par de polaridades nos ângulos inferiores e um fator de resolução superior *identificado*. Assim, nos exemplos acima, "Vontade e Amor" não são suficientes como nome para o fator de resolução superior entre Vontade e Amor. É preciso dar um nome. Que nome você daria?

Feito isso, analise os nomes dados aos fatores de resolução superior, tanto os dos exemplos como os que você criou. Muito provavelmente, esses "fatores de resolução" são em si mesmos uma parte da dualidade.

O Equilíbrio do Amor e da Vontade — Meditação Reflexiva, Receptiva e Criativa

Meditaremos agora acerca do equilíbrio entre os Arquétipos do Amor e da Vontade. Você já praticou algumas técnicas meditativas sugeridas nesta seção, mas agora elas são vivenciadas seqüencialmente, num processo chamado "meditação reflexiva, receptiva e criativa", uma forma específica de meditação que possibilita que muitos níveis do ser trabalhem durante o processo meditativo.

Siga os procedimentos iniciais de costume.

meditação reflexiva:

A meditação reflexiva também pode ser descrita como "pensamento dirigido". Numa folha de papel, desenhe um círculo no centro. Neste círculo, escreva as palavras "O equilíbrio do Amor e da Vontade", assim:

Em seguida, simplesmente reflita sobre esse tema — o "equilíbrio do amor e da vontade". Escreva sobre raios que partem do círculo todas as palavras, as imagens, as idéias etc. que surgirem enquanto você ficar concentrado nesse item (recorra aos exercícios anteriores se não tiver certeza sobre esse processo).

Quando sentir que todos os pensamentos sobre esse assunto estão esgotados, *continue por mais cinco minutos, pelo menos.* Isto lhe permitirá aprofundar-se mais do que você faria normalmente, dando-lhe condição de ter acesso aos recantos mais íntimos da sua mente. Esse tipo de reflexão amplia o conhecimento que você tem sobre o assunto.

meditação receptiva:

Na meditação receptiva, você entra em sintonia com o inconsciente e recebe intuição, inspiração, mensagens e estímulos sobre o tema escolhido. O item mais importante para este tipo de meditação é o *silêncio,* uma vez que, sem ele, você não consegue ouvir o que o seu "mundo interior" lhe diz.

Encontre um espaço que seja silencioso, interior e exteriormente.

Mantendo o conceito de "equilíbrio do Amor e da Vontade" como centro da atenção, procure não pensar em nada. Determine a si mesmo eliminar todos os pensamentos, as sensações e os sentimentos estranhos ao tema. Apenas *seja.*

Não faça nada, apenas observe o que você recebe. Medite assim durante quinze minutos, pelo menos.

Antes de continuar, tome nota de tudo o que lhe tenha chegado durante a recepção.

meditação criativa:

Agora, pense no que você aprendeu com relação ao "equilíbrio do Amor e da Vontade", tendo como base os estágios reflexivo e receptivo de sua meditação; de modo particular, reflita sobre o modo como você poderia pôr essas idéias ou intuições em ação. Procure descobrir quais dessas idéias são mais importantes ou relevantes para você neste momento.

Escolha um item da meditação que você gostaria de pôr em prática.

Medite sobre esse conceito. Procure encontrar uma maneira de agir sobre ele. Seja preciso e prático com relação a isso. Por exemplo, se o seu conceito for "vontade para fazer o bem", você precisa imaginar formas de concretizar sua ação para manifestar essa qualidade. Qualquer ato, por mais simples que seja, realizado com boa intenção pode ser eficaz.

Síntese Horizontal e Vertical

Quando surge um conflito na personalidade, entre dois pólos que representam subpersonalidades, um orientado para o pensamento e outro para o sentimento, a situação pode ser representada por uma linha reta, com as duas partes opostas nas extremidades, assim:

MENTE **SENTIMENTOS**

Este conflito pode ser trabalhado de duas maneiras: criando um centro — o lugar do "observador" (que pode ser chamado de "Eu") — e mergulhando no inconsciente (que pode ser chamado de "INC"), nele trabalhando. Esses dois processos podem ser representados desta forma:

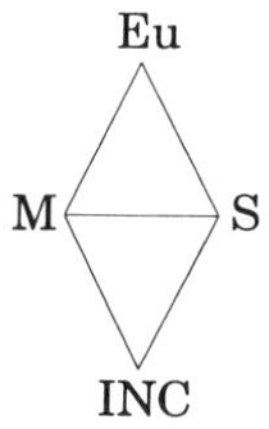

Este é o trabalho de síntese horizontal.

Quando o inconsciente inferior é trabalhado, equilibrado (pelo menos até certo ponto) e, num certo sentido, purificado, verifica-se uma liberação de energia, que pode ser representada assim:

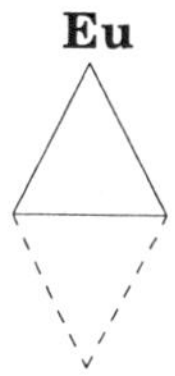

O ponto "Eu", então, está se tornando um centro mais forte e é o "fator de resolução superior" do conflito. Mas cada fator de resolução superior é um "fator de tensão inferior" com relação a uma polaridade mais elevada (ou mais profunda). Diagramaticamente, pode-se representar esta situação deste modo:

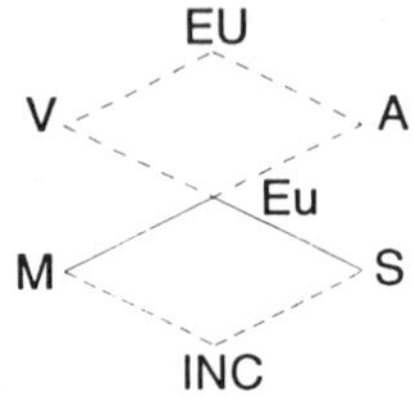

Houve uma reflexão sobre um plano superior e o "trabalho" passa para a síntese vertical através de dois processos:

1. A Dinâmica Amor-Vontade; em parte por meio do trabalho mente-sentimento já realizado, assim:

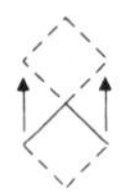

e em parte em seu próprio nível:

2. Criando elos desde o centro ou "eu pessoal" ao EU, assim:

O processo todo é contínuo e orgânico, e de maneira nenhuma linear, como inevitavelmente é a sua descrição. Todos os processos avançam simultaneamente, e a "chave" para a evolução da pessoa está na tríplice escolha: realizar o trabalho, acompanhar o processo e embasar ou reificar os fatores superiores desse processo, dispondo-os num nível "inferior", para criar mais energia para que a dissonância criativa continue e mesmo acelere. Este processo, claramente representado pela Árvore da Vida, não só descreve a evolução da pessoa, mas, ainda, por meio desta, descreve a evolução das espécies. O fator da resolução superior *sempre* implica escolha, seguida por um processo de reificação ou embasamento:

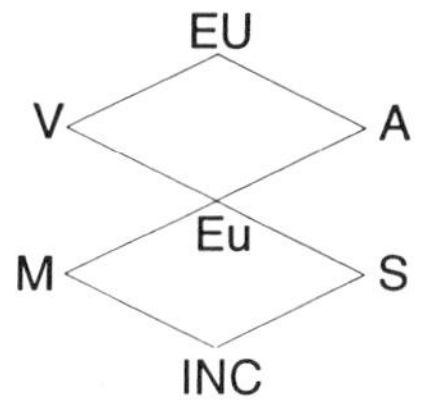

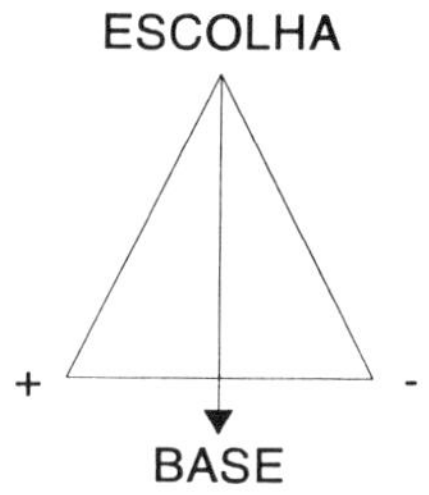

Os Deuses das Esferas

Você já sabe que todos os deuses e deusas, por seus diferentes aspectos, se relacionam com muitas ou com todas as esferas. Os nomes dos deuses e deusas representam fórmulas mágicas, cujo uso põe em movimento energias importantes. A maioria dos nomes divinos é complexa, implicando atribuições com mais de uma esfera, às vezes com várias. Em parte, isto se deve à natureza complexa da força divina descrita pelo nome, e, em parte, à popularidade de muitos desses deuses no passado e sua identificação com os interesses de cada grupo de adoradores. O nome de um deus deve abranger todas as idéias relacionadas entre si necessárias para compor a descrição completa daquela força divina específica, cada atribuição individual representando uma parte da sua totalidade.

Crie suas próprias correspondências de forças divinas que você entende que têm relação com cada esfera. Não se preocupe em misturar deuses de várias culturas, ou mesmo em formar nomes de deuses que tenham significado só para você. Em termos práticos, o importante é criar uma correspondência *operante* e prática de nomes e forças divinas para o seu próprio trabalho com relação a cada esfera e caminho da Árvore. Não espere ter condições de fazer isso num único momento de reflexão; aliás, não alimente sequer a expectativa de concluir essa tarefa. Este será um processo de longo prazo.

Ao criar as correspondências que lhe sejam pessoalmente relevantes, entre em contato com elas individualmente para verificar se resistem à experiência prática.

As melhores maneiras de entrar em contato com essas forças divinas são:

1. Invocação: "inflame-se", desligue o diálogo interior e com toda a intensidade do seu poder de concentração tenha em mente a

imagem e o nome do deus invocado. Inflame-se através da dança, da música, de palavras, e assim por diante (como mencionado no Capítulo 6),
2. Elevando-se aos planos da esfera correspondente,
3. Recitando o mantra ou o nome do deus invocado,
4. Assumindo a forma do deus e representando os seus atos.

Os deuses são fenômenos naturais causados por atividades de algum tipo que reconhecemos em nós mesmos (por exemplo, a raiva dos deuses, a vontade dos deuses, o amor infinito dos deuses, os pensamentos dos deuses, e assim por diante) *mas* num plano "superior", imperceptível aos nossos meios de percepção habituais. Há uma correspondência direta entre os deuses e os seres humanos ou, em outras palavras, entre o macrocosmo e o microcosmo. Um é da *mesma natureza* do outro, mas não se iguala a ele. Como em cima, assim embaixo, mas de uma maneira diferente.

Existem vários nomes para as mesmas formas de energia, vários nomes divinos para uma mesma força. Invocar consiste em chamar a energia divina que está dentro de você; evocar é chamar a energia que está fora de você. O nome de um deus é a fórmula mágica que pode acionar a energia desse deus. É importante, por conseguinte, achar a fórmula "certa" ou "verdadeira". Os nomes hebraicos são fórmulas bastante diretas (ver Tabelas), mas os melhores são os criados pelo Adepto através da experiência prática.

As atribuições podem ser confusas; por exemplo, *Ísis* pode ser atribuída a Binah por sua forma maternal, a Tiphareth por suas características harmonizadoras, a Netzach como Vênus, a Yesod como a Lua, a Malkuth como uma virgem, e assim por diante. Além disso, cada uma dessas esferas pode também conter outros deuses. Isto *não* significa que os deuses sejam os mesmos, mas que são "completos" como os humanos. Deuses e deusas são *entidades vivas,* ou podem ser vistos desse modo. Devem, portanto, ser tratados com o mesmo respeito com que você trata os seus melhores amigos. Então, como os melhores amigos, eles o auxiliarão em sua jornada pela vida e estarão à sua disposição nos momentos de maior necessidade.

A Vontade, o Amor e a Imaginação — os Elementos Vitais da Magia

Estude o diagrama da "Árvore da Vida" na página seguinte.

O poder da Vontade ou a *energia* pode ser atribuída à Árvore inteira, ou também a uma esfera determinada da Árvore. De outro

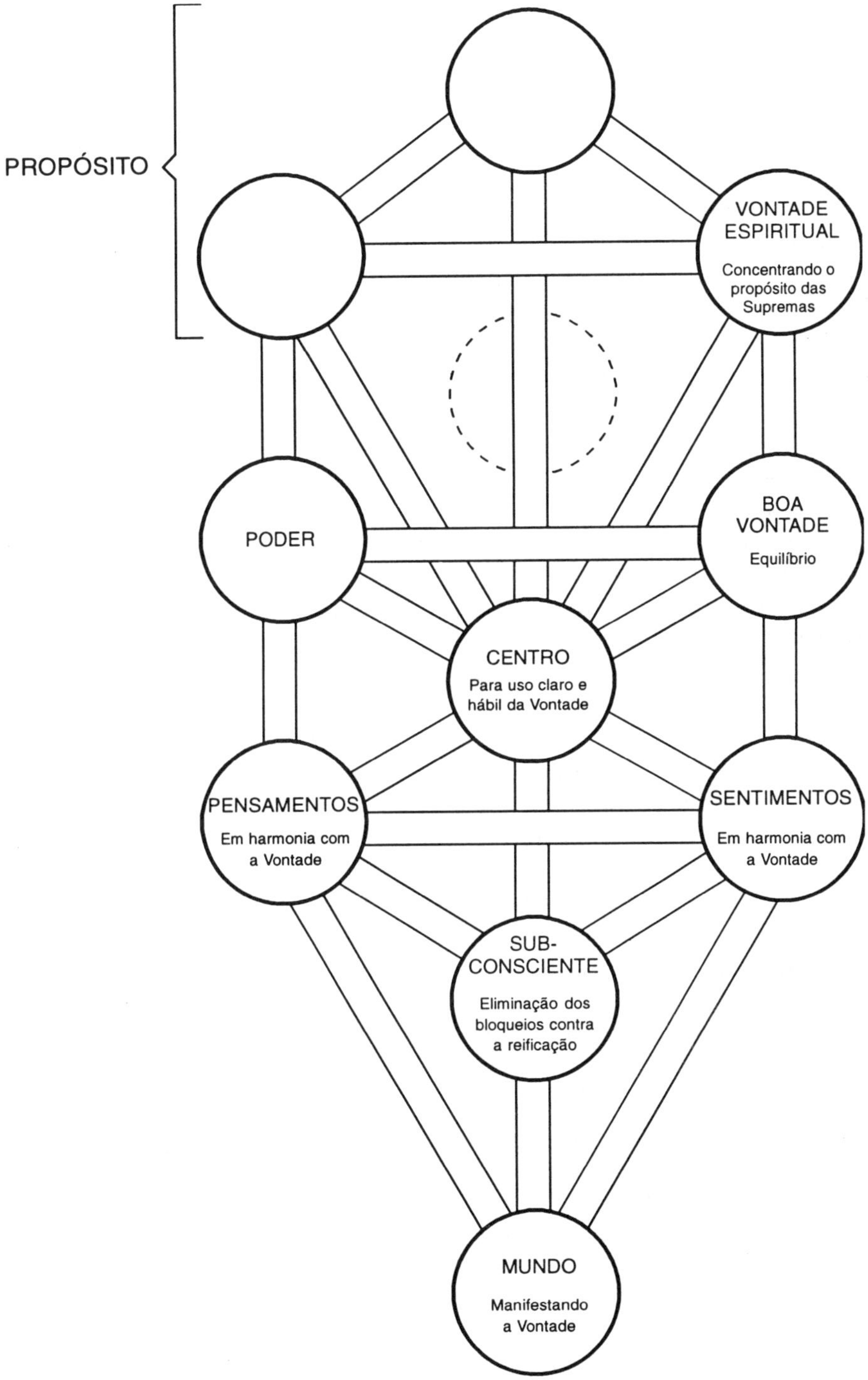

A Árvore da Vontade

ponto de vista, o diagrama representa a "Árvore inteira" dentro da esfera específica da Energia da Vontade, isto é, Geburah. Lembre-se de que todas as esferas da Árvore contêm outra Árvore inteira dentro de si.

No trabalho com a vontade, tanto o *elo mágico* (ver seção anterior) como as *proporções corretas* são necessários. Por "proporções corretas" entendemos o processo de utilização do volume correto de vontade para uma dada situação. Vontade em demasia seria como usar uma broca pneumática para fazer um buraco numa folha de papel; um volume pequeno seria como usar uma colher para mover uma montanha!

O amor também é importante para a magia. Antes de mais nada, ele é a força dinamizadora do universo como o conhecemos, e, para ser um Adepto verdadeiro, a pessoa precisa estar em sintonia com essa energia dinâmica chamada *Amor.* Binah é atribuída tanto ao Amor Espiritual como à Consciência Espiritual; tanto abaixo do Abismo como acima, o "Amor *é* Consciência".

Imaginação é uma atribuição que você ainda não viu na Árvore; acontece que ela não é atribuível a uma esfera, mas, num sentido, é equivalente à totalidade do terceiro mundo de Yetzirah, esferas 4 a 9, inclusive. De fato, a Imaginação é um aspecto vital de todas as esferas da Árvore.

A Vontade e a Imaginação são as duas faculdades mais usadas no trabalho mágico. Imaginação não é apenas fantasia e devaneio; é *faculdade que cria imagens,* é o poder de criar qualquer coisa que queiramos, por meio de imagens. Ela é necessária a todos os processos criativos, sejam artísticos ou científicos. O poder da Vontade já foi bem analisado neste livro. O desenvolvimento dessas duas faculdades é a parte mais importante do treinamento de qualquer Adepto, qualquer que seja seu objetivo na vida. As duas seções seguintes descrevem uma série de exercícios para treinar a Imaginação e a Vontade. São exercícios que podem ser realizados por um longo período de tempo. Não devem ser praticados em excesso, uma vez que podem ser alternados com outros e usados de várias maneiras para acrescentar variedade ao trabalho.

Não existem exercícios específicos para o desenvolvimento do Amor. Não se está sugerindo com isso que o Amor seja menos importante do que as duas faculdades tratadas aqui. De vários pontos de vista, ele pode ser considerado o mais importante, pois Vontade e Imaginação sem Amor são aberrações, cujos exemplos podemos rapidamente encontrar na história do nosso planeta. Não há condições de se oferecer um conjunto de exercícios específicos para o desenvolvimento do Amor porque o verdadeiro desenvolvimento em seu trabalho só virá de *dentro de você*. Você já aprendeu a desenvolver um templo astral; talvez queira criar um Templo de Amor em sua esfera de trabalho! De qualquer modo que você lidar com esta questão, não perca de vista que o Amor é a energia que fundamenta todo o seu trabalho. Para o mago, um pouco de boa vontade é equivalente a muita má vontade.

O Treinamento da Vontade

exercício 1:

Siga os procedimentos iniciais de costume.

Quando estiver pronto, reflita sobre as circunstâncias adversas que se abateram sobre você e sobre as outras pessoas em conseqüência da energia "inadequada" da vontade. Analise tanto as questões de caráter pessoal como os acontecimentos além do seu âmbito pessoal.

Escolha um desses acontecimentos que seja pessoal e particularmente marcante, em que a falta de vontade causou problemas de fato. Imagine esse acontecimento com todos os seus detalhes... examine a cena cuidadosamente... deixe-se afetar intensamente pelos sentimentos que surgirem...

Agora, visualize todas as diferenças que poderiam ter acontecido se você estivesse cheio de energia da vontade... imagine a cena com tudo acontecendo como você *quer* que aconteça...

Conscientize-se o mais intensamente possível da vantagem de ter energia da vontade disponível para usá-la como você quiser quando você precisar dela.

Medite sobre a vantagem de treinar a vontade.

exercício 2:

Siga os procedimentos iniciais de costume.

Fique de pé diante de um espelho. Veja o mais vividamente possível o seu reflexo sendo envolvido por uma energia de vontade muito forte e clara...

Calmamente, com tempo, envolva a imagem à sua frente com a energia mais forte e hábil que você possa imaginar...

Agora, tome consciência de que a imagem é você...

Para atender necessidades específicas, ou também para visualizar a conquista de um objetivo, é possível adaptar esse exercício usando a imaginação, em vez de um espelho.

exercício 3:

Num capítulo anterior, você aprendeu os "Exercícios Gratuitos da Vontade". Crie alguns desses exercícios e faça um programa de experimentação com eles para um determinado período de tempo.

exercício 4:

Escolha um livro de ficção que você acha que poderá contribuir para o seu desenvolvimento. Leia-o sem pressa, com atenção. Assinale no livro ou copie as passagens que o impressionarem mais. Sempre que retomar a leitura do livro, releia antes essas passagens.

exercício 5:

Aproveite todas as situações possíveis da sua vida cotidiana para treinar a vontade. "Apresse-se lentamente", imponha-se deliberadamente ações que exijam força de vontade, execute tarefas ou deveres desagradáveis ou maçantes com satisfação e interesse.

exercício 6:

Cada movimento que você faz é um ato de vontade. Tenha consciência disso. Realize alguns atos físicos com o objetivo exclusivo de treinar a vontade.

O Treinamento da Imaginação

visual

exercício 1:

Siga os procedimentos iniciais de costume.

Imagine que você está escrevendo um número de um único dígito num quadro-negro... em seguida, acrescente mais um número antes ou depois do número original (por exemplo, se originalmente você escolheu 5, e agora escolhe 8, você pode formar 58 ou 85).

Continue com esse procedimento, aumentando cada vez mais o número. Lembre-se de visualizar o número num quadro-negro.

Termine o exercício quando não conseguir mais visualizar o número.

Realize esse exercício quantas vezes quiser. É um teste útil para o seu progresso no treinamento da imaginação visual (o teste consiste em verificar quantos dígitos você consegue visualizar de uma só vez).

exercício 2:

Os cinco símbolos *tattva* são uma forma oval preta, um triângulo vermelho, um círculo azul, uma lua crescente branca e um quadrado amarelo. Use esses símbolos para treinar sua visualização. Inicialmente, trabalhe com símbolos tattva simples — procure imaginar só um quadrado amarelo, por exemplo, conservando a imagem por um minuto. Você perceberá como a forma e a cor mudam enquanto você tenta manter a forma fixa. Não force nada; sempre que houver uma mudança, simplesmente relembre sua vontade de visualizar a forma e volte a imaginar a original.

Quando for capaz de conservar um símbolo tattva na consciência, passe a visualizar dois de uma só vez — por exemplo, uma lua crescente branca sobre um círculo azul, um círculo azul sobre um quadrado amarelo, e assim por diante.

Observação: Nos dois exercícios acima, perceba a ligação entre o exercício 1, que usa a *forma* — ligada com a função pensamento de Hod — e o exercício 2, que usa a *cor* — ligada com a função sentimento de Netzach.

auditiva

exercício 3:

Siga os procedimentos iniciais de costume.

Lembre-se de uma época em que você estava na praia... Visualize a cena e preste atenção ao som do mar. Em imaginação, feche os olhos e deixe que o som do mar o envolva... ouça este som como se nada mais existisse.

Evoque outros sons da natureza e repita o exercício com essas lembranças; por exemplo, uma cascata ou o vento soprando nas árvores.

Faça experiências também com sons criados pelo homem, incluindo a música.

Para elaborar o treinamento, você pode prestar atenção aos elementos da música e dos sons: o ritmo, a melodia, a harmonia, o tom e o timbre (qualidade).

exercício 4:

Quando você estiver sendo perturbado por um determinado som, pratique o exercício de eliminar esse som da sua consciência. Você também pode fazer isso com sons que lhe venham à memória.

exercício 5:

Em qualquer momento, mas mais particularmente quando você se encontrar num ambiente rural, ou quando estiver ouvindo uma música do seu agrado, pratique a “gravação auditiva”. Isto significa que você, conscientemente, “copia” (como numa fita cassete) o som em sua mente. Arquive esses sons e, sempre que quiser, “ponha-os a tocar” em sua imaginação.

A "fotografia mental" é uma versão deste exercício e consiste em tirar fotografias de determinadas cenas com uma câmera imaginária. Com esse tipo de gravação de som e de fotografia, o som e as imagens *sempre* se apresentam exatamente como você quer que se apresentem.

outros sentidos

Para os outros sentidos, adapte os procedimentos já sugeridos. Por exemplo, para treinar o tato, você pode passar a mão sobre um objeto e logo em seguida evocar a sensação obtida; para o olfato, você pode montar uma biblioteca dos seus perfumes preferidos, evocando-os sempre que desejar. O uso da vontade e da imaginação para elaborar tarefas como essas é um exercício de grande utilidade em si mesmo.

CAPÍTULO 10

A Esfera sem Número

A Esfera sem Número, Daath

Daath *não* está situada na Árvore da Vida, e por isso recebe o título de "A Sephira que não é uma Sephira". Ela não recebe um número (em geral), não existe um plano que lhe seja equivalente, e embora esteja situada no meio do Abismo, acima de Tiphareth e abaixo de Kether, de fato ela não tem posição como as demais Sephiroth. Se o diagrama da Árvore é visto como uma representação bidimensional de uma existência tridimensional, então Daath representa a um só tempo *nenhuma dimensão e todas as dimensões.*

Em hebraico, Daath se transcreve assim:

ד ע ת

Th O D

Daath significa *Conhecimento* — conhecimento sem compreensão (a compreensão de Binah).

Às vezes, Daath é chamada de "criança" de Chockmah e Binah, e às vezes de "cabeça falsa". Sua posição coincide com a cabeça da serpente que se enrodilha pela Árvore desde Malkuth, tentando chegar ao topo. Essa serpente é incapaz de romper o véu do Abismo, e por isso não passa de Daath, Conhecimento. As pessoas que fazem do conhecimento o seu deus estão venerando a falsa divindade [*god-*

*head**] de Daath (mesmo que por vezes se chamem a si mesmas de atéias).

Tradicionalmente, Daath é vista sob uma luz bastante negativa, de modo especial e com toda a certeza entre as doutrinas exotéricas, mas, como acontece com toda dualidade (e Daath ainda está no reino da dualidade por se situar abaixo da tríade suprema), ela também tem um lado positivo.

Através de sua correspondência com a garganta, Daath está relacionada com a *expressão do Conhecimento Espiritual.* Essa expressão pode ser clara ou distorcida, dependendo da "abertura" do centro de expressão de Daath na pessoa. Daath é também o centro de geração e de regeneração.

Os dois diagramas ilustram a importância central de Daath no diagrama da Árvore da Vida.

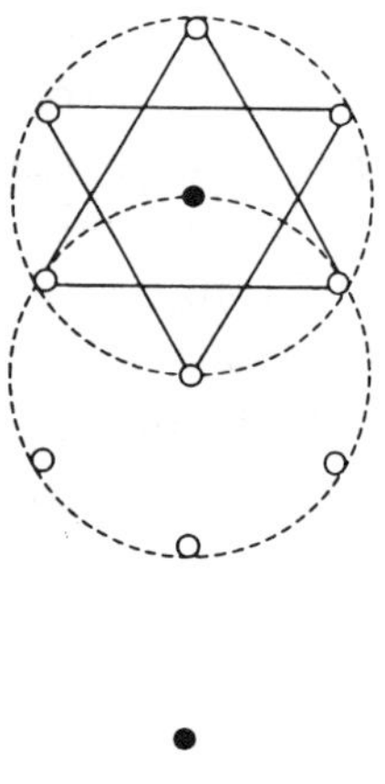

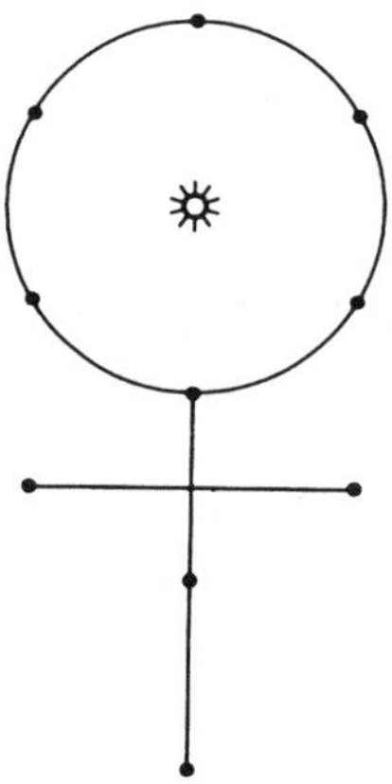

As qualidades negativas de Daath — como a falsa divindade — são a dispersão e a restrição, e sua qualidade positiva é a expressão clara. A expressão proveniente de Daath pode ser clara ou distorcida, pois passa pela pessoa. Ela se torna clara por meio do equilíbrio (no sentido dinâmico explicado no último capítulo) do Amor e da Vontade, isto é, Chesed e Geburah.

Dissemos que Chesed (Amor/Consciência) pode ter relação com o *ser,* e que Geburah (Vontade/Poder) pode ter relação com o *fazer.*

* No original, *god-head* (literalmente: "cabeça do deus") é homófono de *godhead* (divindade). (N.T.)

Daath, como o fator de resolução superior que inclui tanto o ser como o fazer, pode ser chamada de — o *tornar-se*.

Nossa Vontade Verdadeira e propósito último da vida é algo com que precisamos entrar em contato e compreender, mas, dia após dia, de momento a momento, o fator importante para todos nós é o *próximo passo* que estaremos dando na direção desse último objetivo. Daath, como a "criança" de Chockmah e Binah, indica esse próximo passo.

Por haver outras dez esferas, às vezes Daath é atribuída ao número onze, ou pelo menos é chamada de "décima primeira esfera". É apropriado que assim seja, porque onze é o número da magia, da "energia que tende a mudar". O número onze é o primeiro passo depois que o ciclo de dez está completo: isto também combina com a atribuição de Daath como a que "indica o próximo passo".

Às vezes, Daath recebe também o número oito, pois é a oitava esfera, se se começar a contagem de baixo e for subindo pela Árvore. Este número também lhe é adequado, pois oito *[eight]* é equivalente a "altura" *[height]* e Daath pode ser considerada como a "altura da Alma"; positiva quando está ligada com o espírito da tríade Suprema, negativa quando formada por seu próprio deus.

Correspondências com Daath

Daath, como "a Sephira que não é uma Sephira", às vezes é também chamada de Sephira "falsa". O Conhecimento sem compreensão é falso. Não existe caminho de Chockmah a Geburah ou de Binah a Chesed. À luz do que foi dito sobre Daath, por que, segundo o seu entendimento, isso ocorre?

Daath é a porta de acesso ao lado reverso da Árvore, que é a zona de Qliphoth — demônios, doenças e assim por diante. Essa zona também é comparada, de maneira obscura, a um "estado que não é um estado" (desculpem-me! Não há maneira melhor de descrevê-la com palavras), recebendo, de acordo com os autores, nomes diversos como o "nogal", "universo B" (a frente sendo o "universo A"), ou os "túneis de Set" (em oposição aos de Hórus, que iluminam a frente da Árvore, Set sendo o irmão obscuro de Hórus).

O Abismo

O Abismo, onde se situa Daath, é o golfo ou a brecha entre o número (isto é, o espírito) e o fenômeno (tudo o que não é espírito). O

Abismo existe entre o que é real e o que é ilusório, entre o ideal e o real, o potencial e o manifesto. Acima do Abismo *todos os opostos se conciliam* — não existe dualidade acima do Abismo. Abaixo dele, tudo é dualidade. O Abismo também pode ser descrito como o golfo que separa a alma individual de sua fonte.

Diz-se que os elementos não-resolvidos e irracionais do indivíduo "existem" dentro do Abismo, e que, portanto, não pode ser realmente atravessado sem que esses elementos estejam totalmente solucionados. Diz-se também que, para cruzar o Abismo, o Adepto precisa deixar *tudo* para trás, renunciar a tudo o que ele é.

No Abismo encontra-se um grande demônio chamado *Choronzon.* Ele é o arquidemônio de dispersão do falso conhecimento do indivíduo, e, por isso, às vezes é descrito como o que "consome" a consciência humana.

Os Chakras e a Árvore da Vida

Os chakras são centros de energia no corpo humano — há sete chakras principais. Um chakra pode estar fechado ou aberto, e, quando está aberto, ele dá à pessoa poderes de percepção e de criatividade. Literalmente, chakra significa "roda" — rodas ou centros de energia inseridos no corpo sutil de cada indivíduo.

Os chakras existem em número maior do que os sete "principais"; às vezes, são denominados chakras "menores" (um termo que está mais relacionado com a posição que ocupam no corpo do que com a sua importância relativa). Não nos deteremos nesses chakras menores, mas é útil observar o seu corpo e verificar como você sente cada parte dele, com o objetivo de descobrir a localização desses outros centros. Por exemplo, num braço podemos localizar chakras menores (os números correspondem às esferas da Árvore), desse modo:

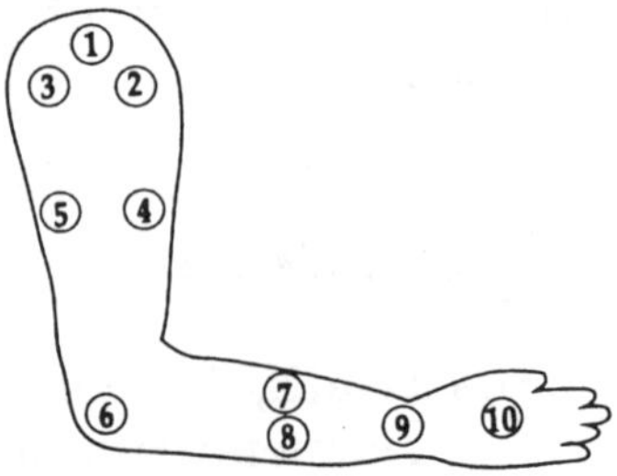

Você poderia localizar os sete chakras numa mão, num dedo, na ponta de um dedo?

Há outras maneiras de relacionar os chakras ao corpo além das sugeridas aqui, mas esta é a atribuição mais ativamente prática. Ela também aumenta a nossa compreensão do relacionamento entre as Sephiroth.

Observe atentamente o diagrama dos chakras atribuídos à Árvore da Vida (página seguinte). Ao fazê-lo, tenha em mente esses comentários sobre os sete chakras:

Manipura	O chakra do plexo solar é de natureza dual, visto que as colunas da esquerda e da direita da Árvore precisam estar equilibradas para que o chakra esteja efetiva e plenamente aberto. Em outras palavras, se a mente e os sentimentos não estão equilibrados, haverá distorção da energia manipura.
Ajna	O "chakra do terceiro olho" também é de natureza dual, mas num nível superior, ou mais profundo. O equilíbrio dos pilares esquerdo e direito é novamente necessário para a sua abertura completa, que representa o "Amor sob a Vontade" em seu aspecto mais óbvio.
Anahata	O chakra do coração tem uma natureza dual "oculta atrás de si", isto é, Chesed e Geburah. O chakra do coração é realmente uma trindade. Os chakras do plexo solar e ajna funcionarão mesmo que não haja equilíbrio, embora de maneira distorcida. O chakra cardíaco se assemelha mais a um interruptor que "liga e desliga" — algo está aberto se há uma energia equilibrada entre o Amor e a Vontade, e fechado se não há.
Visuddhi	O chakra da garganta só se abre quando o chakra anahata está aberto; daí sua representação "pontilhada" e sua equivalência com Daath. O chakra da laringe precisa estar aberto para que a energia seja canalizada eficaz e plenamente para ajna e sahasara.
Muladhara, Svadisthana, Visuddhi, Sahasara	Cada um desses quatro chakras é atribuído a uma única Sephira. Mas eles também são de natureza dual. Enquanto os outros três chakras dizem respeito ao equilíbrio *interior,* estes quatro têm relação com o equilíbrio *exterior.* Muladhara — sobrevivência no mundo; Svadisthana — relacionamentos

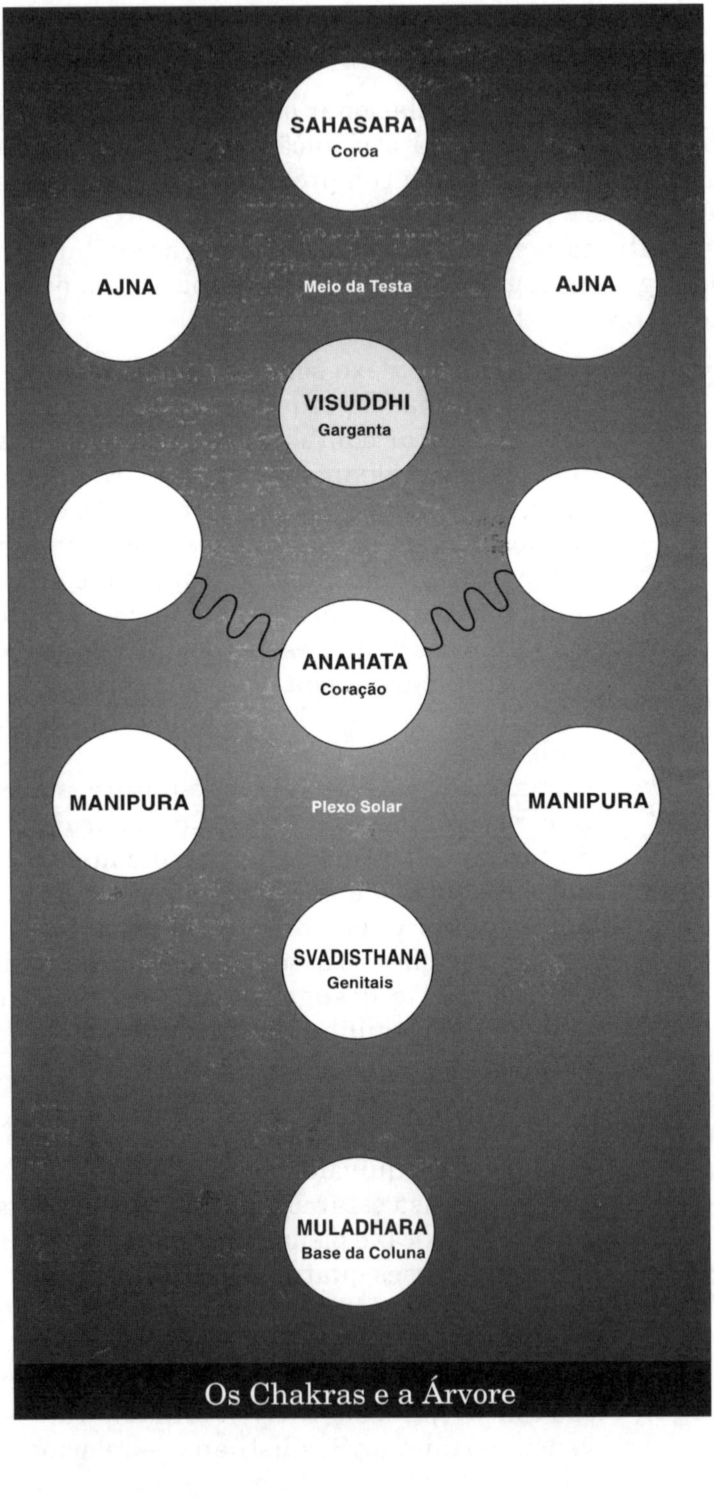

Os Chakras e a Árvore

entre as pessoas, especialmente no que diz respeito ao sexo; Visuddhi — o aspecto exterior, criativo da harmonia e do equilíbrio interior; Sahasara — a realização da unidade interior e exterior.

Observe que alguns sistemas de classificação dos chakras apresentam dois chakras no nível do umbigo, um à esquerda, que corresponde à energia lunar, e um à direita, que corresponde à energia solar. Esta é uma correlação interessante com Hod e Netzach.

Para Entrar em Contato com as Rodas de Energia

Com cada uma das descrições a seguir, visualize e sinta vividamente a energia, tal como é descrita, para a localização de cada chakra.

Sahasara	Latejar de veias no cérebro, no topo do crânio; dirija todas as suas forças corporais para lá.
Ajna	Pulsações no cérebro, atrás do osso central, na parte central da testa.
Visuddhi	Concentrando-se na região da garganta, imagine aí o som de "U" (a letra do meio de A-U-M).
Anahata	Concentre-se no coração, sinta seus batimentos cardíacos. Imagine a circulação sangüínea permeando todo o seu corpo.
Manipura	Na área do plexo solar, sinta as pulsações sangüíneas. Imagine a energia de assimilação.
Svadisthana	Contraia o períneo, concentre-se nas sensações percebidas na base do pênis ou do clitóris. Imagine o dinamismo sexual.
Muladhara	Concentre-se na zona ativada pela contração do ânus e do períneo. Imagine a energia de vida que envolve a espécie humana, particularmente você como pessoa.

exercício

Este é um exercício simples para entrar em contato com qualquer chakra. Se, antes, você seguir as instruções acima, o exercício o ajudará a enriquecer sua experiência.

Siga os procedimentos iniciais de costume.

Entre em sintonia com o seu corpo e deixe, receptivamente, que um chakra chame sua atenção, que "se faça ouvir". Como alternativa, você pode escolher o chakra que quiser, entrando em contato com ele e concentrando ali a sua energia.

Dê uma voz a esse chakra. Deixe que ele lhe fale. Ouça o que ele tem a dizer.

Dialogue ativamente com o chakra, usando o discernimento com relação ao que ele diz.

Pergunte-lhe sobre o seu relacionamento com os outros chakras, especialmente com aqueles que estão diretamente acima ou abaixo dele.

Faça-lhe perguntas sobre ele mesmo e, particularmente, sobre o *propósito* dele nesta vida.

Agradeça ao chakra e peça-lhe que continue trabalhando com eficiência para você nesta vida.

Tome nota da experiência imediatamente no seu diário.

O Caduceu

O Caduceu é um símbolo que representa o equilíbrio de forças opostas existentes tanto no universo como um todo (macrocosmo) como em cada indivíduo (microcosmo). O movimento é a dança da vida, a alegria de separar e de unir, de dividir e de tornar a juntar. Como mostra o diagrama, sua relação com o sistema de chakras e com a Árvore da Vida é bem clara.

Desenvolvimento e Iniciação

No que se refere à Árvore da Vida, o desenvolvimento e a iniciação acontecem em duas direções — de baixo para cima (a ascensão da pessoa para o espiritual) ou de cima para baixo (a descida da energia espiritual para a pessoa. Às vezes, o primeiro processo, de baixo para cima, é chamado "misticismo", e o processo de cima para baixo é denominado "magia". (Ver diagrama na página seguinte.)

Desenvolvimento de Baixo para Cima

Palavras-chave: *Síntese / Transformação*

Por exemplo, um átomo se junta a outros átomos para formar uma molécula, daí uma célula, em seguida um tecido, um órgão e um corpo inteiro.

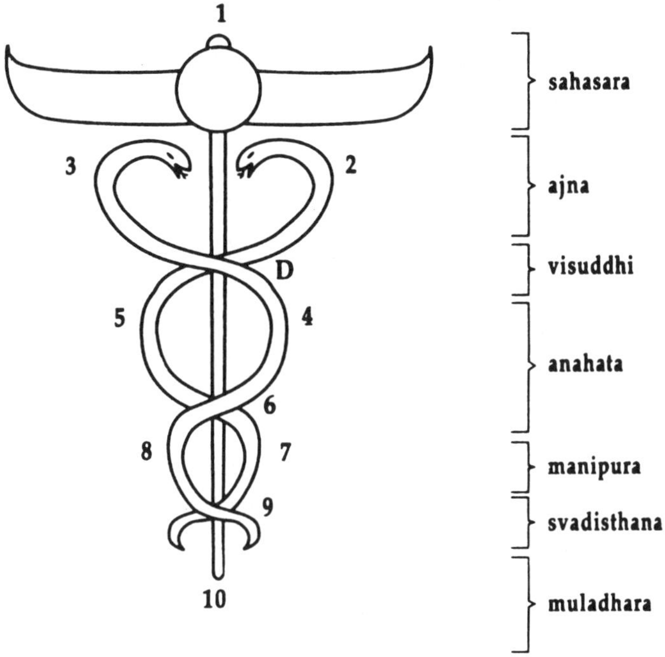

O Caduceu

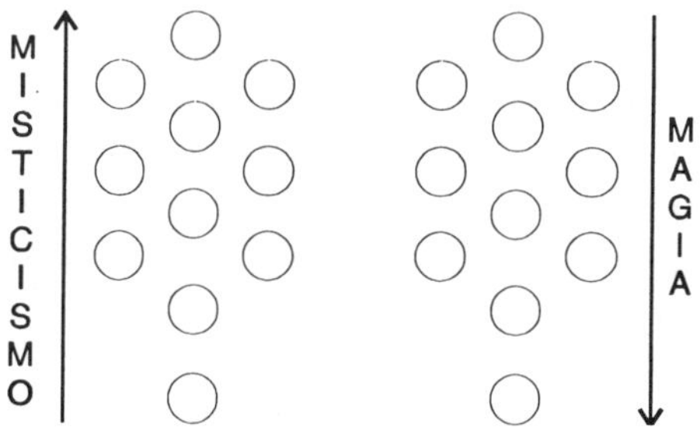

A síntese respeita a individualidade de cada parte, e assim cada parte deve ser considerada um todo em si mesma antes de ser integrada.

Todos os assim chamados conflitos da vida podem ser vistos como o ponto de desenvolvimento para a síntese, a energia do desenvolvimento. Se você tem um problema, você não pode se livrar dele (o que seria exclusão); você precisa transformá-lo (isto é, sintetizá-lo).

Os métodos de desenvolvimento de baixo para cima podem ser resumidos nos títulos "amor" (isto é, o amor ao Eu) e "vontade" (isto é, a decisão de fazê-lo).

Desenvolvimento de Cima para Baixo

Palavras-chave: *Auto-identificação / Afloramento*

A chave está em você se perceber como um Eu com uma personalidade (em vez de uma personalidade com um eu). Os melhores métodos para se desenvolver nessa direção são os exercícios de auto-identificação, como os que você já praticou, e o exercício do "stop" que você verá na seção seguinte.

Também é importante *possibilitar* que as Qualidades (verdade, beleza, alegria, e assim por diante — ver capítulo 8, seção 2) se manifestem na personalidade e formem uma base sólida, o que pode acontecer quando você se pergunta: como expresso essa energia? E, então, agir de forma coerente com a resposta!

o exercício do stop *[parada]*

Este é um exercício simples de descrever, e também simples de praticar, desde que você se lembre.

Simplesmente lembre-se de *parar* durante o dia.

Por exemplo, você pode estar prestes a tomar um gole de água, a sair de uma calçada, a ler este livro, a comer, a assistir à televisão, a fazer amor — qualquer que seja a atividade, de vez em quando lembre-se deste exercício e *pare!* Em seguida, enquanto estiver imóvel, observe a si mesmo, tendo como ponto de referência a Árvore da Vida.

Não faça disso algo exagerado, nem procure analisar o que você percebe. Simplesmente observe Malkuth (o que você está sentindo, em que posição está o seu corpo, qual é o seu relacionamento físico direto com o mundo exterior?), e em seguida Yesod, Hod, Netzach, a alma e o espírito: em que estado cada um se encontra? O que está predominando? Com qual você se identifica? Quais são as suas sensações, e quais são os seus sentimentos? O que você pensa e em que acredita? Qual é o seu grau de concentração? Qual o seu grau de ligação com o universo?

As perguntas parecem ser muitas, mas não as entenda desse modo. Apenas compreenda que essas não são o tipo de perguntas que você deve ter em mente quando *pára*. Eu recomendo que cada parada não dure mais do que alguns segundos. É a atenção que importa, não o que você faz com ela.

Dissonância Criativa

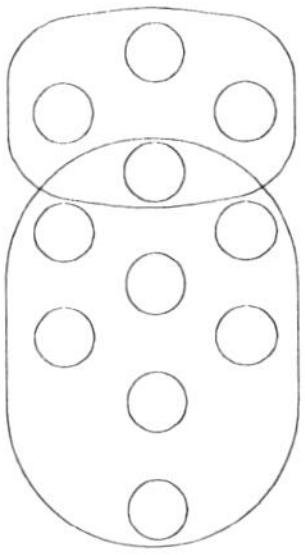

O ideograma chinês para *crise* é uma combinação de dois outros ideogramas que significam *perigo* e *oportunidade.* Esta é uma boa maneira de perceber qualquer crise, quer seja grande quer seja pequena. Nos reinos espirituais não existe nenhum tipo de conflito, porque não existe dualidade. Abaixo do Abismo, entretanto, tudo é dualidade e em todas as dualidades as crises acontecem. Uma crise leva a uma "separação" dos componentes da crise, o que leva a uma tensão que é chamada de "Dissonância Criativa". Prestar atenção a ambos os pólos ou "partes" envolvidas na crise faz com que a solução resultante da crise "aflore".

Como exemplo, uma crise entre uma parte mental da personalidade ("Eu acho que deveria...") e uma parte sentimental ("Eu sinto que poderíamos...") pode ser considerada uma tensão entre Hod e Netzach. Essa tensão, à medida que se aprofunda, num certo sentido "separa" os pólos de Netzach e Hod até que não tenham outra saída senão unir-se novamente. A separação é a dissonância criativa, o retorno à união é o afloramento do novo. Esse afloramento é alcançado através de um terceiro fator que entra no conflito, neste caso, o fator de resolução superior de Tiphareth. Em outras palavras, a identidade pessoal afirma a si mesma, percebe a dissonância e encontra uma solução que é apropriada à integridade das duas partes em conflito.

Também é útil lembrar que *tudo* tem um componente espiritual. Procure sempre ver qual é esse componente, tanto em você mesmo como nas outras pessoas. Lembre-se de que, independentemente de qualquer conflito que você esteja enfrentando, quer pessoal, quer com os outros, tudo e todos, em última análise, fazem parte de um único espírito.

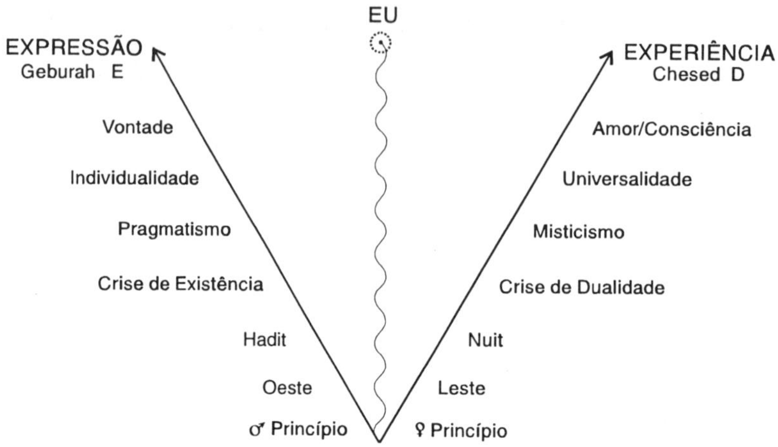

A experiência e a expressão podem ser vistas como dois pólos que têm tensão ou dissonância criativa entre si (de fato, eles inevitavelmente terão essa tensão, como toda dualidade). A experiência tem relação com Chesed e com o pilar direito, ao passo que a expressão se relaciona com Geburah e o pilar esquerdo. O verdadeiro Caminho do Meio, então, é o caminho que passa entre esses dois pólos, *mas* não numa linha reta, e sim numa linha ondulada, uma vez que ela constantemente se adapta. Na maioria das pessoas ela é muito mais ondulada do que mostra o diagrama! Ninguém segue diretamente pelo meio; num instante, você pende para um lado, no seguinte, está novamente no meio, e logo você tende para o lado oposto. Esta é uma descrição *dinâmica*, mais do que estática, do equilíbrio.

Reflita sobre a sua experiência com relação a essa situação; pense em como você relacionaria essa situação com a sua experiência e com o conhecimento da sociedade em que você vive e do mundo como um todo. Procure ver ainda que relações poderiam ser estabelecidas com todo o universo.

Encanto — a Ocultação da Energia

O "subjetivo" é criado através da identificação com a consciência como o "ego" ou "Eu". O "objetivo" é o que essa consciência percebe como sendo "exterior" a si mesma. O EU (Kether), criando centelhas de consciência individual (Tiphareth), se torna consciente da dualidade de "sujeito" e "objeto". Todos conhecemos essa dualidade entre o que "sabemos" e "sentimos", como verdadeiro interiormente, e o que percebemos exteriormente, quer haja ou não concordância com nossas percepções.

Isso faz parte de um processo de sucessiva ocultação de energia de Kether a Malkuth acompanhada por um aumento da perda de consciência da "consciência cósmica" ou do "vínculo com o todo", que é a pura experiência de Kether. O "eu pessoal" em Tiphareth não só vive na dualidade de sujeito e objeto, mas, também, ao revestir-se com uma personalidade, aprende a apegar-se completamente às esferas da personalidade ou a identificar-se com ela — isto é, com a mente, com os sentimentos e com o corpo. Em vez de *ter* pensamentos, sentimentos e sensações, o eu fala como se *fosse* eles: "Eu vejo", "Eu saboreio", "Eu sinto", em vez de "Eu tenho visão, paladar, sentimentos", e assim por diante. Esta é a criação do mundo dos fenômenos, o mundo aparentemente "real" que vivenciamos como separado de nós mesmos quando estamos identificados com nós mesmos, ou como parte de nós mesmos quando estamos identificados com ele.

É isso o que se entende por "encanto" — a identificação do Eu com os conteúdos da personalidade, o apego do sujeito interior ao objeto exterior. No budismo, isto é descrito como tomar o irreal (samsara) pelo real (nirvana). O pensamento hindu descreve isto como um *processo* quádruplo. Primeiro há *sushupti,* que é "dormir" — relacionado com Malkuth; em seguida, *svapna,* "sonho" — relacionado com Yesod; *jagrat,* "estado desperto" — relacionado com Daath; e, finalmente, o único elemento real, considerado como estando por trás dos outros três e também dentro deles, chamado *turiya,* relacionado com a consciência indiferenciada de Kether, e na pessoa com a experiência pura de Auto-identificação em Tiphareth.

Você não precisa apegar-se ao "encanto" do mundo. Perceba que se trata de um velamento de energia para o seu uso e conveniência, tendo em vista a experiência e a expressão, mas que não tem nada de real em si mesmo.

O Cone da Criação e os Caminhos Terapêuticos

A Árvore da Vida pode ser comparada com um cone, com a base no nível de Malkuth e o vértice em Kether. Cada esfera é vista como um plano dentro do cone, tanto "mais nítidas" (e menores) quanto mais altas estão na Árvore. As indicações sobre as diferentes "terapias" e métodos de desenvolvimento relativos a cada nível do cone são apenas sugestões e não devem ser levadas muito a sério. Praticantes diversos dessas terapias podem ter idéias diferentes sobre os objetivos e propósitos que têm em mente.

O Cone do Potencial Humano

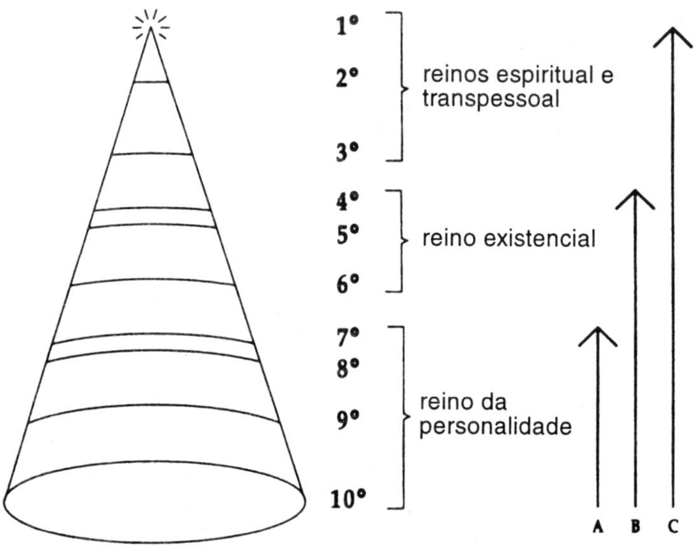

A: psicanálise, terapia da realidade, análise transacional, psicodrama, psicologias do ego, técnica de Alexander, trabalho com sonhos, catarse...
B: trabalho de corpo, massagem, terapia humanística, gestalt, logoterapia, bioenergética, PNL, terapia da arte, psicodrama...
C: terapia transpessoal, trabalho junguiano, psicossíntese, gestalt transpessoal, algumas terapias com drogas, alguns trabalhos terapêuticos baseados na ioga da meditação...

Os Caminhos para a Realização Pessoal

Há sete Caminhos principais para a realização pessoal; essa divisão não é rígida, porém, e às vezes, os caminhos se sobrepõem. Cada um de nós tem um, dois, três ou mais desses Caminhos manifestando-se através de diferentes aspectos do nosso ser. Em essência (no nível das Supremas), estamos, cada um de nós, em todos os sete Caminhos, mas, no que diz respeito à nossa alma e nossa personalidade, alguns desses Caminhos se tornam o campo de ação para o nosso estágio evolutivo particular.

Às vezes, os sete Caminhos são numerados conforme mostra a tabela a seguir. Aqui, apresentamos os nomes usuais, mas eles podem variar. Com freqüência, os Caminhos são também chamados de "Raios".

Nome do Caminho (ou Raio)	Número	Nome alternativo
Vontade	1	Poder
Amor	2	Sabedoria
Atividade	3	Ação
Beleza	4	Harmonia
Conhecimento	5	Ciência
Devoção	6	Idealismo
Ritual	7	Organização

Os Caminhos são atribuídos à Árvore da Vida, como mostra o diagrama.

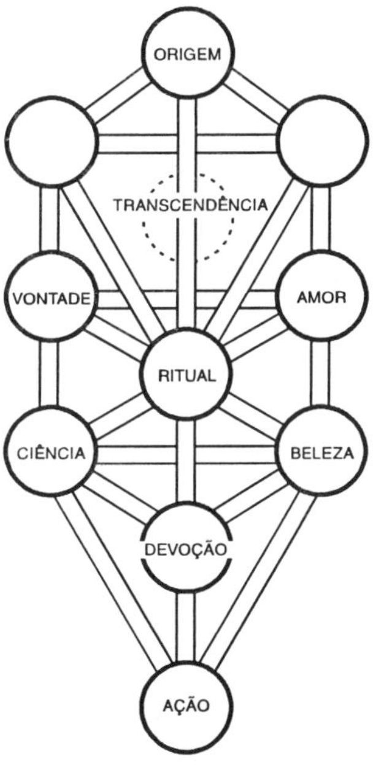

Os Oito Caminhos

A maioria das pessoas tem duas influências principais — uma, para a alma, e, outra, para a personalidade. Então, na personalidade, um Caminho influenciará de modo particular a mente, outro os sentimentos e um terceiro o corpo e os sentidos. Ao procurar a influência desses Caminhos ou Raios em você mesmo ou em outra pessoa, é importante não ser dogmático. As divisões entre os caminhos não são precisas e muitas vezes é difícil perceber a diferença entre as influências que os vários Caminhos exercem sobre as várias partes da pessoa.

A "altura" do Caminho é o modo como ele se manifesta em sua forma pura; a "profundidade" do Caminho é, num grau maior ou menor, o modo como ele se manifesta através da personalidade. Quando a influência de um Raio é identificada, tanto em sua "altura" como em sua "profundidade", a tarefa é *elevá-la*. Isto significa usar técnicas para criar um equilíbrio dinâmico entre os vários componentes envolvidos na manifestação desse Caminho. Essas técnicas podem ser uma forma de trabalho com a personalidade, meditação e visualização. Sempre, porém, implicarão um vínculo profundo com Tiphareth.

O Caminho da Vontade (Geburah — Vontade)

Às vezes chamado de caminho "heróico", o Caminho da Vontade se manifesta mais raramente do que os demais. As pessoas intimamente ligadas a este caminho tendem a ser líderes, para o "bem" ou para o "mal". São pessoas determinadas, com um único objetivo, rápidas no agir, prontas, decididas, competitivas e têm poderes de resistência física. Tendem a julgar as emoções como algo negativo. Se distorcidas, são egoístas e isoladas, positivas de um modo crítico e mesmo patologicamente violentas.

Sua tarefa consiste em misturar a Vontade com o Amor; tornar-se mais compreensivas e cooperativas; construir e também destruir; e alinhar sua Vontade pessoal (em Geburah) com o seu Propósito verdadeiro (em Chockmah).

O Caminho do Amor (Chesed — Amor)

Já foi dito que a convergência de todos os Caminhos é o Amor. Por esta razão, e porque o amor permeia todas as coisas, é particularmente difícil separar o Caminho do Amor dos demais Caminhos. Entretanto, é um caminho específico. As pessoas que o trilham tendem a ser "servidoras" da humanidade, ou por meio da medicina e das práticas de cura, ou por meios mais indiretos. Este é o caminho da inclusão, de ver o divino em tudo. Cooperação, fraternidade e consciência grupal são todos conceitos importantes para essas pessoas. Seu propósito na vida é amar — em última instância, transformar o amor individual em Amor universal. As pessoas que estão no Caminho do Amor vão querer incluir o mais possível e se realizarão por meio de relacionamentos. Elas tendem a ser suaves — às vezes, até o ponto da inércia. Se forem muito distorcidas, tornam-se como uma almofada que aceita todas as impressões e retém a impressão deixada pela última pessoa que "se sentou nela". Elas não têm fronteiras.

A tarefa dessas pessoas é ampliar e refinar a sua atitude positiva global e cultivar o amor em sua forma pura. Elas também precisam aprender a usar mais a sua vontade, a ser corajosas, a ter um rumo e a ser capazes de dizer "não".

O Caminho da Ação (Malkuth — Sensação)

As pessoas desse tipo tendem a não ter um objetivo último, sendo-lhes suficiente o fato de "estar a caminho". Elas podem ser apaixonadas e desapaixonadas ao mesmo tempo, e têm condição de agir em benefício de outras sem o mínimo resquício de interesse pessoal. São pragmáticas, capazes e lidam com as questões de Malkuth com muito sucesso. No aspecto negativo, tendem a ser inconscientes de Netzach, de modo que muitas vezes são insensíveis, manipuladoras e capciosas. São muito eficientes no sentido de conseguirem que as tarefas sejam cumpridas, mas podem prender-se à atividade e perder o contato com o objetivo dessa mesma atividade.

A tarefa dessas pessoas é procurar a tranqüilidade, reduzir o ritmo, e se permitir "ser" e "fazer". Elas precisam cultivar o Amor, ligar-se aos seus sentimentos e desenvolver a apreciação estética.

O Caminho da Beleza (Netzach — Sentimento)

Diz-se que a Harmonia se manifesta como Beleza. Este poderia ser o lema deste Caminho, uma vez que as pessoas desse tipo são criativas, intuitivas e, muitas vezes, têm uma compreensão profunda tanto de si mesmas como dos outros. Elas vêem o divino em todas as formas e a beleza verdadeira em todas as manifestações. O êxtase e a agonia são conhecidos desses tipos artísticos. Sob o aspecto negativo, elas têm dificuldade de tomar decisões e ficam facilmente confusas (com coisas tanto agradáveis como desagradáveis). Com freqüência, são influenciadas desfavoravelmente pelas energias negativas de outras pessoas. Podem ser sonhadoras e pouco práticas.

A tarefa dessas pessoas consiste em cultivar a persistência e a vontade, especialmente com relação à afirmação de si mesmas, e em coligar-se aos seus impulsos criativos, manifestando-os da forma mais pura possível.

O Caminho da Ciência (Hod — Pensamento)

As pessoas que estão neste Caminho observam muito, usando a mente nos seus níveis abstrato e concreto — com uma intuição e imaginação fortes; elas gostam de pesquisar e muitas vezes são invadidas pela curiosidade. Tendo a mente brilhante e lúcida, podem ser incansáveis na busca do conhecimento. Entretanto, elas tendem a perder o contato com a sua vida emocional, e, com freqüência, se fixam na identificação mental. Podem ser excessivamente analíticas e obstinadas, e até mesmo arrogantes com relação às suas crenças. Também são insensíveis com os outros.

Sua tarefa é entrar em contato com os seus sentimentos, desenvolver e valorizar as suas emoções. Essas pessoas precisam pôr em equilíbrio a cabeça e o coração. Também podem aprender a usar a mente para ir além dela.

O Caminho da Devoção (Yesod — Subconsciente)

Este é o caminho do misticismo, da devoção a um deus, a um guru, a um ideal ou a uma causa. A devoção das pessoas que estão neste caminho é intensa, e, muitas vezes, se dedicam integralmente ao seu trabalho. Elas anseiam por unidade e união com sua meta transcendental desejada. Sob o aspecto negativo, com freqüência essas pessoas estão desprovidas da alegria de viver, sendo excessivamente sérias. Muitas vezes, elas não vêem alternativas e querem converter os outros ao seu "único caminho verdadeiro". Incluem-se neste caminho todos os que se tornam fanáticos radicais e "fundamentalistas".

Sua tarefa consiste em abrir-se mental e emocionalmente, e em apurar o seu sentido de devoção.

O Caminho do Ritual (Tiphareth — Centro)

Este é o caminho da magia, do ato de organizar a matéria de modo a mudar a consciência, tanto no plano interior como no exterior. As pessoas deste tipo tendem a ser organizadoras, transformando o caos em ordem. Elas estão em contato com o Propósito e com o modo como alcançar esse propósito. São disciplinadas em suas tarefas criativas escolhidas. Embora não sejam tão inspiradas como o tipo Beleza, geralmente conseguem realizar muita coisa. Elas dedicam uma atenção enorme ao detalhe e estão em contato com os ritmos da vida. Sob o aspecto negativo, muitas vezes são controladas pela rotina, e sua organização interminável pode ser tediosa para si mesmas e também para os outros. Também podem ser inflexíveis e, se tiverem oportunidade, burocráticas.

Sua tarefa é desenvolver o seu ritual, aumentar o ritmo, organizar coisas que ajudam as pessoas a apreciar o ritmo e os ciclos da natureza e, também, construir uma ponte entre Tiphareth e Kether.

Você provavelmente reconhecerá alguns aspectos seus em todos esses tipos. Sua tarefa consiste em verificar com quais desses caminhos você está mais intimamente ligado (a) no nível da personalidade e (b) no nível da alma.

Para (a) é interessante você se perguntar: Que Caminho orienta minha vida diária? e para (b): Que Caminho vivencio durante experiências intensas?

Depois de esclarecer esses aspectos, faça-se as perguntas a seguir, que podem ser aplicadas tanto ao nível da personalidade como ao da alma:

O que precisa ser refinado?
O que precisa ser elevado?

As "tarefas" descritas acima devem ajudá-lo a responder essas duas questões.

Depois de achar o seu Caminho, será um exercício útil aplicar o seu conhecimento deste "mapa" a outras pessoas; a partir de que Caminhos os seus pais, os seus parceiros, os seus amigos, os seus colegas etc. operam? O que precisam para se elevar e se refinar?

Nesta Nova Era, parece que o Caminho da Devoção está desaparecendo e sendo substituído por um "novo" caminho que, às vezes, no passado, foi chamado de "Caminho da Transcendência". Este caminho está relacionado com Daath, em oposição ao Caminho da Devoção, que está associado com Yesod. O vínculo entre essas duas esferas e o movimento de energias entre elas serão desenvolvidos mais tarde. No momento, apenas tome consciência deste "novo" caminho que é "transcendente", enquanto inclui todos os outros caminhos, mas que é mais do que eles. Num outro sentido, ele poderia ser chamado de "Caminho da Imanência", pois, incluir os demais caminhos é também manifestá-los.

É importante observar que qualquer que seja o caminho que cada um de nós siga, somos todos "peregrinos" com o mesmo objetivo, apesar da diferença de método. Através da diversidade dos sete Caminhos, nós nos aproximamos da divindade essencial que está em todos nós, individual e coletivamente.

Os Qliphoth

Daath é a porta para o lado reverso da Árvore da Vida. Essa Árvore "negativa", "negra" ou "má" que está atrás da Árvore exterior e visível é o mundo dos *Qliphoth* (singular, Qlipha). Esses são os demônios (literalmente "prostitutas") ou carapaças das energias positivas.

Tudo o que é positivo tem um lado negativo. O aspecto negativo da "boa vontade", por exemplo, poderia ser a "raiva gratuita". O Qliphoth ou "forças qliphóticas" irradiam Qualidades negativas, o oposto das Qualidades positivas do lado da frente da Árvore. Assim, a Paz se transforma em Guerra, o Amor se torna Ódio, a Alegria se converte em Tristeza, a Verdade, em Desonestidade, e assim por diante. Em certo sentido, os vícios tradicionais das Sephiroth são exatamente essas forças qliphóticas.

Os demônios habitam no que às vezes chamamos de Sephiroth "avessas". O termo "avesso" é usado porque elas não podem ser consideradas esferas independentes — mas sim o aspecto desequilibrado, destrutivo. (Naturalmente, o inverso é verdadeiro para as Qualidades positivas, afirmando assim a existência real tanto do bem como do mal, pois um não pode existir sem o outro. Se eles são iguais ou não é uma questão filosófica.)

Há dois tipos de "mal", que podem ser denominados mal positivo e negativo. O mal positivo se move contra a corrente da evolução; ele é destrutivo com relação ao progresso e à mudança. O mal negativo inclui toda a oposição, bloqueios e restrições ao movimento livre. O mal negativo é relativo — assim, a conservação pode ser "má" para um agricultor identificado com o dinheiro, mas "boa" para muitos outros. O mal positivo não é relativo.

Podemos ver também que tanto o "mal" positivo como o negativo se manifestam de duas formas: consciente e inconscientemente. O mal consciente é o mal praticado proposital e maliciosamente, o mal pelo mal. O mal inconsciente, por outro lado, é o que acontece devido à cegueira, à estultícia, à desatenção, sem nenhuma intenção ou malícia consciente.

Siga os procedimentos iniciais de costume.

Numa folha de papel, faça duas listas, com os seguintes títulos:

Minhas Qualidades Positivas Minhas Qualidades Negativas

Sua lista deve ter pelo menos meia dúzia de itens em cada lado.

Ao concluí-la, repasse as qualidades positivas e procure nelas os aspectos negativos que possam ter; registre-os.

Faça o mesmo com as qualidades negativas, descobrindo seus aspectos positivos e anotando-os.

Sua lista original de qualidades positivas e negativas representa o que você precisa refinar. A segunda lista de qualidades positivas e negativas representa o que você precisa cultivar, isto é, desenvolver.

Lembre-se do princípio da inclusão — não separe nada, nem procure desfazer-se de nada, por mais negativo que algo possa parecer. É melhor transformar o que é negativo e absorvê-lo, harmonizar-se com ele e criar um equilíbrio ativo, dinâmico dentro de você. Recorde os triângulos usados para ilustrar o fator de resolução superior. O ponto "nem A nem B" é neutro, inerte, sem crescimento. O ponto "A e B" é inclusivo — é um lugar de equilíbrio — há esforço e tensão, mas também a possibilidade de crescimento.

Se observar as tabelas de correspondência (Apêndice 5), você encontrará listas de demônios, de entidades qliphóticas e de forças semelhantes. Acreditava-se no passado que essas criaturas prolongavam sua existência alimentando-se com "fluidos vitais" (por exemplo, de secreções vaginais e de sêmen) dos seres vivos. Esta é a origem do "vampiro", que é uma espécie particular de entidade demoníaca, típica do tipo que se nutre dos fluidos vitais (neste caso, o sangue). É verdade que existem formas fantasmáticas criadas pelo "desejo sexual" e pela "ansiedade mórbida" que existem dentro dos Qliphoth, mas essas constituem apenas uma pequena parte da demonologia. Também é verdade que o contato com essas criaturas pode ser benéfico, se dirigido com clareza e propósito limpo. O sistema mágico de AbraMelin usa essa forma de contato com bons resultados. A seção seguinte, que trata da cura, descreve outra maneira de usar forças diversas com finalidades positivas.

As entidades qliphóticas, quer se trate de demônios, vampiros, súcubos, ou outros, podem "infiltrar-se" em todas as Sephiroth desde Chesed até Malkuth, mas não cruzam o Abismo. Além disso, estão sempre presentes num certo sentido, como o lado "negativo" de cada qualidade positiva de Sephiroth, como descrito acima. Elas são particularmente propensas a entrar na consciência através da fantasia sexual. Assim, Yesod é importante como ponto de ingresso para sua influência. Como Yesod está também associada com os "habitantes" do inconsciente inferior, com os monstros e demônios dos sonhos e do astral inferior, essa esfera é particularmente importante em termos de demonologia. Todos os atos sexuais, inclusive a masturbação, devem ser realizados com algum tipo de ritual de proteção prévio. Este pode ser um ritual de expulsão com o pentagrama ou simplesmente a imaginação de um ovo azul envolvendo a pessoa/casal.

O contato intencional com os Qliphoth, com fins de equilíbrio e crescimento positivo, pode usar esse ingresso através de Yesod. Alternativamente, o contato também pode ser feito através de Malkuth usando Karezza (uma forma passiva de fazer amor) ou através da contenção do orgasmo. Mas o contato primeiro é feito, pelo menos pelo iniciado, através de Daath. Isto inevitavelmente leva ao contato com Choronzon, o "chefe", por assim dizer, de todos os demônios. Embora esta seja uma forma de contato potencialmente recompensadora, é importante dar-se conta dos perigos envolvidos; aliás, este trabalho não deve ser realizado sem um guia experiente.

A Cura da Doença

Nas tabelas de correspondência para cada esfera (página 264), você encontrará uma categoria de "Distúrbios Físicos": trata-se de uma lista das desordens mais comuns enquanto atribuídas aos vários caminhos da Árvore. Esses distúrbios representam, em certo sentido, o *resultado* do que acontece se os demônios ou Qliphoth o apanham. As doenças desses tipos são o resultado dessas forças sobre o corpo. É como se estivessem usando seu veículo físico para chegar à manifestação na parte da frente da Árvore. Isto se aplica especialmente aos vírus.

Para lidar com esses distúrbios é preciso entrar em contato com as forças positivas apropriadas para contrapor à intrusão do demônio. Assim, se a doença está associada a Hod, o uso dos atributos positivos dessa esfera irá contrapor-se à doença. O uso de outras correspondências poderá sugerir-lhe maneiras adequadas de fazer isso. Como exemplo, para uma doença relacionada com Hod, você pode usar algo de cor laranja próximo ao lado afetado, ou salmodiar/invocar o nome de uma força divina correspondente, elohim tzabaoth, ou pode encher o quarto com as flores correspondentes, concentrar-se nos animais, tomar infusões de ervas apropriadas, e assim por diante — usando todas as correspondências para introduzir uma quantidade maior de aspectos positivos do caminho em seu campo de consciência.

estrelas que curam

Você pode fazer este exercício em qualquer hora, mas ele é especialmente eficaz antes de dormir.

Siga os procedimentos iniciais de costume; em seguida, relaxe o mais que puder.

Visualize intensamente uma grande estrela azul acima da sua cabeça. De repente, essa estrela explode, transformando-se em milhares de pequenas estrelas: uma chuva de minúsculas estrelas azuis cai sobre você.

Essas estrelas são energia de cura. Todo esse fluxo de estrelas penetra em seu corpo, curando-o. Elas banham as suas emoções, os seus sentimentos e os seus pensamentos, curando todas as partes da sua personalidade. Você se sente bem com esse contato de cura com as estrelas.

Essas minúsculas estrelas azuis se deslocarão através do seu corpo durante o sono. Ao acordar, você se sentirá bem e revigorado.

PARTE IV

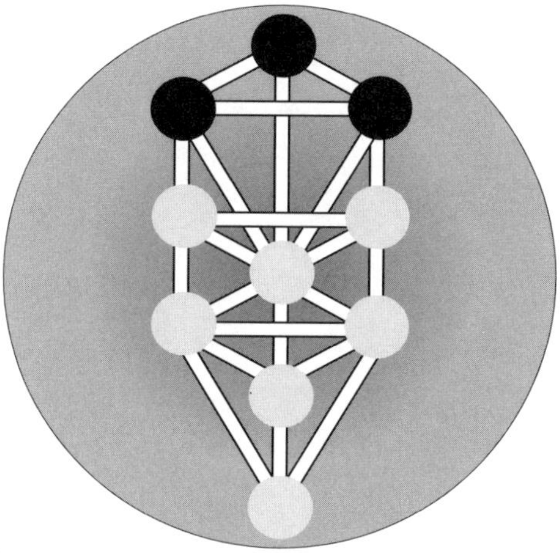

O Espírito e a Árvore da Vida

CAPÍTULO 11

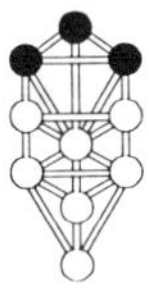

A Tríade Suprema

Espírito — Individual e Universal

Assim como vivemos em um universo composto de um número infinito de partes (galáxias, estrelas, formas de vida, moléculas, átomos...), é igualmente verdade que existe um espírito que é universal. Com o fim de se conhecer a si mesmo (por meio do processo de criação descrito anteriormente), esse espírito único criou a partir de si um número infinito de partes. O espírito único se torna o espírito individual de Kether. Ele ainda está completamente ligado ao espírito universal, mas agora tem uma consciência rudimentar de si mesmo como entidade única. Essa "entidade", esse espírito individual, tem vontade e consciência (Chockmah e Binah), que ela usa para criar um reflexo de si mesma em cada ser vivo (não só nos seres humanos!). A esse reflexo damos o nome de alma e o representamos na Árvore por meio da segunda tríade. Para que possa conhecer-se ainda mais, essa alma então forma os veículos da personalidade representada pela parte inferior da Árvore. Assim, podemos dizer que cada um de nós é uma alma individual que tem uma personalidade. Essa alma individual está ligada a uma "centelha" individual de espírito que está unida ao espírito universal.

As três Sephiroth da tríade Suprema — Kether, Chockmah e Binah — às vezes são descritas como a Trindade (de Deus), três num só e um em três. Para fins práticos, justifica-se separar essas três esferas; apesar disso, porém, sempre que estudamos a tríade Suprema, é importante nos lembrarmos de que ela é em essência *uma* em sua espiritualidade.

A Terceira Esfera, Binah

Em hebraico, Binah se escreve assim:

ה נ י ב

H N I B

Binah significa "compreensão". A Compreensão é nitidamente distinta do Conhecimento de Daath. De fato, não pode haver conhecimento verdadeiro sem compreensão. Binah está situada no segundo plano, formando uma parceria dinâmica com Chockmah. Subindo pela árvore, é a *primeira esfera em diagonal com o abismo e é atribuída à consciência espiritual e ao amor.* No nível do espírito, não há distinção entre consciência e amor. Em outras palavras, amor é consciência e consciência é amor.

Às vezes, Binah recebe o título de "Marah", o Grande Mar. Uma imagem associada com esta esfera é a de uma mulher madura. Ela é equiparada a *ama,* a mulher "velha" e "infecunda" (que, quando Yod [: I] é introduzida nela, se transforma em *aima*, a mulher "fecunda" de Malkuth).

A correspondência planetária é Saturno — não tanto o Saturno pesado, de chumbo, do caminho que liga Yesod a Malkuth, mas o Saturno que representa a essência da consciência espiritual.

A visão relacionada com Binah é a "Visão da Tribulação", a tribulação da dualidade vista abaixo do Abismo. Essa é a visão freqüentemente atribuída a Buda, cujo "sistema" de realização mística se baseia no preceito "tudo é tribulação". Apesar desse atributo, os cabalistas tendem a acreditar que a dualidade abaixo do Abismo não causa sofrimento, pois a divisão criada é intencional para permitir às partes divididas a oportunidade de se conhecerem a si mesmas por meio da união e do amor. Isto foi descrito (no "Livro da Lei") como "divididos em nome do amor, para a oportunidade da união". Esta atitude é o resultado de uma relação equilibrada entre Binah e Chockmah, Amor espiritual e Vontade.

A Virtude tradicional associada a Binah é o silêncio, enquanto que o Vício é a avareza ou a cobiça.

A cor de Binah é o preto, que absorve todas as outras cores (representando as esferas inferiores da Árvore).

No corpo, Binah corresponde à face e ao cérebro direitos. Juntamente com Chockmah, ela também corresponde ao "chakra do terceiro olho", o ajna, localizado na testa, entre as sobrancelhas, mas um pouco acima delas.

Os símbolos relacionados com Binah são a taça, o yoni e a vesica piscis.

No Tarô, os quatro 3 dos arcanos menores e as rainhas do baralho são atribuídos a essa esfera.

A Cidade das Pirâmides

Associa-se com Binah a taça mágica, na qual, diz-se, o Adepto que cruza o Abismo deve depositar a derradeira gota do seu sangue. Isso representa simbolicamente o fato de que, para cruzar o Abismo, a fenda entre o mundo noumenal (potencial) e o mundo fenomenal (real), *tudo* deve ser abandonado — tudo, isto é, o que existe na dualidade da criação abaixo do Abismo.

Diz-se que o Adepto que realiza essa passagem está na "Cidade das Pirâmides", cada pirâmide representando os remanescentes de um Adepto bem-sucedido. Existe um "renascimento" no espírito, e o Adepto (agora chamado "O Mestre do Templo") às vezes é representado simbolicamente como um jardineiro cujo único propósito é cuidar do jardim que está sob sua responsabilidade. Esse jardim são todos os vínculos com o mundo que o Mestre do Templo "deixou para trás", deixou para trás para ter condições de reencontrá-lo sob uma *luz nova e transformada.*

A Segunda Esfera, Chockmah

Em hebraico, Chockmah se escreve assim:

חכמה

H M K Ch

Chockmah significa "sabedoria". Sabedoria é o resultado da aplicação do propósito espiritual à compreensão. Junto com Binah, Chockmah está situada no segundo plano da Árvore. Ela é atribuída à *vontade espiritual* ou ao *propósito,* e às vezes é simplesmente chamada a *palavra.* Entretanto, "sabedoria é a palavra que não pode ser comunicada com palavras".

Chockmah é atribuída ao planeta Netuno, o controlador do mar de Binah. É também atribuída à "esfera do zodíaco fixo".

A Virtude tradicional associada com esta esfera é a Devoção à Grande Obra, ou seja, a devoção à vontade verdadeira ou propósito de cada um. Não há Vício atribuído a esta esfera (o que acontece também com Kether) — chegando a este nível, não se pode considerar a Virtude e o Vício como separados, pois nada é "dual", de vez que a ilusão de dualidade foi totalmente, e finalmente, transcendida.

Fisicamente, Chockmah corresponde ao lado esquerdo da face, ao hemisfério esquerdo do cérebro e, juntamente com Binah, ao chakra ajna.

A cor de Chockmah é o cinza, uma mistura do branco todo-resplandecente de Kether e o preto todo-absorvente de Binah.

Os símbolos que correspondem a esta esfera são o falo e todos os objetos fálicos. Ela é ainda atribuída ao cetro, a representação física da vontade.

A imagem é a de uma figura masculina barbada, enquanto que a visão é a de "ver Deus face a face", o que poderia ser descrito como "conhecer a si mesmo" plenamente.

No Tarô, os quatro 2 são atribuídos a esta esfera, como também os Cavaleiros do baralho.

As Palavras dos Éons

Esta é a esfera do "Magus", o "mago perfeito" que chegou ao conhecimento pleno de si mesmo e que conhece inteiramente sua Vontade Verdadeira ou Propósito Espiritual. Ao alcançar essa esfera e se tornar um Magus, o Adepto pronuncia uma Palavra que representa sua Vontade. Essa palavra faz com que tudo o que estiver no mundo abaixo do Abismo seja visto sob a *luz* dessa palavra. Aquilo em que o Magus acredita, ele quer, e o que ele quer é criado, exatamente como ele imagina que seja criado.

Este é um estado difícil de ser atingido por um ser humano, mas, nesta Nova Era, é o estado que mais condições apresenta de ser alcançado (devido à "mudança para cima" e ao movimento para Yesod — ver "Yesod e a Nova Era", página 73).

A Primeira Esfera, Kether

Em hebraico, Kether é:

כ ת ר

R Th K

Kether significa "a Coroa" e é atribuída ao "espírito" puro do Eu (transpessoal). Localizada no topo da Árvore da Vida, ela forma o primeiro plano abaixo dos véus negativos que estão na diagonal do topo do diagrama. A experiência espiritual de Kether é "União com Deus", que, no Oriente, é chamada de Samadhi (Sam: junto com; adhi: o Senhor).

A Virtude tradicionalmente correspondente a Kether é a Consecução e o Coroamento da Grande Obra.

Kether *não está no corpo.* Ela corresponde ao chakra coronário, do qual se diz que "paira" logo acima do topo da cabeça.

A cor de Kether é o branco reluzente. Diz-se que o brilho da luz obscurece o que Kether é realmente; não se vê Deus, mas somente o reflexo da luz resplandecente circundante. Acontece o mesmo com uma luz física. Postado a uma certa distância de uma luz de rua, por exemplo, você não consegue ver o foco dentro da lâmpada; o que você pode ver é uma mancha de luz e os raios que irradiam do foco. Neste exemplo, a superfície dos seus olhos (receptor sensório) é equivalente a Malkuth, a luz que se irradia a todas as esferas intermediárias, e o foco da luz em si (que você não vê) é equivalente a Kether.

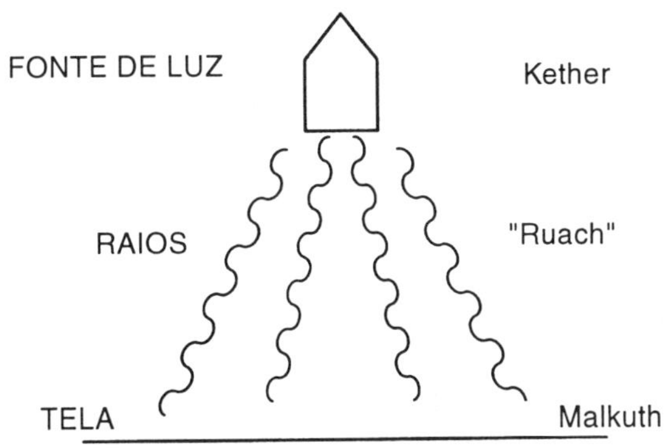

Outra analogia semelhante pode ser vista na projeção de um filme. Ao ver um filme, você vê a cena na tela (Malkuth), pode perceber a luz que transportou a cena até a tela (esferas 2 a 9), mas não vê a fonte de luz, o foco real do projetor (Kether). É uma lástima que tantas pessoas acreditem que a cena projetada seja a realidade total.

Uma imagem tradicionalmente atribuída a Kether é a de um velho rei visto de perfil (não poderia haver imagem vista face a face, pois ninguém pode "ver os olhos de Deus e voltar para descrever essa visão"). Às vezes, essa imagem recebe o nome de o "Ancião dos Anciãos".

Os símbolos que correspondem a esta esfera são a coroa, o lótus de mil pétalas (como a imagem do chakra da coroa) e a suástica (como um símbolo de espírito contínuo).

Kether é chamada de o "Rosto Imenso" de amor ilimitado, luz, liberdade e vida, jamais separado do todo da criação.

No Tarô, os quatro 1, ou ases, dos arcanos menores são atribuídos a Kether e são chamados de a "Raiz do Poder" do fogo, da água, do ar e da terra, respectivamente.

Correspondências e a Tríade Suprema

Todas as atribuições e correspondências que acabam de ser descritas para as Supremas são "falsas"; falsas enquanto são parciais. *Não existe dualidade acima do Abismo,* de modo que, na realidade, tudo o que se disser sobre as Supremas é *ao mesmo tempo* verdadeiro e não-verdadeiro, e também *não* é verdadeiro *nem* não-verdadeiro! Dito de outra forma, nas Supremas *tudo é contradição* (novamente porque, com relação às Supremas, nada em si mesmo é verdadeiro, a menos que contenha seu oposto).

O Mistério de Shekhinah

A *união* de um deus e de uma deusa acontece no Mundo criativo de Atziluth. Briah, Yetzirah e Assiah são os "frutos" da sua união. O Deus é *Eheieh,* a força primordial de Kether. A Deusa é *Shekhinah,* a presença acolhida, a forma *essencial* de Malkuth.

Todas as Sephiroth são "masculinas" enquanto oferecem e "femininas" enquanto recebem. Portanto, em certo sentido, Shekhinah é a parte receptiva de cada esfera. Entretanto, não há nada acima de Kether, de modo que essa esfera é totalmente masculina — Deus; e não há nada abaixo de Malkuth, de modo que essa esfera é totalmente feminina — Deusa (Shekhinah). Lembre-se da máxima

"Kether está em Malkuth e Malkuth está em Kether, mas de outra maneira". Os que conhecem o tantra perceberão claramente que Shekhinah é equivalente a Shakti. Assim, Shekhinah é para Eheieh o que Shakti é para Shiva.

O Eu transcendente é Kether, o Eu imanente é Malkuth. O Eu imanente é, então, a Deusa habitando como Shekhinah a esfera de Malkuth. Como está dito, "Quando o Eu está presente, Shekhinah está aí".

Energizamos o nosso "desejo" no *Nephesch* (esferas 10 e 9) devido à experiência da separação.

Podemos então ter a experiência da "graça" de *Ruach* (esferas 4 a 8) num ato de amor, uma experiência de união.

No clímax dessa união conhecemos a "realidade", entrando em contato com *Neschemah* (esferas 1, 2 e 3), tendo a experiência de ser a Verdadeira Fonte de toda Vida, Amor, Liberdade e Luz.

Essa descrição tríplice do ato de amor — energização do desejo, vivência da graça e conhecimento da realidade — equipara-se aos três "Graus" da magia da Nova Era — denominados o Homem da Terra, o Amante e o Eremita.

No momento do orgasmo, Shekhinah como Espírito Santo entra nos participantes. A parceria feminina se identifica com esse espírito e o homem a recebe interiormente. O Zohar diz: "(antes de separar-se) ele deve deixar Shekhinah descansar sobre ele para que ele permaneça masculino e feminino ao mesmo tempo". A mulher, que já é Shekhinah, amplia seu conhecimento pela experiência e também pode usar a energia para trabalho mágico.

Shekhinah é também chamada *Asherah,* a "Rainha do Céu, a consorte de Deus" e é equivalente a Nuit, Ísis e suas manifestações Asnat, Astarte, Ashtaroth, Ishtar e Esther. O "Livro de Esther", do Antigo Testamento, inclui descrições dos ritos de fertilidade e dos matrimônios sagrados de Asherah, e o "Cântico dos Cânticos" foi composto em sua honra.

No *Salmo,* 24:7, lemos:

"Levantai vossas cabeças, ó portais;
elevai-vos, ó portas eternas, e o
Rei da Glória entrará."

A "cabeça" citada é o pênis de Eheieh (localizado em Yesod de Atziluth) e a "porta" é a vagina de Shekhinah (a qual conduz a Sion, a Cidade Santa). A "Glória" é a união de Geburah e Gedulah, resultante do ato de amor de Eheieh e Shekhinah, os quais, depois de transcender Yesod e entrar em Sion passando pela "porta", vivenciam a realidade orgásmica da "União da Alma".

exercício

Este exercício pode ser feito com um parceiro, ou individualmente, através da imaginação. Ambos os participantes seguem as instruções simultaneamente, trabalhando juntos sobre o mesmo desejo ou sobre desejos pessoais.

Siga os procedimentos iniciais costumeiros.

Fixem o olhar um no outro, olhos nos olhos, concentrando a atenção no meio da testa.

Prolonguem o olhar e relaxem completamente.

Visualizem o seu desejo (como um símbolo ou uma imagem) na testa do parceiro.

Visualizem esse desejo descendo pela garganta.

(Vocês podem parar aqui para atividades oraculares.)

Fisicamente e/ou astralmente, pressionem o desejo para a área genital.

(A união sexual oral pode ser realizada.)

Unam-se na terra.

Concluam ingerindo o elixir bipolar resultante. Esse elixir androginizado incorpora o símbolo/desejo.

Não se preocupe se não entender isso tudo. Você compreenderá melhor esse exercício se retornar a ele depois de terminar a leitura deste livro.

Os Véus Negativos

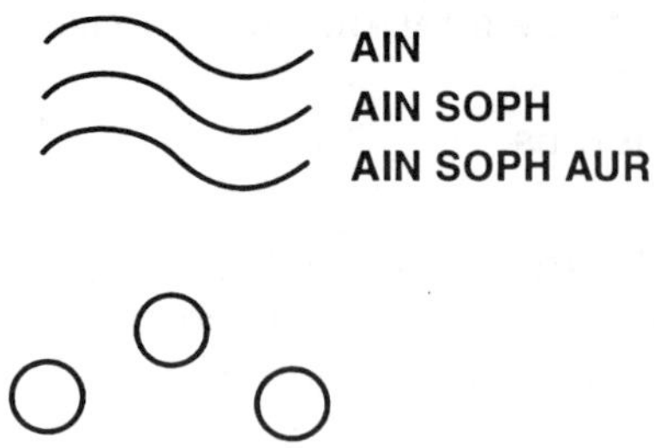

Embora não os tenhamos mostrado neste livro, muitas vezes, em diagramas da Árvore da Vida, você encontrará ou um ou três Véus acima de Kether, chamados "Véus da Existência Negativa" ou simplesmente "Véus Negativos". Quando estudamos a criação da Árvore, falamos de Kether como o "ponto", a fonte primeira da criação. Entretanto, esse ponto, em si mesmo, precisa provir de alguma outra coisa. Daí os Véus Negativos — algo por trás de Kether, tão etéreo e distante que só podemos nos referir a ele de uma maneira velada. Em geral são três os Véus descritos, apenas porque, na Árvore, tudo acontece num processo tríplice; assim, é apropriado dizer que existem três véus. Mas, assim como as três Supremas são na realidade *uma*, o mesmo acontece (se uma coisa assim fosse possível!) com os "três" Véus.

Esses três Véus recebem os nomes de *Ain, Ain Soph, Ain Soph Aur*, e os números (também como se fosse possível) 0, 00 e 000. Possivelmente, a forma mais adequada de compreender esses Véus seja em termos do processo de criação. Nessa visão, eles podem ser atribuídos assim:

Ain	O Nada
Ain Soph	O Nada Se Torna
Ain Soph Aur	O Nada É

Isto descreve um processo tríplice em que um "nada" original que não existe se torna "algo que existe" mas "nada" enquanto está além da compreensão da consciência humana normal. Em certo sentido, poder-se-ia relacioná-los com a antimatéria.

O Espírito Cabalístico

Tiphareth representa a alma individual como uma "centelha" particular do Eu ou Espírito Puro. A Tríade Suprema (e Kether particularmente) representa o espírito em seus aspectos universal e individualizado. Ela está dentro de você (sendo, pelo menos em última instância, a fonte de você mesmo) e fora de você (também sendo "mais do que" você). Os Véus Negativos, pois, representam o espírito que está totalmente além de você. Este pode ser chamado de "Espírito Universal". Os três Véus então correspondem às três Supremas, assim:

Ain	Espírito Universal
Ain Soph	Vontade Universal
Ain Soph Aur	Amor Universal

Num outro sentido, Ain significa o "Vazio Absoluto e Ilimitado", do qual surge Ain Soph, significando a "Infinitude Infinita e Ilimitada", da qual surge Ain Soph Aur, significando "Luz Infinita". Embora um surja do outro, eles permanecem um, totalmente indivisível. Os três estados em conjunto são então a verdadeira *Existência Negativa,* que sendo infinita contém em si mesma o *potencial* de todas as coisas criadas. É a concentração dessa existência negativa que dá origem ao ponto em Kether, do qual surgem todas as coisas.

Essas especulações todas não levam a parte alguma, pois, por sua própria natureza, a existência negativa está fora do nosso raio de compreensão. Isto não significa, entretanto, que estejamos fora do seu raio de influência!

Finalmente, os Véus, ao formar um "pano de fundo" para manifestar a existência, nos permitem ver esta com mais clareza.

Além dos Véus

O "disse-que-disse" metafísico sobre o que esses Véus são e o que poderiam significar é interminável. Por isso, a posição do Cabalista é que os Véus existem e que definitivamente velam *alguma coisa* — mas alguma coisa com a qual não precisamos nos preocupar no momento. Isto não significa negar a existência de algo; antes, significa afirmar a existência do que é. Implica que temos muito a fazer apenas sondando os mistérios da Árvore manifesta, sem que precisemos nos preocupar com especulações inócuas sobre os Véus e sobre o que está além deles. Quando chegarmos a Kether, talvez descubramos que os Véus estão ainda mais além, e que a única coisa que nos cabe é estudar mais e trabalhar mais intensamente sobre nós mesmos. Por ora, porém, o trabalho da personalidade, da alma e do espírito, como representado pela Árvore da Vida, é suficiente para cada um de nós. Isto não é mistificação; é uma atitude muito prática para o desenvolvimento individual e também para o progresso grupal.

PARTE V

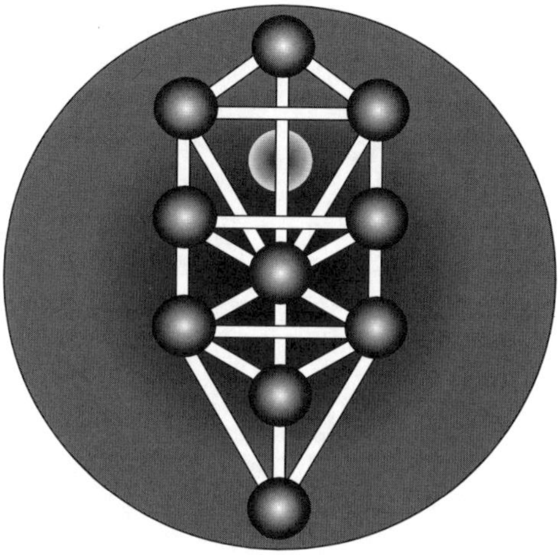

Aplicações Práticas da Cabala

CAPÍTULO 12

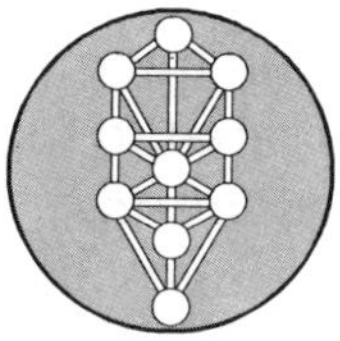

A Cabala Psicológica

Os Usos Psicológicos da Árvore

A dedicação ao estudo das quatro primeiras partes deste livro lhe permitiu adquirir bases sólidas sobre a Cabala, especialmente no que diz respeito às correspondências com a Árvore da Vida e à sua utilização. Supondo que tenha realizado todos os exercícios e aplicado todas as técnicas apresentadas, você também deve ter adquirido conhecimentos detalhados do funcionamento das esferas e dos caminhos da Árvore, o que o deixa em condições de ampliar o estudo e a prática da Cabala para todas as finalidades que necessite. Este capítulo, bem como os demais que compõem esta Parte 5, apresentar-lhe-á sugestões e técnicas que objetivam ajudá-lo a usar seu conhecimento cabalístico em várias áreas do trabalho psicológico e das práticas mágica e mística e em outras aplicações da Cabala.

Use a Cabala como achar adequado, fazendo o que desejar com o seu conhecimento, sem, entretanto, prejudicar ninguém. Ao longo do caminho, divirta-se, lembrando que a Cabala é um instrumento de pesquisa prática e não um sistema dogmático, nem um plano. Ela é um esquema para ajudá-lo a compreender e a vivenciar o "caminho", não a meta. "Porque a vontade pura, não debilitada pelo propósito, livre da ansiedade do resultado, é perfeita em todos os sentidos."

O seu conhecimento atual o capacitará a se relacionar com outras experiências, com outras idéias e teorias semelhantes, o que lhe permitirá compreender: (a) as partes individuais do seu ser, pela análise de você mesmo e dos seus "veículos da personalidade", favorecendo o seu desenvolvimento pessoal; e (b) o seu ser como uma entidade única, o "você como um todo", sintetizando sua compreensão num quadro dinâmico do Eu total.

As seções que seguem constituem uma série de sugestões sobre formas de considerar o desenvolvimento e a compreensão qabalística; o objetivo é ajudá-lo em seu trabalho teórico e prático com a Cabala.

É uma tarefa essencial formar uma "imagem mental", uma "imagem imaginativa" ou uma "forma-pensamento" do mapa estrutural que chamamos Árvore da Vida. Você já praticou exercícios neste sentido, e é de supor que tenha desenvolvido a capacidade de conservar uma imagem da Árvore na consciência. Se você já dispõe dessa imagem, siga as sugestões para tornar ainda mais nítida essa representação da Árvore e de todas as suas partes. Se esse não for o caso, siga as instruções para compor e modelar uma imagem em sua consciência.

Inicialmente, pratique para adquirir a capacidade de ter uma imagem mental nítida de toda a Árvore. Conseguindo isso, exercite a capacidade de preencher as esferas e os caminhos com as devidas correspondências. As cores formam um conjunto interessante de atributos; comece com elas. Quando conseguir ter uma imagem mental da Árvore, tente "pintar" com a imaginação as cores apropriadas para as esferas, começando com o branco para Kether, passando pelas demais esferas até chegar às quatro cores para Malkuth. Em seguida, preencha os caminhos.

Saiba que você não precisa se tornar um perito num conjunto de correspondências para iniciar a prática com outros conjuntos. Trabalhe com flexibilidade e fluidez, e sempre que for possível procure acrescentar às esferas e caminhos correspondências que você capta a partir da sua *própria experiência.*

Quando tiver uma nítida imagem mental da Árvore, por assim dizer, você poderá começar a praticar a "concentração" em torno de uma parte específica da Árvore, talvez um plano em particular, um pilar, uma tríade, uma esfera ou um caminho. Estude e observe como essa parte tem vínculos com outras esferas e como ela se relaciona com a Árvore inteira. É só com a prática e com a aplicação de suas experiências pessoais ao mapa que a imagem se desenvolverá dentro de você. À medida que ela for se desenvolvendo, você ficará admirado com a rapidez com que aumenta a sua compreensão da Cabala. Paralelamente, você perceberá uma ampliação correspondente do seu conhecimento e compreensão globais.

Como Estabelecer Ligações com a Árvore

Microcosmo <.................................> Macrocosmo

"a zona intermediária"

DUALIDADE

|

[mudança de atitude]

↓

dissonância criativa

|

[aumento de consciência]

↓

aperfeiçoamento

|

[ligação]

↓

expansão

|

[compreensão]

↓

INTEGRAÇÃO

O diagrama é uma representação de como se fazem, ao longo da Árvore da Vida, as ligações entre o microcosmo (interior a você, o que você é e o que você já conhece) e o macrocosmo (exterior a você, uma sensação ou experiência nova). Normalmente, você está separado do "exterior a você" pela "zona intermediária" (às vezes, chamada de "Pesadelo da Separação e da Ilusão"). Essa é uma "zona" necessária porque ela o mantém, como indivíduo, dentro dos seus próprios limites e lhe dá identidade como separado do restante da existência. Ela também impede que o que é "exterior a você" influencie de todo o que é "interior a você" com sensações, sentimentos ou pensamentos. Drogas psicotrópicas podem provocar um colapso temporário nessa barreira osmótica. Entretanto, numa forma mais controlada pelo menos, o processo da vida também rompe essa barreira. Há problemas tanto quando há rompimento das barreiras permitindo a entrada de "matéria" que você toma como sua, mas que realmente não é, como quando os bloqueios acontecem em função de condicionamentos passados, de seqüelas emocionais, de fixações mentais e de uma grande quantidade de material reprimido. Esse bloqueio recebeu o nome de "couraça do caráter". Devido a essa brecha ou bloqueio da zona intermediária — agora, talvez, uma "zona de pesadelo" realmente — a passagem de informações entre o que é "interior a você" e o que é "exterior a você" ou fica bloqueada ou se distorce. Esta é a condição normal da maioria dos seres humanos em vários graus, mas não há necessidade de ser assim.

Uma mudança de atitude pode ser a chave para acabar com esses bloqueios, visando o livre fluxo de informações. "Dissonância criativa" significa ver a separação entre o que é "interior a você" e o que é "exterior a você" de um modo criativo, como um desafio que você pode superar aumentando sua consciência. Sempre que há uma ampliação da consciência, pode ocorrer um "aperfeiçoamento", e também são estabelecidas as condições para a possível integração de uma nova compreensão em seu ser total. O vínculo dessa nova informação com a Árvore da Vida causa uma expansão da sua compreensão (mais do que do seu conhecimento), e o novo "item", qualquer que seja, é integrado ao seu ser.

Imagine que uma nova experiência (de qualquer tipo) entre em sua consciência, chamada X. Você pode se perguntar onde esse X, essa nova experiência, se ajusta na Árvore. Digamos que ela não corresponda a A, mas você sente que ela pode corresponder a B ou a C. Você analisa as ligações com C, na relação deste com sua esfera, e conclui que X se encaixa aí. Fazendo essa relação, você descobrirá que todas as demais ligações com C são relevantes para X. Isso expande sua consciência de X e integra X plenamente em seu corpo total de conhecimento e compreensão.

Melhor do que procurar compreender a descrição deste processo deveras complicado é prosseguir e testar a técnica descrita. Você verá que é muito mais fácil compreender na prática do que na teoria.

Relação e Expressão da Experiência

A Cabala o ajuda a relacionar e a expressar todas as experiências internas e externas.

Perguntas úteis:
"O que está acontecendo?"
"Como essa experiência que estou tendo se ajusta no esquema geral do meu conhecimento e da minha compreensão?"

Você pode fazer ampliações com base em sua experiência. Você pode criar vínculos; por exemplo, reúna tudo o que conhece sobre Hod. O que você reúne é a sua *compreensão atual* dessa esfera parcialmente clara, parcialmente distorcida. Você pode criar elos com Hod usando imagens, desenhando, falando com a esfera, meditando sobre ela e ainda por meio do Tarô. Você pode também estabelecer ligações com qualquer outra esfera usando as correspondências apropriadas. Pela utilização de símbolos adequados associados com qualquer caminho ou esfera você pode criar as condições que causarão a experiência dessa esfera.

Lembre que invocar é atrair a energia que está dentro de você, e que evocar é chamar a energia que está fora de você (pelo menos aparentemente).

exercício

Siga os procedimentos iniciais costumeiros.

Num capítulo precedente, você fez uma visualização chamada "Visualização dos Três Símbolos". Antes de continuar, releia as anotações sobre a experiência vivida com a prática desse exercício.

Agora, escolha uma esfera e três símbolos correspondentes. Escolha três símbolos que você conheça, eliminando a necessidade de pesquisá-los. Para esta ocasião, esses símbolos representarão sua "compreensão" deste caminho.

Prossiga como no exercício anterior.

Agora você pode contemplar os outros componentes da sua "visão" à luz da Cabala. Quer seu quadro seja claro ou vago, ele é um teste da sua compreensão atual. Você pode facilmente perceber que, apenas por fazer este exercício, houve um aumento da sua consciência com relação à esfera em estudo. No mínimo, você aprendeu mais sobre o que já conhece!

Toda experiência de uma pessoa com relação a uma esfera determinada é diferente da experiência de outra pessoa ou, pelo menos, suas descrições da experiência são diferentes.

Relacionando-se com Processos Diversos

A Cabala o ajuda a relacionar-se com os processos (mentais, emocionais e físicos) de pessoas aparentemente diferentes. Ela está além das imposições religiosas e culturais ou das peculiaridades de expressão individuais. Neste sentido, a Cabala se assemelha a um tratado geral, imparcial e absolutamente flexível de religião comparada.

Tudo acontece por meio das correspondências. Por exemplo, Thoth e Hermes podem ser associados com o mesmo caminho. Se você conhece Hermes, mas não Thoth, digamos, sua compreensão pode incluir ambos em decorrência da íntima relação que lhes é comum na Árvore da Vida.

Isto também pode ajudá-lo a relacionar qualquer *parte* a um *todo maior.*

Esclarecendo seus Conhecimentos para Compreender mais

A Cabala o ajuda a esclarecer seus conhecimentos acerca de qualquer assunto e a descobrir maneiras simples de se expressar.

Os símbolos favorecem a passagem da informação do inconsciente para o consciente (e vice-versa). Pode-se descrever este processo como tornar o desconhecido conhecido ou usar o conhecido para pesquisar o desconhecido. Os símbolos, portanto, são um instrumento de integração.

A Árvore da Vida tem sido comparada a um arquivo de aço — em outras palavras, uma forma de classificar e de organizar quantidades de informação aparentemente desconexas. Uma analogia mais apropriada seria com o computador. Por exemplo, digamos que você queira ser mais determinado mentalmente, o que, em termos qabalísticos, seria descrito como trazer Geburah para Hod. Você poderia alcançar esse objetivo por meio dos símbolos do caminho do Enforcado, que liga essas duas esferas (por exemplo, pela meditação e visualização ou assumindo a forma simbólica). Ou, ainda, talvez você quisesse equilibrar o Amor e a Vontade, por exemplo; para isso, você usaria os símbolos associados com o caminho que liga Geburah a Chesed.

A Compreensão dos Símbolos Enigmáticos

A Cabala o ajuda a compreender símbolos enigmáticos. Ela se constitui numa forma de estabelecer uma conexão entre a essência da forma, do som, da cor, de idéias simples (como o número) — de fato, todas as correspondências — e seu equivalente microcósmico.

Como exemplo, Tiphareth tem relação com o coração. As correspondências incluem a cor amarela, o número seis, a estrela "Sol", Adônis, a rosa e assim por diante.

O que a "rosa" significa como símbolo? Responda a esta pergunta tendo presente o seu conhecimento da Árvore e em particular de Tiphareth. Suponha que você expanda esse símbolo da rosa e o transforme na imagem dinâmica de um botão de rosa desabrochando e sendo banhado por uma luz branca intensa. Que compreensão você teria com esse novo símbolo?

O que aconteceria se você imaginasse isto acontecendo em seu coração? A melhor maneira de responder a essas questões é através da experiência.

o desabrochar da rosa

Siga os procedimentos iniciais costumeiros.

Imagine um arbusto de rosas — as raízes, os caules, as folhas e as flores.

Concentre sua atenção num único botão de rosa, fechado, ainda envolto em suas sépalas verdes. Não se apresse, mas visualize tranqüilamente todos os detalhes o mais claramente possível.

Imagine que as sépalas começam a se abrir, virando-se para revelar as pétalas — suaves, delicadas, ainda fechadas. De que cor é o seu botão?

Agora as próprias pétalas começam a se abrir. Enquanto isso acontece, perceba a identidade entre este botão de rosa e o seu coração. Tome consciência de um desabrochar que também acontece em seu coração.

Imagine um raio do Sol atingindo o botão que se abre, iluminando-o. Vendo isso, sinta o mesmo acontecendo também interiormente.

Identifique o desabrochar da rosa com a abertura do seu coração. Enquanto a rosa revela toda sua beleza e glória, aspire seu perfume, sinta-se enriquecendo seu ser interior.

Permaneça com a experiência o tempo que desejar; depois retorne à consciência ordinária e desenhe sua rosa ou escreva sobre ela em seu diário.

Como Testar a Veracidade das Correspondências

A Cabala o ajuda a testar a veracidade das correspondências. Você pode relacionar qualquer nova informação ao corpo de conhecimento que você já assimilou. Por exemplo, você diria que "trigo" é a correspondência correta para Malkuth? Por quê?

Digamos que você esteja trabalhando sobre o equilíbrio das energias de Hod e Netzach, em si mesmo ou em alguma outra pessoa ou coisa. Você poderia esperar que surgissem imagens que correspondessem ao caminho que liga essas duas esferas, mas, em vez disso, aparecem imagens que têm maior correspondência com o caminho que conecta, digamos, Netzach e Chesed. O que isso lhe diz? Passivamente, que seu trabalho de equilíbrio não está sendo eficaz. Ativamente, que isto (ou seja, maior relação entre Netzach e Chesed) é o que você precisa para equilibrar Netzach e Hod.

É bom lembrar que, embora muitos símbolos tenham uma relevância aparentemente universal, o que é "certo" para a maioria das pessoas pode ser "errado" para alguma pessoa em particular. É fundamental conhecer a própria Cabala interior antes de se relacionar com a Cabala dos outros. Lembre-se também de livrar-se de todas as correspondências "padrão", se necessário. *Experiência e consciência* são as qualidades essenciais do sistema cabalístico — não o dogma ou o fanatismo intelectual.

os três pássaros

Siga os procedimentos iniciais costumeiros.

Imagine que você está num prado, num dia ensolarado de verão. Reserve alguns instantes para sentir-se realmente nesse lugar.

Uma orla do prado inclina-se na direção de um pequeno lago. Desloque-se para essa parte, observando tudo o que estiver ao seu redor.

Observe três pássaros no lago ou voando sobre ele.

Volte ao nível de consciência normal e escreva uma descrição dessa cena com o lago, sem nenhuma interpretação.

Agora, adapte sua descrição à Árvore.

A Compreensão das Energias do Corpo

A Cabala o ajuda a compreender e a trabalhar com as energias do corpo. Você pode usar o corpo para localizar e ligar-se à energia em todos os níveis, através da correspondência entre a Árvore da Vida e a forma humana. Consulte especialmente a seção sobre os chakras e a cura (páginas 162-166) e as tabelas de correspondência no Apêndice 5.

O Desenvolvimento de Todas as Partes do seu Ser

A Cabala lhe propicia uma maneira segura de desenvolver todas as partes do seu ser.

Malkuth está envolvida com os sentidos, e o trabalho nesta esfera leva a um aumento da percepção sensorial e da ligação, o que acontece porque você se conscientiza mais dos contatos sensoriais.

O trabalho de Yesod envolve a liberação de material "reprimido" e a integração "do que surge" em conseqüência desse trabalho sobre a esfera *correta.* A purificação das energias reprimidas que circundam essa Sephira faz com que suas energias inconscientes trabalhem mais livremente e fortalece as demais esferas envolvidas. Também ajuda seu equilíbrio sexual e poder.

Hod e Netzach envolvem o equilíbrio da polaridade dessas esferas (isto é, o equilíbrio de pensamentos e sentimentos) afetado mais nitidamente pela experiência e expressão em *ambas* as esferas.

O tratado de Tiphareth é a formação de um centro forte para direcionar a personalidade e fortalecer os vínculos com as energias ou Qualidades da alma.

O trabalho das demais esferas em termos práticos envolve tanto a possibilidade e experiência das Qualidades da alma, como qualquer contato espiritual inspirador que possa ser feito. É a *realização* da energia potencial.

Malkuth, Hod, Netzach e Tiphareth são o trabalho do *presente;* Yesod, do passado. As outras esferas, concentradas em Tiphareth, são o trabalho do futuro.

Como Fazer Contato com Outros Seres

A Cabala o ajuda a fazer contato com seres "extradimensionais". Por "extradimensional" entendo qualquer ser ou entidade que lhe é exterior e/ou que é parte sua que você decide (consciente ou inconscientemente) considerar como sendo "extradimensional" para você. Sendo este o caso, semelhante "uso" da Árvore está implícito em todos os outros usos descritos acima.

Esses seres "extradimensionais" podem ser mais bem compreendidos em termos da sua esfera de operação:

Malkuth — outras entidades "terrestres", não você, mas igualmente tão manifestas quanto você neste mundo sensório. Isto inclui outros seres humanos, animais, plantas, todas as coisas vivas e também todas as coisas assim chamadas não-viventes.

Yesod, Hod e Netzach — entidades "astrais", que incluem todos os "seres" dos seus sonhos, projeção astral, fantasias, visualização, todos os símbolos, todas as formas-pensamento, e assim por diante. Essas entidades astrais estão intimamente ligadas aos seus veículos da personalidade, mas podem também incluir seres aparentemente estranhos ao seu ser interior.

Tiphareth — seu centro pessoal; por isso, na realidade, a esfera do contato claro e ordenado com seu eu essencial, sua identidade pessoal. É também a esfera para contato com seu Santo Anjo da Guarda (qualquer que seja o nome que tiver), o "representante", por assim dizer, de energias superiores ou mais profundas.

Geburah e Chesed — contato com os que às vezes são chamados de seres "superiores" ou "puros", às vezes "arcanjos". O contato com essas entidades está intimamente ligado com seu contato com sua "entidade de ser" verdadeira, sua alma.

Daath — o ponto de acesso aos reinos do lado reverso da Árvore, os Qliphoth, todos os demônios, e assim por diante, que habitam os recessos do seu ser. Também a residência do arquidemônio Choronzon, o Demônio da Dispersão.

Tríade Suprema — nível espiritual. Não existe comunicação como tal porque no seu próprio nível não há dualidade. A comunicação é feita através do "tornar-se um" e vivenciando isso. Pode haver comunicação inspiracional, entretanto, através de "vozes interiores", "sentimentos sobre coisas" e assim por diante.

comunicação com uma planta

Siga os procedimentos iniciais costumeiros.

Escolha uma planta que você conheça e ame, uma planta da qual você cuide em circunstâncias normais (ou, se for no ambiente externo, escolha uma planta que o atraia e pela qual você sinta afinidade).

Concentre sua atenção na planta. Olhe para a planta, procure estar totalmente consciente da planta como um ser vivo.

Conscientize-se de que a planta pode se comunicar com você, de que ela tem uma consciência (embora seja muito diferente da sua). Pergunte-lhe se ela tem alguma coisa que lhe gostaria de dizer ou ensinar.

Ouça a resposta silenciosa e atentamente. A resposta pode chegar sob várias formas — como palavras ou imagens em sua mente, como um sentimento ou uma sensação. Ouça realmente a planta e o que ela tem a lhe comunicar.

Se quiser, mantenha um diálogo com a planta.

Ao terminar, agradeça à planta pelo que você aprendeu. Afirme que você atenderá suas necessidades.

Volte ao seu nível normal de consciência.

Pesquisa Original e Experiência (abordagem psicológica)

O objetivo do sistema cabalístico é, por meio do desdobramento do potencial humano, criar a pessoa verdadeiramente "auto-realizável", capaz de controlar e de dirigir sua vida a partir de um centro forte e nítido que esteja aberto às influências da verdadeira fonte espiritual interior, o Eu.

O estudo e a experiência prática tanto das esferas como dos caminhos da Árvore da Vida conduzem a uma compreensão maior da pessoa como um todo. As ligações entre os vários estados de consciência podem ser trazidas à superfície — essas ligações podem ter o efeito terapêutico de desfazer bloqueios abafados ou reprimidos do passado, equilibrando as energias que estão sendo trabalhadas e ligando a pessoa com o potencial de manifestação futura. Assim a Cabala ajuda o desdobramento do potencial humano através de uma expansão tríplice da consciência, cujo propósito é criar uma pessoa verdadeiramente auto-realizável.

CAPÍTULO 13

A Cabala Mágica e Mística

Os Usos Mágico e Místico da Cabala

Magia é fazer com que a mudança ocorra, em consonância com a vontade ou a intenção do mago. Misticismo é a tentativa de alcançar estados alterados de consciência, geralmente através da transposição dos planos materiais. Em certo sentido, a magia pode ser descrita como desenvolvimento por meio da imanência, e o misticismo, como crescimento por meio da transcendência. Ambas as formas podem ser relacionadas com a Árvore da Vida, pois ela abrange todas as possibilidades. Iremos comparar magia e misticismo numa seção posterior, bastando esclarecer agora que, em termos da Cabala, as duas abordagens têm como finalidade dar-nos condições de entrar em contato com o nosso próprio mundo interno e/ou com o mundo externo (que para o mago existe por causa da sua vontade, ao passo que para o místico ele existe a despeito da sua vontade).

No capítulo anterior, você se convenceu da importância de formar uma imagem da Árvore em sua consciência. Também foram sugeridas técnicas para realçar e aperfeiçoar essa imagem. Foi dito que a partir do momento em que a imagem está firmemente enraizada na consciência, você pode trabalhar com a Árvore como um todo ou concentrar-se em qualquer esfera ou caminho específico em harmonia com suas necessidades mágicas ou místicas. Foram ainda indicados modos para ampliar sua consciência usando a Árvore como um mapa e relacionando toda nova experiência com esse mapa.

Numa das próximas seções deste capítulo, analisaremos símbolos e correspondências utilizados pelo mago (e, numa escala menor, pelo místico); por ora, basta enfatizar que, quanto mais você vive e se integra à imagem da Árvore da Vida em sua consciência, tanto mais eficaz será seu trabalho, não importando qual seja seu objetivo ao assumir este treinamento.

Magia, Misticismo e a Abordagem Psicológica

O capítulo anterior abordou a Cabala do ponto de vista psicológico; este capítulo trata principalmente das abordagens mágica e mística. Mas é importante que você entenda que esta distinção é bastante artificial — há muitos elementos que se sobrepõem, não se podendo estabelecer fronteiras muito precisas entre os vários usos. E é assim mesmo que deve ser. O sistema cabalístico, em sua flexibilidade infinita, propicia que coexistam em seu bojo todos os enfoques ao crescimento e ao desenvolvimento humano. Esse sistema dá suporte ao trabalho do psicólogo, do mago e do místico igualmente, por mais diversa que possa ser a ênfase da atividade de cada um.

Contato com os Seres Extradimensionais

Este é um assunto de discordância notória, pelo menos na terminologia se não em essência, entre os enfoques psicológico, místico e mágico, no que se refere ao desenvolvimento com o uso da Árvore da Vida. No capítulo anterior, a definição de ser extradimensional foi claramente estabelecida como "qualquer ser ou entidade que lhe é exterior e/ou que é parte sua que você decide (consciente ou inconscientemente) considerar como sendo 'exterior a você' ".

Essa definição se pretende aceita por todos, visto que ela não implica que esses "seres" tenham existência específica própria (embora também implique que possam ter). Este parece ser o ponto mais próximo da verdade. É certo que, à medida que o trabalho prossegue, qualquer que seja a ênfase, o buscador descobre que o contato com esses "seres" é feito. Quanto ao nível em que esses seres se encontram, isso depende da esfera ou do plano que está sendo trabalhado (ver seção anterior), mas a validade da experiência nunca é posta em dúvida. É apenas na interpretação que o psicólogo, o mago e o místico irão discordar.

Não é intenção deste livro entrar num debate filosófico ou metafísico sobre a existência ou não-existência desses "seres", o que são ou de onde vêm. Eles podem vir do interior ou do exterior; podem ter uma existência individual própria ou não — isto conta pouco. Em termos *práticos,* o importante é que eles parecem existir e que podemos fazer contato com eles. Enquanto as "mensagens" que eles trazem são úteis para o desenvolvimento do Adepto, e em última análise para o desenvolvimento da consciência planetária, não há restrições a fazer. Que importância pode haver se o seu Anjo da Guarda é chamado por outro nome, se existe dentro ou fora de você, se é imaginação ou fantasia, se é real ou irreal, desde que a mensagem que ele traz contribui para o seu crescimento?

Os Dois Modos de Ser da Magia e do Misticismo

A intenção do místico é ascender à Árvore, transcender o reino do real e unir-se ao reino do potencial — alcançando a "união cósmica", tornando-se "uno com Deus", atingindo o samadhi. As palavras-chave associadas com misticismo são: universalidade e transcendência.

A intenção do mago, por sua vez, é atrair as energias do reino do potencial para o reino do real, mudando este último — transformando-o segundo sua vontade. As palavras-chave relacionadas com magia são: individualidade e imanência.

Tanto o místico como o mago, em seus respectivos caminhos, precisam lidar com o reino do real, espaço onde há conflitos pessoais e interpessoais. Ao lidar com o mundo real, o místico vive a crise da dualidade, percebendo sua "fixação" no reino do real e sua separação das Supremas, o mundo do potencial. Ele quer superar essa dualidade e perceber tudo, inclusive ele mesmo, como um. O mago, por outro lado, ao lidar com o mundo real, vivencia a crise existencial, percebendo que o mundo do real não é como ele deseja ou quer que seja, e dando-se conta das dificuldades de manifestar sua vontade. Ele quer superar essa crise de existência vencendo a resistência à mudança e criando um mundo novo em que sua vontade seja manifesta.

É importante compreender a necessidade dos dois caminhos. O místico que nega o mundo do real, e por conseqüência a magia, é limitado. Ele poderia transcender esse mundo, mas, então, pode-se perguntar: qual o objetivo de estar aqui? O mago que trabalha sua vontade no reino do real, mas que não se liga aos reinos superiores ou mais profundos não estará em harmonia com a Vontade Universal e Espiritual, e, portanto, estará trabalhando contra as correntes da evolução. Sem a sintonia com o Eu "superior", seu trabalho será superficial e vazio, e não estará fazendo outra coisa senão "construindo castelos no ar". O místico precisa ter um bom relacionamento com o mundo real e trabalhar com sua personalidade; o mago precisa vincular-se com o mundo potencial e harmonizar-se com a totalidade do Eu.

liberdade no movimento

Siga os procedimentos iniciais costumeiros.

De pé, com a coluna reta, estenda o braço direito à frente.

Agora desloque esse braço para o lado e ponha o braço esquerdo sobre a cabeça, levantando o pé direito.

Solte o pé e bata no chão três vezes.

Gire o corpo à esquerda duas vezes, em seguida, sente-se e coloque as mãos sobre a cabeça.

Torne a se levantar e repita todos esses movimentos novamente, antes de continuar.

Agora desloque-se pela sala da maneira que quiser — use os braços, as pernas, o corpo todo para criar formas e padrões sugeridos por sua vontade e com os quais você se sente bem.

Continue movimentando-se livremente durante alguns minutos antes de continuar.

Que diferença há entre você se movimentar seguindo instruções e você mesmo tomando a iniciativa do movimento?

Qual a alternativa que lhe dá maior prazer?

Ao tomar a decisão de como quer se movimentar, você conta com o seu poder pessoal; ao seguir instruções (cegamente, pelo menos), você abre mão da sua responsabilidade.

Ao seguir tanto o caminho místico como o mágico, é importante ter clareza sobre qual é sua vontade. O problema está em descobrir o que você *realmente* quer fazer — ser capaz de escolher a partir do seu centro, e não a partir de uma parte identificada ou apegada da sua personalidade. O que os seus sentimentos querem fazer e o que os seus pensamentos lhe dizem para fazer podem ser coisas bem diferentes, e em geral são. Mas o que você aprende de Tiphareth que você "precisa" fazer é sempre válido para o seu crescimento e desenvolvimento. Quanto mais claramente você fizer suas *próprias* escolhas a partir de Tiphareth, mais você poderá manifestar energia e mudar energia (isto é, "fazer" magia), e/ou decidir vivenciar os níveis superiores de consciência em pureza livre de conflitos (isto é, "ser" um místico).

o templo de qualidade

Siga os procedimentos iniciais costumeiros.

Vá até o seu prado, um lugar que já lhe deve ser bastante familiar. Durante alguns minutos, sinta o lugar, use os seus sentidos para estar de todo nesse lugar, num ambiente impregnado de aromas, de sons e de sensações visuais, gustativas e táteis. Sinta o chão sob os pés enquanto anda pelo gramado.

Caminhe na direção da colina que você vê a distância, sem pressa, apreciando o cenário que o cerca; continue a caminhada e suba até o topo da colina.

Ali você encontrará um "Templo de Qualidade", palpitante com as energias da alma como o Amor, a Verdade, a Beleza e a Alegria.

Localize o Templo e preste atenção à sua forma, suas dimensões, sua cor, sua posição e assim por diante. Procure obter uma imagem clara desse santuário.

Em seguida, entre no Templo: ao fazê-lo, sinta as energias que ele representa derramarem-se sobre você, preenchê-lo, curá-lo...

Ao terminar, volte ao prado, levando com você a energia do Templo de Qualidade.

Como você manifestará essa energia na vida diária?

O místico está basicamente envolvido com "subir" ao Templo para ter a experiência; o mago está envolvido com o "trazer" a energia para manifestá-la no mundo do dia-a-dia. Este exercício deve mostrar-lhe a necessidade dessas duas ações, e indicará (pelo aspecto com que você tiver mais facilidade) que tipo você tende a ser e, portanto, por conseqüência, o que você precisa desenvolver.

O Desenvolvimento do Mago e a Realização do Místico

Entre os exercícios a seguir, escolha os que lhe pareceram mais adequados, lembrando-se do princípio básico do desenvolvimento — que você precisa aperfeiçoar o que já possui e elevar o que ainda lhe falta.

exercício 1

Visualize um cetro e uma taça. Forme uma imagem nítida de ambos em sua visão mental, e em seguida desenhe-os.

Visualize-se segurando o cetro na mão direita e a taça na esquerda. Imagine um raio de luz branca descendo pela sua cabeça e pelos braços e entrando nas Armas que você segura.

Como elas mudam?

exercício 2

Visualize uma espada, formando uma imagem nítida de todas as partes que a compõem. Vá até o seu prado e leve a espada ao topo da colina. Erga-a na direção do céu, de modo que possa ser atingida por um raio de sol.

Volte ao prado com a espada, agora transformada e iluminada.

Que dificuldades você encontrou? Seus problemas foram maiores na subida ou na descida?

exercício 3

Crie um talismã para um propósito escolhido (qualquer propósito, grande ou pequeno).

Visualize esse talismã numa colina que se eleva na extremidade de um vale. Uma estrada perfeitamente reta se estende de você até o talismã, cruzando o vale e subindo a colina. Percorra essa estrada, observando os obstáculos, os desvios e outros acidentes; não pare nem se deixe distrair.

Pegue o talismã e segure-o, deixando que sua energia o preencha.

Repita esta visualização diversas vezes, por um período de duas semanas, para um propósito específico.

Que efeitos o exercício produz? Sua vontade se realiza?

exercício 4

Este exercício recebe o nome de “viver o dia”: o mais plenamente possível, passe um dia com a visão do mundo do místico, como se você fosse um místico o tempo todo, sem se importar nem se envolver com mais nada.

Num outro dia, faça o mesmo com a visão do mundo do mago.

Na continuidade, não faça nada.

Em seguida, com ambas as visões.

Procure criar situações que se adaptem ao seu “viver o dia”. Se está sendo um “mago”, faça as coisas de um mago, vá a lugares relacionados com a magia, e assim por diante.

O que acontece? Você se sente mais à vontade como místico ou como mago? O que você precisa elevar e aperfeiçoar?

Você conseguiria viver permanentemente no mundo de ambos?

Ainda o Elo Mágico

Antes de continuar, releia a seção sobre o elo mágico, no Capítulo 9. Nunca será demais enfatizar a importância de compreender como criar elos mágicos; recomendamos que você entenda bem essa questão, muito particularmente no que diz respeito ao nível prático, se quiser ser um cabalista de sucesso.

O Uso do Simbolismo Mágico e das Correspondências

Em exercícios ao longo deste livro, você já esteve usando o simbolismo das correspondências. Aprendeu que pode atribuir vários animais, plantas, cartas do Tarô, cores, partes do corpo, doenças e outros elementos e coisas tanto às Sephiroth como aos caminhos. A Árvore é especialmente útil como um mapa ao qual podemos atribuir símbolos porque sua forma permite que as coisas sejam vistas em suas relações recíprocas, possibilitando que uma esclareça a outra e vice-versa. Algumas associações com a Árvore da Vida podem parecer arbitrárias, mas, na verdade, não o são: elas se baseiam na experiência prática direta de muitos magos, místicos, poetas e videntes que, pelo uso criativo de sua imaginação, penetraram profundamente nas causas e fontes secretas do ser e na identidade de todas as correspondências e associações.

Por exemplo, uma planta pode corresponder a certo caminho devido à sua associação tradicional com certos deuses e deusas (por exemplo, o trigo com Ceres), devido à doutrina dos signos pela qual várias plantas são atribuídas a vários planetas, ou devido à pesquisa e experimentação de muitos e diferentes pesquisadores ao longo do tempo. O mesmo raciocínio se aplica a todas as correspondências, e todas deveriam ser consideradas desse ponto de vista. Paralelamente, entretanto, vale observar novamente que nenhuma correspondência é absolutamente certa para nenhum indivíduo em particular, de modo que se você concluir que alguma outra correspondência funciona melhor para você, adote essa.

Você já esteve desenvolvendo atividades com imagens no decorrer deste livro e está familiarizado com muitos símbolos relacionados com a Cabala.

Imagens e símbolos podem ser considerados *transformadores* e também *acumuladores* de energia psíquica.

Toda pessoa tem o seu conjunto de símbolos. Existem também símbolos coletivos, símbolos arquetípicos e símbolos universais (ver diagrama abaixo). A que esferas da Árvore você atribuiria esses vários tipos de símbolos?

A faculdade de formar imagens consiste no uso de símbolos de uma forma que ajude nossa apreensão e compreensão do significado real, interior, dos símbolos envolvidos, em qualquer nível em que existam. A formação de imagens pode ser espontânea (como nas fantasias, nos sonhos e assim por diante) ou guiada/estruturada (como em muitos dos exercícios aqui apresentados). A formação de imagens também pode ser longa ou curta, dependendo da natureza do trabalho que está sendo feito. Alguns exercícios requerem conjuntos longos, enquanto outros, às vezes chamados de "tomadas curtas", exigem que se entre no mundo das imagens apenas por breves instantes.

A formação de imagens é útil:

- para expandir a consciência, fornecendo-lhe maior quantidade de informações e equilibrando-a através da projeção do símbolo. A fórmula geral é: expandir, integrar, expandir, integrar e assim por diante; em outras palavras, ao expandir sua consciência, é importante integrar o novo material no corpo de conhecimento e compreensão existente.
- para reviver experiências passadas (emoções intensas, traumas e também vidas passadas). Além da possibilidade de êxtase ou da liberação catártica, isto também lhe dá a oportunidade de substituir antigos padrões por padrões de experiências novos.
- para "chegar" a partes do corpo (por exemplo, para curar doenças ou moléstias) — ver exercício a seguir.
- para a solução de conflitos (pelo menos num nível simbólico).
- para a transformação e transmutação.

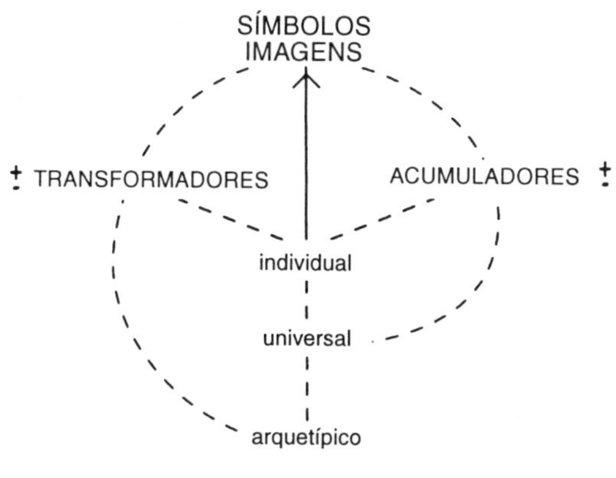

a transformação da doença

Siga os procedimentos iniciais costumeiros.

Sentado confortavelmente, entre em contato com o mundo de sensações em seu corpo. Preste atenção ao corpo todo, tomando consciência de áreas agitadas e perturbadas.

Concentre-se na área afetada e deixe que a imagem representativa dessa perturbação emerja. Em seguida transforme a imagem (por exemplo, se é a de uma casa em chamas, imagine um carro de bombeiros chegando e apagando o fogo; inclua também a reconstrução e redecoração da casa exatamente como você a quer).

Projete a imagem transformada na área originalmente afetada.

Alternativamente, você pode se imaginar assumindo dimensões minúsculas e indo até a área para fazer os "consertos" necessários.

A Essência dos Símbolos

É fundamental não se apegar à forma de um símbolo, mas mergulhar em sua essência profunda para descobrir seu verdadeiro significado interior. Algumas formas para fazer isso incluem:

1. Reflexão objetiva sobre a forma e a aparência do símbolo.
2. Experiência emocional do símbolo, incluindo os efeitos, aromas, sons e outros componentes do símbolo. Procure apreender a qualidade subjacente à forma.
3. Aprofundamento do significado — perguntando "o que o símbolo me ensina".
4. Apreendendo a totalidade do símbolo, seu propósito interior verdadeiro (que pode bem ser abstrato e/ou sem forma clara).
5. Identificação com o símbolo, novamente para chegar à sua qualidade e propósito.

Você pode deixar que um símbolo emerja em sua consciência ou pode também criar um símbolo específico: em qualquer caso, o símbolo pode ser usado para criar uma nova linha de força entre você e o que os símbolos representam. Ele pode ainda unificar seu conhecimento com a compreensão.

A Árvore Horizontal e a Árvore Vertical

A coincidência de opostos é
um estado extraordinário em que nossa

condição habitual — sentir-se como um fragmento arrancado da fonte da vida, vivendo a nostalgia da unidade primordial — é substituída por uma plenitude em que todos os opostos existem sem conflito.

Eliade

Você já trabalhou com os conceitos de Amor e de Vontade, de Mudança e de Manutenção. Se não os conhecer relativamente bem, releia as seções correspondentes na Parte 3.

O Amor e a Vontade são as duas principais energias em conflito na personalidade. O objetivo desse conflito é criar condições que possibilitem a vivência da unificação. Essas duas polaridades também podem voltar-se na direção da *unidade:* a Vontade por meio da ordem e da direção (principalmente com atividades relacionadas com Hod) e o Amor através da inclusão (principalmente Netzach). Ao criar o equilíbrio dinâmico, é importante incluir e conservar *ambas* para que nenhuma se "sinta negligenciada". Se as partes de sua personalidade orientadas para o amor se sentem negligenciadas, elas passam a ter medo da rejeição e da separação; as partes orientadas para a Vontade receiam o aprisionamento, a inferioridade e a perda de controle. Para levar essas qualidades a um estado de equilíbrio, é importante que ambas se sintam atendidas.

A Mudança e a Manutenção, como arquétipos, representam o desejo de crescer e de progredir e o desejo de ser eterno e infinito, respectivamente. É fundamental encontrar um equilíbrio dinâmico com essas duas polaridades, estando consciente delas e usando-as se for apropriado; acompanhando o ritmo da mudança e da manutenção, em vez de lutar contra ele. Não force esse ritmo, observe-o acontecendo, e então deixe que o novo venha à tona.

Todo indivíduo tem sua própria mitologia de opostos que tende a estar em um de dois estados: ou apenas um é óbvio (o outro fica sem desenvolvimento ou é reprimido) ou há um conflito atual entre os dois. A chave para se libertar de qualquer um desses conflitos é a *escolha*; a escolha da inclusão em vez da negação como no princípio do fator de resolução superior.

Releia a seção sobre a "Síntese Vertical e Horizontal" (páginas 149-151) para ver como os conflitos entre o Amor e a Vontade ou entre a Mudança e a Manutenção podem ser resolvidos, não como um processo linear, mas como um processo orgânico, continuado.

O Poder da Vontade

Você vem aprendendo muitas coisas sobre o poder da vontade, e agora é oportuno repetir o princípio de todo o trabalho com a energia: *o que você semear, isso você colherá*. Se você usar sua vontade para fins positivos e para o seu desenvolvimento, você se desenvolverá; se a usar para fins negativos e para a repressão, você será reprimido. É tudo muito simples!

É interessante rever onde se encontram suas fraquezas nesta área e usar as técnicas a seguir para melhorar sua harmonia dinâmica.

fortalecendo a vontade

1. Força de Vontade/Vontade Forte:
   (a) percebendo o valor da vontade. Perceba quanto a vontade pode fazer por você e pelos outros.
   (b) evocando sentimentos favoráveis à vontade (talvez através da leitura de passagens apropriadas de livros de orientação sadia).
   (c) "exercícios despretensiosos".
   (d) exercícios físicos.
   (e) através da vida diária (por exemplo, levantando-se cedo).
2. Vontade eficaz:
   (a) trabalho geral com a personalidade.
   (b) trabalho de centramento, entrando em contato com Tiphareth.
   (c) agindo "como se".
3. Boa Vontade:
   (a) ter sempre uma atitude orientada para não causar dano a ninguém, considerando as outras pessoas, ajudando os outros quando você tem condições, sem interferir (e fazendo isso porque você *quer*, não porque você pensa que deveria).

4. Vontade Espiritual:
   (a) meditação.
   (b) todas as ligações que você faz com sua Vontade Verdadeira ou propósito.

o timoneiro

Siga os procedimentos iniciais costumeiros.

Visualize-se num navio no mar aberto. Você é o timoneiro desse navio. O mais intensamente possível, vivencie a situação de estar no controle do navio enquanto ele navega no mar. O navio está sob seu comando.

Compreenda que esse navio é você.

O Intercâmbio da Energia e o Armazenamento do Poder Pessoal

Mantemos nossas vidas através da energia, tanto a energia que obtemos com a inspiração de oxigênio e a ingestão de alimentos e outras substâncias, como a derivada de outros reinos mais "etéreos". Qualquer excesso ou deficiência de um desses tipos de energia altera a vida, podendo essa alteração assumir uma forma de depressão ou de exaltação.

Nosso lado esquerdo (que corresponde ao hemisfério direito do cérebro) geralmente está associado com as manifestações de energia mais voltadas para o sentimento, mais criativas pessoalmente, e nosso lado direito, com as manifestações mais deliberadas, induzidas pelo pensamento, verbais. O hemisfério esquerdo do cérebro é irracional, o direito é racional. Há extremos de ambos: o extremo esquerdo é *impulsivo,* sua vontade sendo a de descarregar toda energia disponível o mais rápido possível; o extremo direito é *compulsivo*, sua vontade sendo a de descarregar a energia apenas por meio de padrões inflexíveis de comportamentos. Nosso objetivo é alcançar um estado que não seja compulsivo nem impulsivo, e sim um equilíbrio que inclua ambos.

Você cria seu próprio ambiente pelo modo como intercambia sua energia com o mundo que o cerca. Como você capta energia, qualquer excesso pode ser armazenado como força pessoal, mas essa energia precisa ser descarregada quando isso for necessário. É importante que você use suas energias da Vontade e do Amor de um modo eficaz. Espera-se que, seguindo o curso de desenvolvimento apresentado neste livro, você agora tenha condições de fazer isso com mais eficácia.

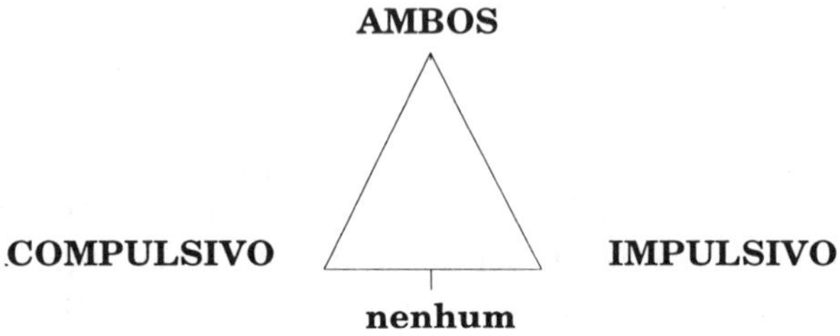

Pesquisa Original e Experiência (abordagem mágica e mística)

Quer você "favoreça" o caminho místico ou o mágico, como um cabalista sua tarefa é usar seu conhecimento e compreensão da Árvore da Vida para criar o eixo correto e as circunstâncias adequadas para o seu crescimento continuado. O seu "eixo" é tudo o que o constitui internamente; você precisa acreditar em si mesmo como adepto e exercitar o poder da Vontade e do Amor. Suas "circunstâncias" são o ambiente que você deve criar como reflexo do seu mundo interior.

Continue sua pesquisa e suas práticas com a Cabala para ajudar a criar uma experiência de vida, nos seus aspectos interno e externo, que se harmonize com o seu propósito desta encarnação. Não há nada mais que você possa fazer além disso, pois seu propósito, em última instância, não é mais nem menos do que a totalidade da sua existência. Realize seu propósito e você se realizará; ignore ou negue seu propósito e você estará para sempre perdido num mundo de ilusão e de apego.

CAPÍTULO 14

O Tarô e a Cabala

Introdução à Adivinhação

Num sentido mais amplo, adivinhação é a arte de obter informações sobre o desconhecido ou o futuro. Num sentido mais estrito, adivinhação é o uso de um conjunto de símbolos, como os do Tarô ou do I Ching, para ajudar a descobrir onde a pessoa se encontra na jornada da vida e para onde quer ir. Na adivinhação, em geral as respostas não são fornecidas diretamente, mas através desses símbolos, os quais precisam ser interpretados pelo adivinho em termos do problema, quer se trate de um problema seu (adivinhação para si mesmo) ou de um problema de outra pessoa (adivinhação para outra pessoa).

A adivinhação o ajuda a ter uma compreensão do passado, da situação presente e do futuro potencial. Ela o auxilia a descobrir onde você está (aqui e agora); é só sabendo isso que você pode decidir realmente para onde quer ir e como pode chegar lá.

Apesar de existirem muitos outros, os melhores métodos de adivinhação são a astrologia, a geomancia, o Tarô, a Cabala e o I Ching. Pelo menos potencialmente, todos eles podem ser atribuídos à Árvore da Vida, e, assim fazendo, pode-se compreender melhor as técnicas de adivinhação. Por exemplo, a compreensão das técnicas das atribuições yetziráticas à Árvore é um apoio ao entendimento dos símbolos astrológicos; as correspondências entre os trigramas do I Ching e as esferas da Árvore esclarecem significativamente esses dois componentes desses métodos.

Em todo sistema de adivinhação, cada símbolo representa uma idéia específica. As combinações de símbolos permitem que o adivinho faça interpretações complexas, relacionando a interpretação especificamente à questão em foco. Se há "inteligências" ou "espíritos" que guiam o adivinho ou se os processos intuitivos utilizados se conectam de alguma forma com o inconsciente do adivinho, isto é algo que não se pode provar. O que é certo, entretanto, é que a adivinhação funciona.

A Cabala e as Técnicas de Adivinhação

As partículas não são grãos isolados de matéria,
mas são padrões de probabilidade, ligações mútuas
numa teia cósmica inseparável.

Kapra

Esta citação de um físico moderno sintetiza muito bem os princípios básicos da adivinhação. Todos estamos ligados e é essa relação recíproca que possibilita que as técnicas de adivinhação sejam usadas eficazmente. Os componentes essenciais de uma previsão bem-sucedida são um conhecimento dos símbolos utilizados e a capacidade de "ler" mensagens intuitivas. A Cabala, baseada que está apenas no número, possui evidentemente um número infinito de símbolos e de relações entre os símbolos. Já foi dito que sua amplitude é tão vasta quanto a totalidade da existência em si e que nada lhe falta em termos de precisão ou de pureza. Assim, a Cabala é um apoio fundamental à adivinhação. O conhecimento da Cabala ajuda a compreender os símbolos, e através do trabalho cabalístico o Adepto cria um vínculo mais sólido e íntimo com a alma (Tiphareth), o que propicia um acesso mais ágil à intuição. Assim, a Cabala e a Árvore da Vida servem de esteio ao processo de adivinhação de forma dúplice.

A Cabala e o Tarô

Um baralho de Tarô completo é formado por 78 cartas: quatro naipes com dez cartas cada um, 16 figuras em quatro naipes de quatro cartas cada um e 22 cartas principais, os 'Atus' ou trunfos.

As bases da Cabala e do Tarô estão entrelaçadas, pelo menos teoricamente. As 78 cartas do Tarô podem ser atribuídas às esferas e aos caminhos da Árvore de uma maneira muito direta e de fácil

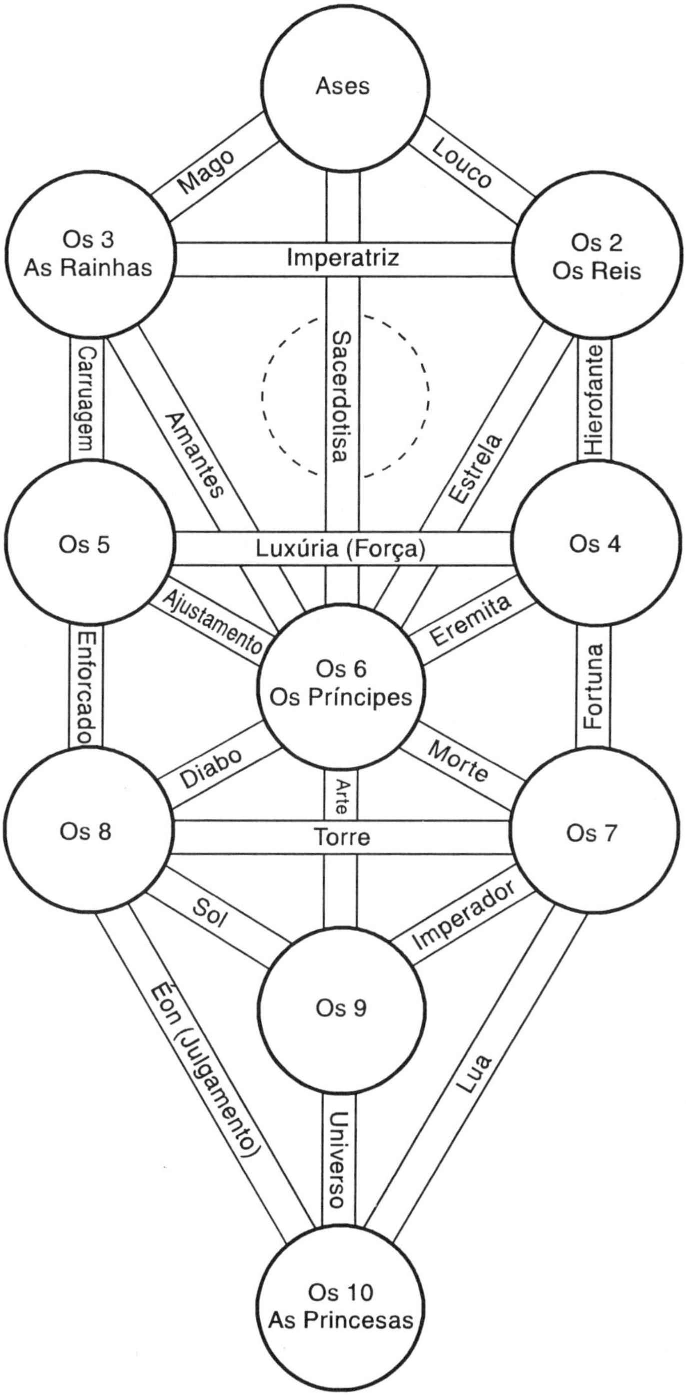

Atribuições do Tarô

compreensão. Se você não estiver familiarizado com as correspondências do Tarô, consulte as colunas pertinentes nas tabelas de correspondências antes de prosseguir. A Cabala ajuda o adivinho a desenvolver um relacionamento vivo, tangível, com todas as cartas do Tarô, dando-lhe condições de usá-las mais eficazmente.

Os 22 caminhos sustentam admiravelmente os 22 trunfos do Tarô, e embora autoridades diferentes não concordem necessariamente sobre a atribuição de cada carta com relação ao seu caminho, a grande maioria das pessoas acha que a experiência das cartas tem relação com a experiência do caminho em estudo. Lembrando que os caminhos representam experiências subjetivas, não é de se surpreender que não haja concordância total. Todavia, familiarizando-se mais com os trunfos do Tarô, você verá que as ligações que eles fazem entre as esferas da Árvore serão evidentes por si mesmas.

As dez esferas da Árvore também recebem as atribuições das "cartas menores" do Tarô, as quais, numeradas de 1 a 10, correspondem exatamente às esferas. Existem quatro naipes, um para cada mundo cabalístico — o que representa todo o esquema da Árvore.

À primeira vista, as figuras do Tarô parecem não se enquadrar no esquema da Árvore com muita facilidade; para que essa adaptação aconteça, precisamos dividir a Árvore em quatro mundos. Vemos, então, que elas se adaptam admiravelmente, os Reis a Atziluth, as Rainhas a Briah, os Príncipes a Yetzirah e as Princesas a Assiah. A perfeição da atribuição é desconcertante.

Os quatro naipes do Tarô, chamados *Paus, Copas, Espadas* e *Ouros* ou *Pentáculos* correspondem aos quatro elementos, assim:

paus	fogo	criativo, energia "masculina", vontade
copas	água	receptivo, energia "feminina", amor
espadas	ar	a mente; intelecto; energia formativa
ouros	terra	manifestação material de energia

Assim, por exemplo, os quatro 4 do Tarô representam a parte de fogo, de água, de ar e de terra de Chesed (ou Amor). Dito de outra maneira, o 4 de paus é o aspecto criativo de Chesed, o 4 de copas, o seu aspecto receptivo, o 4 de espadas, seu aspecto intelectual ou formativo, e o 4 de ouros, seu aspecto material.

O ás ou 1 de cada naipe é a forma pura daquela energia ou elemento; assim, por exemplo, o ás de paus é energia criativa pura. Cada carta, então, representa uma degradação progressiva dessa energia até o 10, que é sua forma mais material. Num sentido, este é um movimento desde a forma "ideal" de energia até sua forma "real". O 6 então representa a sua manifestação ideal, o 9 o seu fundamento material e o 10 a sua manifestação completa, que também inclui a semente da queda no naipe seguinte.

As figuras também correspondem aos quatro elementos: os Reis, ao fogo; as Rainhas, à água; os Príncipes, ao ar, e as Princesas, à terra. Assim, as figuras de cada naipe possuem uma atribuição elemental dupla: por exemplo, o Rei de paus é a parte ardente do fogo, a Rainha de paus é a parte aquosa do fogo, o Príncipe de paus é a parte aérea do fogo, e a Princesa de paus é sua forma terrena. Isto se aplica a todas as figuras. Assim, por exemplo, o Rei de paus é uma energia muito criativa (fogo de fogo), enquanto que a Princesa de paus é a manifestação material da criatividade (terra de fogo).

Antes de continuar, exercite essas atribuições para todas as figuras.

A Essência do Tarô

Tarô significa princípio, lei ou essência, equivalendo à palavra "tattva" do sânscrito. Originariamente, Tarô era *Ta-Urt,* nome que, no Egito, identificava a deusa Ta-Urt, que, às vezes representada por um hipopótamo ou "animal das águas" (e do espaço), era conhecida como a "Mãe das Revoluções". Seu ser incorporava todos os conceitos dos ciclos de tempo, de repetição, de retorno cíclico, de lei periódica e também de "luz na noite" da eternidade. Como mãe das trevas, ela era a geradora do inconsciente *vivo.*

As cartas do Tarô, como a essência do sistema do Tarô, incorporam todas essas idéias.

Podemos assim dizer que Tarô representa uma "essência que gira". Se girarmos as letras de Tarô, encontraremos *Rota,* que é a "rota essencial", e *Tora,* que é a "lei essencial". O *Tarô* de alguma coisa é sua essência, sua natureza íntima, seu princípio, a lei do seu ser. Neste sentido, tudo tem seu *Tarô* dentro de si e as cartas do baralho do famoso Tarô são representações dessa essência em suas várias manifestações.

O deus relacionado com o Tarô é Toth, às vezes visto como o filho de Ta-Urt. Como o Senhor da Comunicação, Toth comunica a essência do Tarô através dos seus *Atus* (isto é, os "arcanos maiores" do Tarô), que, por meio de sua ligação com a essência da vida em si, são capazes de levar você para dentro e/ou para fora e/ou para além da roda (ou vida ou "fortuna") *à vontade.*

As figuras, então, são representações do modo como as pessoas agem reciprocamente com a roda. Esses tipos correspondem aproximadamente aos "tipos" criados pela manifestação dos Oito raios (ver capítulo 10). Todos nós temos todos os "tipos" dentro de nós (e, portanto, todas as figuras), mas alguns predominam e é com esses "tipos" predominantes que em geral estamos vinculados.

As cartas menores do Tarô se tornam representações da energia da roda em si, analisadas (em 40 componentes) para que possam ser sintetizadas.

É interessante imaginar as 78 cartas do Tarô como pessoas diferentes que você gostaria de conhecer. Imagine-se num encontro, uma festa, digamos, de 78 pessoas. Dentre essas pessoas, algumas você conhece muito bem, umas poucas apenas superficialmente, e a grande maioria praticamente nada. Para usar o Tarô com eficácia, você precisa conhecer bem todas. A melhor maneira de conhecer as cartas do Tarô é fazer como na festa: você se mistura aos demais convidados, relacionando-se com eles de uma forma fluida e interativa. Quando as cartas "emergirem", permaneça com elas por algum tempo, procurando conhecê-las. Já foi dito que "o adivinho deve viver com elas — e elas com ele", enfatizando que você deve tratá-las com o mesmo respeito (e afeição) que devotaria a alguém com quem você divide a mesma casa.

Existem muitas maneiras que facilitam o conhecimento das cartas; algumas serão descritas neste capítulo. À medida que começa a conhecer as cartas, você também passa a conhecer e a vivenciar muito mais as esferas e os caminhos correspondentes, decorrendo daí o grande valor dessa pesquisa para o cabalista. Talvez a melhor forma de conhecer as cartas seja por meio da adivinhação, especialmente para si mesmo. Muito útil também é a meditação sobre cada carta e a visualização usando a imagem da carta como ponto de partida para a pesquisa astral envolvida.

Depois da meditação, da visualização ou da adivinhação, recomenda-se que você escreva no diário a experiência vivida, o que lhe dará um *embasamento* sólido e ampliará o seu conhecimento das cartas.

Você também pode criar o seu baralho, com base no relacionamento entre cada uma das esferas, como você a compreende e concebe. Este pode parecer um empreendimento complexo e difícil — e certamente o é — mas o esforço será bem recompensado. O mais simples baralho que você crie será um instrumento mágico muito eficaz para o crescimento, desenvolvimento e investigação da consciência.

para conhecer as cartas

Para este exercício, escolha qualquer trunfo do Tarô (você pode repetir o exercício, em outros momentos, para os 22 trunfos).

Siga os procedimentos iniciais costumeiros.

Medite sobre a carta escolhida. Faça isso identificando-se com as características da carta, dizendo: "Eu sou (nome da carta escolhida), Eu..." e deixe a fala fluir *como se você fosse essa carta.* Descreva-se totalmente, em termos da sua aparência física, sentimentos, pensamentos, de tudo o que vier à tona.

Quando não tiver mais nada a dizer, continue nesse estado de meditação por mais alguns minutos.

Que Qualidade sua carta representa? Responda a esta pergunta com uma palavra apenas ou com uma frase curta.

Identifique-se positivamente com essa Qualidade. Diga clara e distintamente: "Eu sou... (amor, verdade, a beleza da luz, ou qualquer que seja a Qualidade que a carta lhe transmite)."

Procure formas diferentes de expressar essa Qualidade. Inicialmente, assuma a postura da carta. Que postura é? Assuma realmente essa postura, e em seguida movimente-se ou dance de um modo que expresse a carta e sua Qualidade.

Que sentimentos e pensamentos você tem enquanto é essa carta?

Qual é o som associado com essa carta? Produza esse som.

Procure expressar tantos desses atributos (movimentos, postura, som, pensamentos, sentimentos, e assim por diante) quanto você puder numa manifestação viva da carta *aqui e agora.*

Coloque novamente a carta no baralho. Olhe para o baralho e diga: "Cada carta individual é um todo em si mesma... cada todo se combina com outras cartas para criar uma roda da vida dinâmica."

Descubra pelo menos uma forma de expressar a energia da sua carta escolhida em sua vida diária.

A Consciência e a Preparação do Adivinho

O processo global de adivinhação pode ser resumido em três palavras:

Provisão

Preparação

Procedimento

Provisão é ter tudo à mão antes de começar uma adivinhação. Isto inclui as cartas, o incenso, um caderno para anotações e tudo o mais que for necessário; e, ainda, os rituais preparatórios, como um ritual de purificação, e todo o estudo e experiência que o adivinho teve anteriormente com o Tarô.

O *Procedimento* é a adivinhação em si; esta será analisada mais adiante.

A *Preparação* é a do próprio adivinho. Os requisitos essenciais dessa preparação são:

Desprendimento — o adivinho não deve estar preso a nenhuma "subpersonalidade" ou parte desequilibrada da personalidade; em vez disso, precisa —

Auto-identificação — estar em contato com o eu pessoal, desapegado do corpo, dos sentimentos e da mente, mas "em sintonia" com eles, e ser capaz de entrar em contato com a sabedoria interior do eu, que é —

Intuição — a capacidade de "ver" a "mensagem" ou o "plano" apresentado pelas cartas de forma clara, através dos olhos do eu, em contato com o conhecimento e conexão interior da intuição; isso propicia —

Sentido de direção — "ter conhecimento", "sentimento" e "sensação" da intuição sem desvios, o que inclui —

Purificando todas as fantasias — estar consciente dos resíduos inevitáveis de desvio e de identificação presentes no adivinho, e estar disposto a declarar esse aspecto da leitura de uma maneira honesta; isso deve levar a —

Sem preferências pessoais — uma situação em que o adivinho, através de uma clara distinção entre o que é "visto" nas cartas e o que é "fantasiado", é capaz de fazer uma leitura realmente "em sintonia" com o significado e a mensagem dos símbolos envolvidos.

Todos esses requisitos podem ser satisfeitos por meio dos exercícios apresentados neste livro para o desenvolvimento do Adepto.

Particularmente importante é a capacidade de des-identificar-se e de identificar-se; esses dois procedimentos são apresentados detalhadamente no capítulo 7. Volte à seção correspondente se não estiver familiarizado com essas técnicas.

Finalmente, vale a pena mencionar que o "ancião sábio" é uma fonte valiosa de orientação para o Adepto que está usando a adivinhação, e deveria ser consultado com freqüência para oferecer orientação e assistência sobre este assunto.

A Adivinhação e o Tarô

Depois da provisão e da preparação, chega o momento do *procedimento* efetivo para o uso das cartas do Tarô para a adivinhação. A adivinhação possibilita uma percepção da situação passada e presente e também vislumbres intuitivos sobre o(s) futuro(s) potencial(is). Em outras palavras, ela ajuda a descobrir onde você está *aqui e agora,* e é só conhecendo isso que você pode *escolher* realmente para onde quer ir.

exercício

Siga os procedimentos iniciais costumeiros.

A mão esquerda segura o baralho do Tarô; a direita se estende sobre ele.

Imagine uma luz branca brilhante sobre sua cabeça; essa luz entra em você e, passando por seus braços e mãos, permeia as cartas.

Por alguns momentos, permaneça em contemplação silenciosa, ou então faça a invocação seguinte (ou outra semelhante).

Eu te invoco, IAO, para que envies HRU (pronuncia-se "heru"), *o grande anjo que vela sobre as operações desta sabedoria secreta, para que estenda suas mãos sobre estas cartas de arte consagradas, para que possamos obter o verdadeiro conhecimento das coisas ocultas, para a glória do teu nome inefável. Amém.*

Se a adivinhação for para outra pessoa: entregue as cartas ao consulente e peça-lhe que as embaralhe, mantendo-se concentrado (a) ou na posição, processo ou crescimento atual (para uma leitura geral); ou (b) numa questão em particular. No caso de (b), é melhor você não conhecer a questão, a não ser que o consulente prefira revelá-la, o que de preferência deve ser feito no final da adivinhação, antes da revelação da 11ª carta.

Se a adivinhação for para você: siga o mesmo processo, mas, obviamente, embaralhe as cartas você mesmo.

Instrua o consulente a dispor as cartas como mostra o diagrama (ou disponha-as você mesmo), do seguinte modo:

Ponha o baralho voltado para baixo na 1ª posição. Corte em três

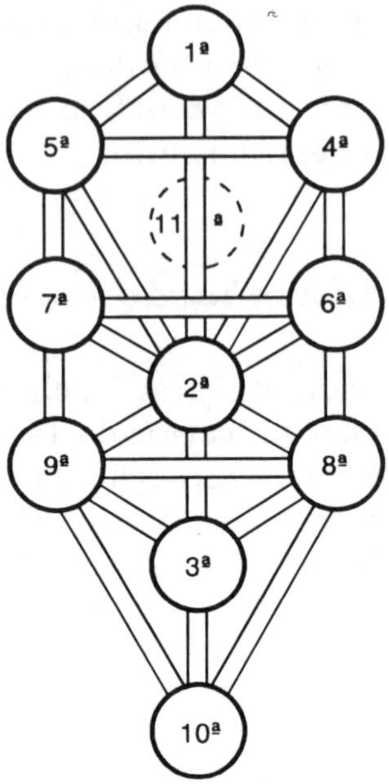

Ordem de disposição das cartas

partes (1ª, 2ª, 3ª). Da 1ª parte, corte para as posições 4ª e 5ª. Da 2ª parte, separe para as posições 6ª e 7ª. Da 3ª parte, retire para as disposições 8ª, 9ª e 10ª. Finalmente, da 2ª parte, remova algumas cartas para a 11ª posição.

Em seguida, o adivinho vira a carta de cima de todas as posições, *menos da 11ª, que fica virada para baixo até o fim.*

A adivinhação pode agora ser revelada.

Analise uma carta de cada vez, começando pelo número 10 e indo até o 1.

Procure relações e conflitos entre as cartas (especialmente entre a 6ª e a 7ª, e entre a 8ª e a 9ª).

Procure "processos amplos" que estejam em desdobramento. Idealmente, um "quadro" ou uma "história" inteira deveria surgir das partes individuais.

Use a intuição ao longo de todo o procedimento. Se quiser se concentrar mais em uma carta em particular, faça isso; se o quadro todo for nítido, concentre-se nele.

Finalmente, quando você (e o consulente, se houver um) terminar,

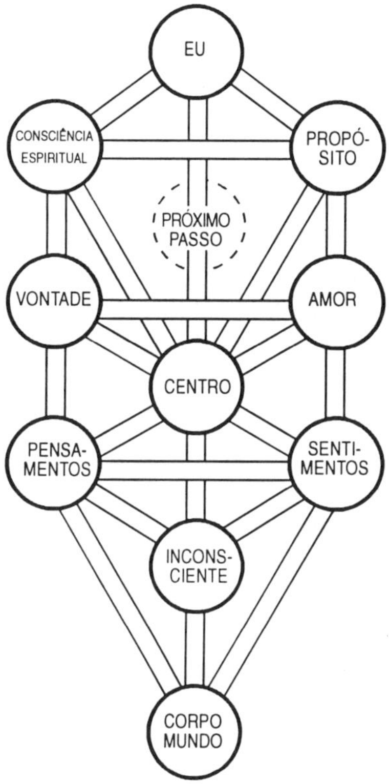

Interpretando as cartas

vire a 11ª carta que representa o Próximo Passo. Não tenha pressa, fique algum tempo com essa carta, analisando com o consulente (ou pesquisando em você mesmo) como essa carta é entendida e, mais do que isso, como essa energia pode ser embasada. (Se houver necessidade de maiores esclarecimentos sobre o próximo passo, as demais cartas da 11ª posição também podem ser viradas; essas representarão aspectos da carta de cima.)

No final, termine a leitura colocando as cartas na caixinha. Não as use novamente num período de tempo de duas horas, pelo menos.

O diagrama acima mostra como interpretar cada esfera enquanto ela é representada por uma carta no processo de adivinhação. Como você pode ver, o diagrama segue as atribuições habituais das esferas.

Observação sobre as Inversões: Algumas autoridades em Tarô usam um método de inversão, em que cartas viradas de cabeça para baixo são lidas de uma forma "negativa". Esta é uma prática ineficaz e em nada recomendável. Todas as cartas têm componentes positivos e negativos, e compete ao adivinho revelar esses componentes por meio de sua intuição e do conhecimento da carta e de sua relação com as demais com que está relacionada. Portanto, recomenda-se que as cartas fiquem na posição correta e que sejam lidas desse modo. Entretanto, se todo o cuidado for tomado para que as cartas fiquem na posição correta, e mesmo assim aparecer uma carta invertida, isto pode ser interpretado como significando que aquela força particular quer se sobressair e receber atenção. Se mais da metade das cartas estiver invertida, interrompa a leitura e faça um ritual de purificação com as cartas antes de continuar.

técnicas de percepção das cartas

1. Siga os procedimentos iniciais costumeiros.
   Escolha uma carta.
   Sente-se, segurando a carta à sua frente. Relaxe o corpo, os sentimentos e os pensamentos o quanto for possível. Procure não interpretar a carta, apenas fique olhando para ela.
   Observe as linhas existentes na carta, sem pensar sobre os objetos que elas representam.
   Observe as cores. Concentre sua atenção em uma cor de cada vez. Qual é o padrão produzido por cada cor? Qual é a quantidade de vermelho existente? Quanto há de verde?... e de azul? Que dizer do preto?... e do branco?
   Observe os traços das partes salientes — perceba os padrões que eles formam. A carta é tridimensional?
   Observe os vários planos:
   o primeiro plano
   o plano intermediário
   o pano de fundo.
   Perceba os espaços vazios — eles também formam um padrão?
   Leve em consideração a luz e a sombra.
   A carta apresenta alguma textura?
   Agora, por último, observe o quadro geral apresentado pela carta... e tome consciência que é por aqui que em geral começamos e onde nos fixamos.

2. Siga os procedimentos iniciais costumeiros.
   Escolha uma carta.
   Olhe a carta, sem juízos nem interpretações.
   Tome consciência do primeiro plano e do pano de fundo da carta.
   Tome consciência do que é "figura" e "plano" dentro de você.
   Veja essa carta como uma coisa única.
   Observe as partes; que elementos compõem a carta?
   O que é intencional e o que é não-intencional com relação a ela?

Como você se sente olhando a carta?
Que pensamentos ela lhe desperta?
Para você, qual é o tema da carta?
Finalmente, vire a carta de cabeça para baixo e observe-a virada!

Técnicas do Tarô

Ao longo deste capítulo estivemos abordando algumas técnicas necessárias ao uso do Tarô para adivinhação e desenvolvimento pessoal. Podemos resumir essas técnicas do seguinte modo:

1. Adivinhação	A adivinhação é um meio para ampliar a consciência do passado, do presente e do futuro (potencial) — a consciência própria e a das outras pessoas.
2. O adivinho	O adivinho precisa ter uma identidade própria, ter visão intuitiva, um sentido de direção, desapego, e não ter preferência pessoal para "ver" os vislumbres intuitivos oferecidos pelo Tarô.
3. Meditação	Praticar a meditação reflexiva, receptiva, criativa e silenciosa ou contemplativa é um modo de sintonizar-se com o Tarô e de conhecer as "personalidades" que constituem as cartas.
4. Identificação	Por meio da auto-identificação, a pessoa pode harmonizar-se mais claramente com o significado das cartas. Pela des-identificação, a pessoa pode ver as cartas do Tarô como símbolos das partes do seu Eu total, e a relação de qualquer parte com as demais partes.
5. Equilíbrio	A necessidade de ver tanto o lado positivo como o negativo em todas as circunstâncias.
6. Visualizações	Usando a visualização e a imaginação, a pessoa pode entrar em sintonia com as cartas e apreender muita coisa sobre o que elas representam. Especialmente úteis são: o "Templo do Tarô", onde as cartas devem ser mantidas quando não estão sendo usadas; o "ancião sábio", que irá atuar como um guia interior para

	o estudo do Tarô; e qualquer outra visualização que possa ser eficazmente aplicada ao estudo e à prática do Tarô.
7. Embasamento	A necessidade de estabelecer vínculos mágicos e de dar uma base às energias foi enfatizada várias vezes. Isto se aplica às descobertas proporcionadas pelo trabalho realizado com o Tarô como também com outras técnicas.
8. Próximos passos	A importância de ter uma idéia dos objetivos de longo prazo da própria vida e do trabalho é vista dentro do contexto de uma série de pequenos passos que levam nessa direção. Cada um desses passos pode, então, concentrar nossas energias à medida que nos dirigimos para nossa meta.
9. Qualidades	Vimos que, por meio da identificação com a essência de um símbolo, e representando essa essência através de nossos sentidos, sentimentos, pensamentos e veículos intuitivos, podemos expressar essa qualidade de uma forma real e tangível.
10. Invocação	Podemos invocar as forças ou energias associadas com as cartas do Tarô para que nos ajudem em nosso trabalho. As forças mais adequadas são IAO como a "energia-deus" e HRU como o anjo específico que vela sobre essas "cartas de arte".
11. Ligação com o corpo	Pelas correspondências, podemos ver que cada carta do Tarô tem relação com partes do corpo físico e com os corpos sutis de uma pessoa. Essas cartas devem ser entendidas e aplicadas plenamente, de modo especial em nosso trabalho de cura.
12. Correspondências	As tabelas de correspondências (ver Apêndice 5) permitem que nos relacionemos com as cartas do Tarô não só com a Árvore em si, mas também com muitos outros conjuntos de símbolos e sistemas místicos e mágicos.

13. Diferenciação

Podemos perceber a composição e os elementos que compõem qualquer carta do Tarô, a figura e os elementos de base da carta, e então, por meio de uma síntese dessas partes, compreender realmente o quadro inteiro. O ditado que diz que o todo é maior do que a soma de suas partes é absolutamente verdadeiro com relação a uma carta do Tarô, e a investigação das partes nos ajuda a nos aproximarmos do todo com mais clareza.

14. Propósito

Todos os nossos desejos e aspirações, quer de natureza material, intelectual, receptiva ou criativa, estão claramente retratados nas cartas do Tarô, com cada naipe representando a "intenção" por trás de cada tipo de desejo. O conjunto dos naipes representa o *propósito* último do desenvolvimento e da iniciação.

CAPÍTULO 15

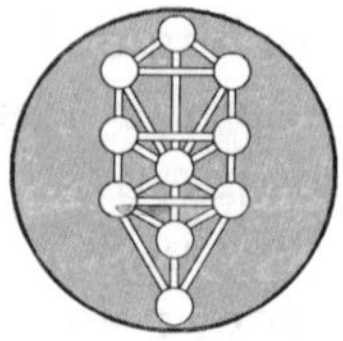

O Ritual e a Cabala

O Significado do Ritual

Neste capítulo aplicaremos os princípios básicos da Cabala ao significado e ao uso do ritual. Para isso, precisamos partilhar um mesmo entendimento sobre o significado do ritual.

Os rituais podem ser classificados em dois tipos: rituais pessoais/ individuais e rituais coletivos/grupais. É fácil perceber que o ritual de grupo contém o ritual individual, uma vez que o grupo em si é composto de participantes individuais. Por outro lado, não é tão fácil ver como o ritual individual contém o ritual grupal, mas esta não é a questão fundamental agora. A pessoa traz em si o "grupo interior", o qual é composto de subpersonalidades ou de partes da personalidade. Assim como um grupo que realiza um ritual deve estar em harmonia para que o ritual produza resultados eficazes, o mesmo princípio se aplica ao "grupo interior" das subpersonalidades.

Há necessidade de um ritual individual e também de um ritual grupal, um ficando na dependência da existência do outro, da mesma forma que uma estrela (o indivíduo) depende da galáxia (grupo) e vice-versa.

A harmonia individual pode ser obtida por meio do ritual, considerando-se parte essencial desse ritual o trabalho de desenvolvimento. O trabalho interior necessário a este processo de desenvolvimento é o "ordenamento" da personalidade em torno de um "centro convergente" ou "Eu", o que possibilita e ajuda o influxo de energias (Qualidades) transpessoais na pessoa. Magicamente, isto recebe o nome de "Unificação do Microcosmo com o Macrocosmo".

Tudo o que acabamos de dizer também pode aplicar-se ao ritual de grupo. No entanto, deve-se compreender que o "centro convergente" ou "Eu" de um grupo não precisa ser um participante ou um líder em particular. Na verdade, é o poder de uma liderança que muitas vezes leva à corrupção inerente às organizações formadas por vários gurus orientais e mestres ocidentais. O "centro convergente" de um grupo deve ser seu *propósito comum,* concentrado num símbolo, objeto ou crença que claramente abriga ou representa esse propósito comum. São óbvios os perigos quando um símbolo assim se concentra numa pessoa.

A Unificação do Microcosmo com o Macrocosmo

O *propósito* de todo ritual é a unificação do microcosmo com o macrocosmo. Em termos de magia, essa unificação pode ser relacionada com a invocação, conseqüente conhecimento, e diálogo com o Santo Anjo da Guarda. Em termos místicos, ela é idêntica ao samadhi (que significa "junto com" ou "união com Deus"). O Santo Anjo da Guarda é um símbolo que representa a experiência de identidade com o centro ou "eu" que é parte do Eu — sua parte mais nítida. Dhyana é o equivalente no misticismo, uma espécie de "samadhi menor", pois tanto na abordagem mística, como mágica, do ritual, a união não é eterna. O Adepto retorna à consciência "habitual" com o acréscimo, por assim dizer, de um conhecimento novo, interior.

Todo ritual, portanto, tem como objetivo *essencial* chegar a esse "Eu" ou "centro". Muito corretamente se diz que todos os outros rituais são apenas "válidos" (isto é, estão em harmonia com o desenvolvimento verdadeiro da alma) quando seu objetivo é ajudar o ritual essencial. Por exemplo, todos os bloqueios e aspectos desequilibrados da personalidade precisam ser eliminados e equilibrados antes que se chegue a uma verdadeira identidade com o "Eu". Esses rituais então são "válidos" como elementos que contribuem com o trabalho principal. Um ritual "inválido" seria o realizado com a finalidade de conseguir certos efeitos ou poderes por si mesmos, e não em harmonia com a Vontade Verdadeira ou propósito do mago ou do místico.

Formas de Invocação da Divindade

Muitas vezes se ouve dizer que o objetivo da maioria dos rituais é invocar (ou evocar) divindades ou "deuses" para que o conhecimento e/ou o poder dessas divindades se manifeste no indivíduo ou no grupo que celebra esses rituais. Isto é verdade e está coerente com os argumentos que acabamos de apresentar, onde se vê que todas as divindades representam partes ou aspectos do indivíduo ou do grupo. Por exemplo, Júpiter é mais bem compreendido em termos de amor aberto e incondicional, de generosidade e de riqueza — todas as Qualidades da alma que podemos encontrar dentro de nós. Invocar Júpiter é entrar em contato com essas Qualidades e ajudar a manifestá-las através de uma personalidade equilibrada.

A "divindade", assim, representa uma personificação de energia, e um ritualista procura identificar-se com a divindade para obter a energia convergente que a divindade representa. Num capítulo anterior, analisamos os vários métodos utilizados para aumentar a energia, os quais deveriam ser revistos novamente (veja o Capítulo 6). Eles constituem acréscimos úteis ao processo de invocação da divindade. No entanto, há três maneiras básicas para invocar essas forças:

1. Devoção — Pela fé numa divindade, a força dessa divindade pode ser sentida na personalidade. Um bom exemplo deste tipo de ritual é o dos devotos do Templo Hare Krishna, que dedicam toda a sua vida à devoção à sua divindade.

2. Invocação cerimonial — Esta inclui todos os tipos de oração, o uso de mantras, meditações e "magia cerimonial". O objetivo deste método é inflamar a consciência do(s) participante(s) até que ela esteja clara e aberta ao influxo das energias invocadas.

3. Drama — Inclui a representação de papéis, especificamente o psicodrama da divindade. Isto implica assumir a forma divina de uma divindade determinada e atuar como se a pessoa fosse essa divindade, até unir sua consciência com a energia envolvida. Algumas formas de dança estão incluídas nesta categoria, assim como os rituais xamânicos.

exercício de ritual simples

Se estiver seguindo o curso deste livro, você já estará usando a Cruz Cabalística com freqüência. Realize-a agora, prestando atenção especial ao ritual celebrado.

Ao terminar, avalie o quanto a Cruz é eficaz para você enquanto ritual e como você poderia aperfeiçoar seu componente ritualístico *para você mesmo.* Faça essa avaliação em termos de devoção, de cerimônia e de drama, conforme descrito acima.

trabalho ritual psicológico

Todos temos nossos rituais habituais diários — como levantar-se, vestir-se, tomar café e assim por diante; ouvir o hino nacional com atenção (!); enfim, tudo o que fazemos de forma habitual e repetida em resposta a um certo estímulo.

levantar-se:	8:00
	9:00
	10:00
	11:00
	12:00
	13:00
	14:00
	15:00
	16:00
	17:00
	18:00
	19:00
	20:00
	21:00
	22:00
	23:00
	24:00
deitar-se:	1:00

Prepare um diagrama como o que está exposto e escolha um dia para observar com seriedade seus rituais habituais, preenchendo os horários com tudo o que você fizer durante o dia. Sublinhe ou destaque de alguma forma as ações que você sabe que estão profundamente eivadas de respostas habituais.

Depois de terminar essa atividade, elabore um segundo gráfico dos "rituais do dia" e preencha-o com o que você gostaria realmente de fazer num dia típico da sua vida. Seja honesto e não se poupe o esforço de registrar todos os desejos verdadeiros para um dia tipicamente "perfeito".

Agora, compare os dois gráficos. Atente para as diferenças. Tome consciência de que você pode *escolher* mudar seu dia habitual e aos poucos transformá-lo no seu dia escolhido. Para isso, você pode recorrer aos dois procedimentos apresentados a seguir. Todavia, não deixe que nenhuma dessas técnicas se torne habitual!

1. Todas as manhãs, ao acordar, lembre-se dos dois gráficos e diga a si mesmo: "a cada novo dia, aproximo-me um pouco mais do meu ideal".
2. Todas as noites, antes de dormir, faça uma revisão do seu dia, comparando o que realmente aconteceu com ambos os gráficos. Conscientize-se daqueles pontos do dia em que você se aproximou do seu ideal e perceba que é possível viver um dia de forma ideal. Antes de adormecer, repita para você mesmo: "Amanhã será melhor do que hoje."

Métodos de Integração de Grupo

Para que um ritual de grupo seja eficaz, deve haver um propósito grupal comum e partilhado, e também um esforço grupal comum e igualmente compartilhado. Na Nova Era, um grupo não se mantém coeso através de um líder, mas através de um *propósito comum, uma intenção comum e um plano comum.*

Um grupo é como uma constelação de estrelas, onde cada estrela individual compõe, e é necessária para compor, a constelação inteira. Uma analogia mais simples é a do Sol com seus planetas: os planetas são os membros do grupo, e o Sol é o propósito comum. Reunidos em torno do propósito comum, os planetas seguem seu curso, a intenção comum, e, assim, chegam ao plano comum, que é a manifestação de um sistema dinâmico e progressivo. Sua função individual no esquema global jamais é invalidada.

Um grupo deve ser considerado uma ajuda temporária ao crescimento e não um princípio fixo. Assim como, digamos, o cobre, o enxofre e o oxigênio podem fundir-se para formar o sulfato de cobre, este não permanecerá um sulfato (grupo), mas com o passar do tempo e com a experiência, voltará aos seus elementos componentes. O cobre, por exemplo, não mudará em si mesmo, mas, com a experiência da combinação, estará mais consciente, expandido em consciência, e avançará em seu caminho. É importante que os membros de um grupo percebam isso, pois assim haverá um comprometimento maior sem medo de perder a identidade em favor de qualquer pessoa envolvida, exceto numa base temporária.

Um grupo que trabalha junto pode ser comparado a uma "entidade" única, com as mesmas partes constituintes que uma entidade individual. Isto é:

Alma	— o propósito integrador para a existência do grupo. O aspecto qualitativo do grupo, incluindo as qualidades da alma levadas ao grupo pelos seus membros individuais.
Personalidade	— constituída pela "mente", pelos "sentimentos" e pelas "emoções" do grupo — os aspectos gerais de seus membros, trabalhando em harmonia para o propósito comum, mas não necessariamente em concordância total.
Corpo	— a manifestação do grupo por meio dos seus rituais e de todas as suas outras atividades.

Se observarmos a região da alma da Árvore, poderemos ver que Chesed leva para o grupo os elementos de boa vontade, desvelo e assim por diante, Geburah contribui com a energia dinâmica e com as afirmações necessárias ao grupo, e Tiphareth provê certa atuação e convergência para o objetivo comum do grupo. Um ritual eficaz precisa incluir o grupo em todos os seus aspectos.

As cinco técnicas principais que podemos usar para tornar o trabalho grupal coeso são: amor, meditação, troca, silêncio e comunicação.

Alguns obstáculos que se opõem a essas técnicas são a crítica, o apego pessoal, o encanto da "liberdade", e todos os tipos de interferências na comunicação. Compete a cada membro individual de um grupo seguir seu próprio curso de ação para lidar com seus problemas e bloqueios individuais. Na preparação efetiva para um ritual de grupo, entretanto, todos os indivíduos podem executar os mesmos procedimentos, ajudando-se mutuamente e também ajudando a integração preliminar do grupo. Esses métodos são:

1. Eliminação do "conjunto" anterior (des-identificação)
2. Elevação da consciência (auto-identificação)
3. Contato com o Eu por meio da aspiração, da oração e da invocação.

Depois do ritual, a integração do grupo é fortalecida pela troca da experiência e dos resultados. A manifestação física partilhada da intenção e do plano, quando apropriada, também pode ser muito útil.

Encantos que Impedem a Eficácia do Grupo

O *encanto* pode ser descrito como a atribuição de valores falsos e/ ou de importância exagerada a pessoas, objetos, situações — e na maioria das vezes a nós próprios.

Obviamente, o encanto é um bloqueio à manifestação eficaz das atividades e do plano de um grupo. O encanto é absolutamente emocional na manifestação (na situação presente, pelo menos). Os encantos mais importantes que impedem o grupo de ser eficaz são:

ditadura — a imposição da autoridade,
ambição pessoal,
dogmatismo — a certeza de estar certo,
independência (de um grau patológico contra o grupo),
egoísmo,
visão estreita,
fanatismo, e
possessividade.

Esses encantos precisam ser observados com toda a atenção por todos os membros do grupo.

Uma vez identificado, um encanto pode ser extinguido por uma ou mais das seguintes técnicas:

- des-identificação (individual e grupal),
- percepção das proporções corretas, mantendo uma perspectiva sobre as coisas,
- o cultivo dos opostos (elevação do fraco e refinamento do forte),
- as técnicas do "como se"; uso da imaginação como energia purificadora,
- transmutação — sendo a invocação da luz particularmente eficaz.

a invocação da luz

Este é essencialmente um exercício que os grupos podem realizar antes, durante ou depois de um encontro, segundo as conveniências. Pode também ser facilmente adaptado para uso individual.

Depois de seguir os procedimentos iniciais costumeiros, o grupo forma um círculo e cada pessoa imagina uma luz sobre sua cabeça.

Em seguida, todos os integrantes visualizam um objeto ou símbolo de luz (que simboliza o propósito comum) no centro do círculo.

Cada um visualiza um raio de uma roda saindo de si, criado pela luz branca sobre sua cabeça e ligado ao propósito/símbolo comum no centro.

Individualmente, todos visualizam intensamente sua ligação com o centro e tomam consciência dos raios (isto é, das ligações) dos outros membros do grupo. Observe que, juntos, vocês formam uma roda; pessoas separadas na circunferência, mas unidas no centro.

o ritual da boa vontade

Siga os procedimentos iniciais costumeiros.

Imagine um mundo em que a maioria das pessoas esteja envolvida com o bem de outras e não com suas próprias metas egoístas.

Descubra a função que você pode desempenhar na criação desse mundo.

Visualize o espírito de boa vontade (por exemplo, uma luz) irradiando do seu centro de boa vontade para todas as pessoas, problemas e situações em seu ambiente imediato.

Agora, imagine essa luz difundindo-se a partir de você e de todas as áreas com que você já se conectou, de modo a cobrir todo o planeta com um manto resplandecente de paz e de boa vontade. Veja a si mesmo como parte de uma rede, uma teia de luz, de compreensão e de boa vontade.

Um "mudra de bênção" muito útil pode ser usado sempre que se queira transmitir boa vontade às outras pessoas, individual ou coletivamente, como no exercício acima. Imagine sua mão esquerda brilhando com uma luz azul. Mantenha essa visualização com toda a intensidade possível. Em seguida, estenda o braço esquerdo para o lado, com a palma da mão voltada para cima, e visualize uma torrente de luz amarela brilhante e quente fluindo de sua mão. Conscientize-se de que essa é uma energia de cura que pode eliminar problemas e fazer com que pessoas, animais, plantas e objetos "inanimados" se "sintam" melhor. O exercício pode ajudar a criar uma rede de energia curativa para o crescimento da boa vontade ao redor de todo o planeta.

A Ciência e a Arte da Magia Cerimonial

Magia é a ciência e a arte de fazer com que mudanças desejadas ocorram. Em outras palavras, é qualquer ato intencional. O método da magia é "inflamar-se" por meio da oração, da meditação, da dança, do ritual, da música, incenso, nomes exóticos e assim por diante. Todos os métodos têm o objetivo comum de *desligar* o "diálogo interior" e de concentrar o Adepto, de modo que o resultado desejado possa acontecer. Uma invocação, por exemplo, é completa quando o Adepto purifica sua consciência, concentra-se e deixa que a nova energia penetre, informe e enriqueça seu ser.

A magia cerimonial é uma forma particular de magia que usa o ritual, sob a forma específica de cerimônia, para obter a mudança desejada. Esse resultado é alcançado usando os símbolos e as técnicas que correspondem à energia específica com que se vai tratar. Por exemplo, se deseja boa vontade, você pode invocar Júpiter, usando as correspondências para Chesed (a esfera de Júpiter) para concentrar o trabalho nessa esfera específica de energia. A invocação é então a chamada da força para baixo ou para dentro e é sempre realizada num círculo. A evocação é a chamada das energias para cima ou para fora, pelo menos na aparência exterior, e para dentro de um triângulo situado *fora* do círculo do mago.

Do mesmo modo como você pode imaginar a cena de um cientista de laboratório usando microscópios, diapositivos, uma mesa com papéis espalhados, fórmulas estranhas, tubos de testes etc., para estudar a "natureza objetiva" ou mundo exterior, assim, você pode também visualizar a cena de um mago, num templo especialmente preparado, usando as armas e os símbolos mágicos à sua disposição, juntamente com fórmulas estranhas (as invocações, por exemplo), para estudar a "natureza subjetiva" ou mundo interior.

O ritual é um processo mnemônico, visto que cada símbolo usado na cerimônia deve corresponder à finalidade desejada, abordando, assim, o trabalho. Por exemplo, se o resultado desejado é o "amor" — para se concentrar nessa força pode-se muito bem usar o perfume do cedro, por exemplo, o cetro, a tulipa, a ametista e a cor azul. As correspondências podem ser estudadas nas tabelas do Apêndice 5.

O ritual leva:

1. Ao *regozijo e purificação* da vontade.
2. À *exaltação e clarificação* da imaginação.

Por meio desses processos, a consciência do Adepto se sintoniza com a energia ou divindade apropriada, o que fortalece o fim desejado — tornando sua manifestação possível, pelo menos, se não garantida.

Um ritual pode ter um objetivo específico, por exemplo a celebração de um festival, autopurificação, paz planetária, a obtenção de dinheiro, a conquista do amor... tudo, na verdade. Em última análise e sempre, porém, o processo envolve:

1. A purificação da personalidade.
2. Contato com a energia da alma.
3. União final com o espírito.

Esses processos foram descritos mais pormenorizadamente acima. A magia cerimonial, apesar de toda a sua complicação aparente e de seus ornamentos, não é diferente de qualquer outro ritual no seu propósito, na sua intenção e no seu projeto.

As Divindades das Esferas

Deuses e deusas (ou "divindades") são fenômenos naturais que podem ser interpretados como "seres", geralmente semelhantes a um ser humano (na natureza e tipo), mas transcendendo o humano em poder. Esses fenômenos naturais são causados pelas atividades da mesma natureza que podemos reconhecer em nós mesmos (por exemplo, todos ouvimos falar da "ira dos deuses", do "amor dos deuses", do "corpo da deusa" e assim por diante), mas isto acontece num plano "superior" ou "mais profundo" invisível às nossas percepções habituais. A magia cerimonial procura trazer as energias desses outros planos à manifestação em nosso plano terreno conhecido.

Pode haver vários nomes (na mesma cultura, sem falar de outras) para a mesma divindade ou "energia"; por exemplo, um "deus irado" pode ser chamado Thor ou Marte. Os nomes dados a essas energias não alteram absolutamente a natureza da energia. A verdadeira fórmula de um deus, entretanto, em contraste com o seu nome comum, pode ser mais específica. A fórmula mágica ou "nome verdadeiro" de um deus pode pôr sua energia em movimento. No entanto, nem sempre é fácil encontrar a fórmula certa ou verdadeira. Falando de maneira geral, os nomes dos deuses hebraicos são bastante verdadeiros e eficazes (ver Tabelas).

Todos conhecemos alguma coisa de cada esfera (abaixo do Abismo) da Árvore; conseqüentemente, por ilação, já conhecemos alguma coisa sobre as divindades correspondentes, e provavelmente já estamos conectados com elas. Isto significa que o processo de invocação através da magia cerimonial não é tão difícil de ser desenvolvido, como poderia parecer à primeira vista.

O método da magia cerimonial não é essencialmente diferente do método de outras formas de ritual, e os deuses das esferas podem ser contatados através da:

1. Invocação; "inflamando" o ser em oração, interrompendo o diálogo interior e mantendo a força/imagem divina concentrada.
2. Ascendendo à esfera requerida da Árvore, recitando o mantra ou nome do deus ou da deusa envolvida, assumindo a forma dessa divindade e representando-a "como se" o Adepto tivesse se transformado na divindade.

Instrumentos e Armas para a Magia

Ao longo dos capítulos sobre as esferas da Árvore, você ficou conhecendo os instrumentos e símbolos relativos a cada esfera. Esses são as "Armas" usadas na magia cerimonial, tanto para os objetivos de correspondências como para a realização efetiva do ritual.

O diagrama da página seguinte mostra as correspondências das armas principais da Árvore da Vida. Podemos descrevê-las um pouco mais detalhadamente:

O templo	— o corpo/universo exterior, que deve ser considerado como existente e trabalhado, por exemplo por meio da conservação da saúde, da hatha ioga, do trabalho corporal e assim por diante.
O círculo	— o círculo dita a natureza e o objeto do trabalho.
O altar	— representa a base sólida ou o centro do mago.
O açoite, o punhal e a corrente	— essas Armas são usadas, respectivamente, para estimular nossa natureza indolente, para acalmar um estado emocional demasiadamente forte e para conservar a atenção. Assim, elas atuam sobre o corpo, sobre as emoções e sobre os pensamentos, ajudando a concentração do mago.
O óleo	— representa a aspiração do mago.
O cetro, a espada e o pentáculo	— essas armas já foram tratadas em detalhe; representam a vontade, o amor, o intelecto (ou poder formador) e a terra (ou substância) do mago.
A lâmpada	— representa a luz da alma pura.

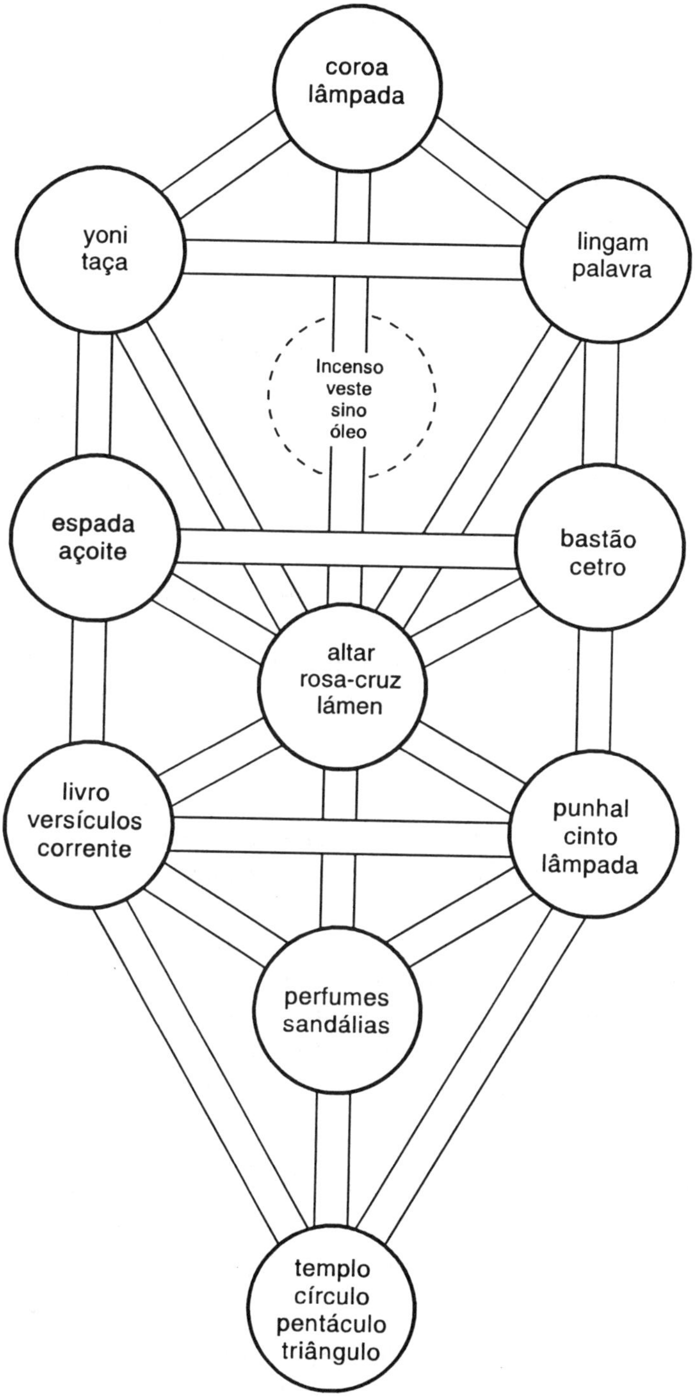

As "Armas" Mágicas

A veste — oculta e protege o mago, e representa o silêncio e o sigilo do trabalho feito. Também corresponde à aura.

Considere essas descrições das Armas mágicas à luz do seu conhecimento cabalístico e especialmente com relação à sua correspondência com a Árvore.

Equilíbrio e Harmonia no Ritual e na Cerimônia

O equilíbrio e a harmonia são *essenciais* a todo trabalho ritual, quer ele seja de natureza cerimonial individual quer seja de grupo. Se, por um lado, um trabalho ritual desequilibrado pode produzir efeitos danosos, por outro, a falta de harmonia mais cedo ou mais tarde levará a problemas que o Adepto precisará encarar. Por este motivo, é importante ressaltar novamente a necessidade que o Adepto tem de realizar um trabalho sério e continuado sobre a personalidade e sobre sua conexão com a alma. Isto é importante para promover a harmonia não somente do indivíduo em si, mas também do grupo a que ele pertence e ainda do planeta todo.

Comparação entre a Magia Sexual e a Cerimonial

Como já se afirmou, o objetivo de qualquer ritual, quer seja cerimonial, sexual ou outro, é inflamar a consciência e desligar o "diálogo interior" — o êxito nesse empreendimento permite que a mudança desejada aconteça e que a "nova" forma potencial se manifeste.

Para inflamar a consciência, o sexo tem a vantagem de que:

Funciona — todos sabem que isso é verdade.

É excitante — também não há necessidade de comentários; a excitação é de grande ajuda para inflamar a consciência.

É poderoso — a experiência assim o demonstra.

É simples — quando comparado com as longas e muitas vezes incômodas técnicas e métodos da magia cerimonial.

A magia sexual pode ser auto-erótica, envolver duas pessoas (de qualquer combinação sexual) ou grupos de pessoas, onde energia extra esteja disponível e onde o componente sexual possa ser ritualmente dramatizado mais do que representado realmente. A experiência de muitos Adeptos que agem dessa forma diz que a melhor base para uma magia eficaz é um relacionamento estável.

O objetivo aqui não é descrever a magia sexual em detalhe, mas sim chamar a atenção para os seus benefícios potenciais como uma forma fácil, interessante e eficaz de usar a magia para o crescimento e o desenvolvimento. Se se reportar ao capítulo 11, na seção que aborda Shekhinah, você encontrará um ritual de magia sexual simples.

A Criação de seus Próprios Rituais

Há muitos livros que oferecem rituais que você pode usar em seu trabalho com a magia. Muitos exercícios deste livro podem ser vistos como rituais ou certamente podem ser adaptados para o trabalho ritualístico. Se, por um lado, muitos desses rituais serão eficazes, por outro, os melhores rituais são os que você mesmo cria. Eles estão ligados a *você* e à sua energia, e assim ressoam mais com sua posição e potencial pessoais para o crescimento. Usando o conhecimento que você adquiriu neste livro, as tabelas de correspondências e sua imaginação, você deve ser capaz, agora, de criar seus próprios rituais para qualquer fim desejado — quer sejam de natureza cerimonial, sexual, individual ou de grupo — e sentir-se seguro com relação a um bom grau de sucesso.

Como poderá perceber, grande parte do trabalho que você esteve realizando nos exercícios ao longo deste livro, especialmente os exercícios de visualização, envolveu a manipulação do que se denomina "energia astral". A magia ritual, incluindo a construção de um templo, a aquisição de armas mágicas e mesmo a participação de outros seres, pode ser efetivamente realizada no plano astral. Na verdade, às vezes isto é mais fácil e mais simples. E ainda, considerando o profundo inter-relacionamento dos planos astral e material, desde que a energia apresente um equilíbrio adequado, não há motivo para supor que os efeitos de um ritual realizado no plano astral serão menos eficazes do que os realizados no plano material.

Conclusão

o exercício do diamante

Siga os procedimentos iniciais costumeiros.

Imagine intensamente um diamante. Veja todas as suas facetas, brilhantes, iluminadas pelo sol ardente. Perceba o diamante como uma substância inteira. Observe a perfeição da sua forma.

Sinta-se sendo inundado com sua energia. Compreenda que o diamante, como algo único, e o Eu dentro de você, também como algo único, são igualmente inconquistáveis. O Eu é a sua verdadeira essência, reluzindo por meio das inumeráveis facetas de sua personalidade, e todavia sempre Una.

Procure compreender que você é o Eu. Deixe que a imagem do diamante se desvaneça e, quando isso acontecer, deixe que esse sentido do Eu se fortaleça e se torne ainda mais claro dentro de você.

A citação abaixo, extraída de "Mestre Therion", apesar de estar no final deste livro, na verdade é o começo — o começo do seu próprio uso, sem acompanhamento, da Cabala para o aperfeiçoamento e para o desenvolvimento. Saiba como usar a Árvore e ela lhe será útil pelo resto da sua existência, nesta vida e talvez também em outras!

A Cabala Sagrada, baseada que está no puro número,
evidentemente possui um número infinito de símbolos.
Sua amplitude coincide com a própria existência; e
nada lhe falta em precisão, pureza nem em perfeição.
Mas ela não pode ser ensinada; cada homem [e mulher] deve
escolher os elementos para a estrutura principal do seu sistema.
São necessários anos de trabalho para erigir uma construção
digna. Essa construção nunca termina; cada dia gasto nela
acrescenta novos ornamentos. A Cabala é, portanto, o Templo
vivo do Espírito Santo. Ela é o próprio homem [ou mulher]
e o universo expresso em termos de pensamento, cuja linguagem
é tão rica, que mesmo as letras do seu alfabeto não têm limite...
À luz da Cabala, as sombras das coisas transitórias
se dissipam instantaneamente.

APÊNDICE 1:

Procedimentos Iniciais

No início da maioria dos exercícios apresentados neste livro você encontra a frase "Siga os procedimentos iniciais costumeiros". Esses "procedimentos iniciais" têm o objetivo de ajudá-lo a ampliar ao máximo os efeitos benéficos dos exercícios. Os procedimentos iniciais básicos consistem em três elementos: *purificação*: *relaxamento: centramento.*

1. Antes de começar um exercício, verifique se você dispõe de tempo suficiente para terminá-lo sem ser interrompido. Mesmo tendo um curto período de tempo à sua disposição para um determinado exercício, defina um tempo específico e mantenha-se fiel a ele.
2. Purificação: à medida que for avançando no trabalho, você poderá descobrir, especialmente com os exercícios e os rituais mais complexos, que preferirá realizar a Cruz Cabalística ou mesmo um Ritual de Purificação antes de começar. Esses procedimentos encontram-se descritos nos capítulos 2 e 6, respectivamente. Se não estiver adotando essas técnicas, sua purificação deve consistir, no mínimo, em uma visualização de si mesmo e do espaço que você está usando para o exercício completamente envolvidos por uma esfera de luz azul brilhante.
3. Relaxamento e concentração: assuma uma posição confortável, de pé, sentado ou deitado, conforme for mais apropriado para o exercício, e com a coluna reta e os olhos fechados, respire profunda e lentamente várias vezes. Não tenha pressa para fazer isso; vá com calma. Tenha consciência de que você é uma pessoa única escolhendo, nesse preciso momento e nesse espaço único (isto é, "aqui e agora"), realizar esse exercício.

Sempre faça o exercício calmamente, sem se afobar — é melhor pecar pela "lentidão" do que pela pressa.

Pode ser necessário ler os exercícios mais longos várias vezes antes de familiarizar-se com o que você precisa fazer. Não se aborreça com esse tempo nem o desperdice: ele o ajudará a conectar-se com a "essência" do exercício e a concentrar-se. Se quiser, grave alguns dos exercícios numa fita cassete, o que lhe possibilitará um uso repetido sem interrupção. Essa técnica é muito útil especialmente para visualizações longas. Como técnica alternativa e prática, trabalhe com outra pessoa.

Se algum exercício lhe parecer especialmente proveitoso, pratique-o durante algum tempo, mesmo que os resultados não se manifestem imediatamente. A repetição de um exercício multiplica seu poder.

Como foi descrito no Apêndice 2, recomenda-se enfaticamente o uso de um caderno de registros ou diário da magia. Adquira o hábito de registrar suas experiências imediatamente depois de terminar o exercício.

Lembre-se de que o quarto poder da Esfinge é o *silêncio*. Não fique comentando seu trabalho com outros e nem compartilhe percepções intuitivas prematuramente, uma vez que essa atitude pode dissipar a energia.

APÊNDICE 2:

O Caderno ou Diário da Magia

Ao longo deste livro, enfatizamos várias vezes a utilidade de manter um caderno ou diário da magia.

Você pode usar o seu diário para registrar:

- pensamentos, "clarões", intuições criativas,
- seu trabalho prático, incluindo data, hora e outras condições que você julgar relevantes,
- uma descrição de experiências pertinentes que você possa ter, de natureza positiva ou negativa,
- desenhos, diagramas e outros itens visuais relevantes,
- qualquer outra coisa que possa lhe ocorrer!

Seu diário pode:

- ajudá-lo a formular com mais precisão o que você conhece,
- tornar seu conhecimento mais acessível e aumentar sua compreensão,
- ajudá-lo a tomar decisões,
- convocar seu sentido dos valores e manter o trabalho em perspectiva,
- sintonizar sua mente com seus processos intuitivos e mente abstrata,
- ser um ato de afirmação e de compromisso, fortalecendo assim seu propósito,
- ajudá-lo a ver tendências de longo prazo em seu crescimento,
- ajudar sua memória,

- registrar seus sucessos e dificuldades,
- e muitas outras coisas, dependendo de como você o usar.

Lembre-se de que se trata do *seu* diário da magia; ele é usado apenas para o seu benefício, sendo um registro de você mesmo como você é e de como evolui.

APÊNDICE 3:

Símbolos Padrão

Os símbolos usados para representar os elementos, planetas e signos do zodíaco ao longo deste livro são os padronizados. São os seguintes:

Planetas

Terra ⊗	Sol ☉	Lua ☽	Mercúrio ☿
Vênus ♀	Marte ♂	Júpiter ♃	Saturno ♄
Urano ♅	Netuno ♆	Plutão ♇	

Elementos

Fogo 🜂	Água 🜄	Ar 🜁	Terra 🜃

Zodíaco

Áries ♈	Touro ♉	Gêmeos ♊	Câncer ♋
Leão ♌	Virgem ♍	Libra ♎	Escorpião ♏
Sagitário ♐	Capricórnio ♑	Aquário ♒	Peixes ♓

APÊNDICE 4:

Bibliografia e Leituras Recomendadas

Os livros podem ajudar nossa compreensão da Cabala e ao mesmo tempo facilitar nosso desenvolvimento se lermos com uma atitude positiva e ativa. Isto implica ler lentamente, parar de vez em quando para refletir e avaliar, copiando ou sublinhando passagens interessantes ou importantes, lendo com atenção e interesse, e também parar quando achamos o livro pouco interessante ou depressivo. Uma leitura com essas características ajuda nosso aperfeiçoamento, especialmente nossa vontade e nossa concentração, e também nos revigora espiritualmente.

O que segue não pretende ser uma bibliografia completa. É apenas uma lista reduzida de livros interessantes e relevantes que podem ampliar o seu conhecimento da Árvore da Vida e dos assuntos a ela vinculados, além de ser um estágio introdutório a estudos e pesquisas mais profundos.

As editoras são citadas, mas muitos desses livros estão disponíveis em diferentes edições.

ALLI, Antero, *Angel Tech* Falcon 1987

ASSAGIOLI, Roberto, *The Act of Will* Wildwood 1974; *Psychosynthesis* Turnstone 1965

BLEAKLEY, Alan, *Fruits of the Moon Tree* Gateway 1984

CROWLEY, Aleister, *The Book of Thoth* Weiser 1971; *The Book of Lies* Weiser 1970; *Magick (Parts I, II, III)* Weiser 1974; *Little Essays Towards Truth* Dove s.d.; *777* Weiser 1973; *The Heart of the Master* 93 Publishing Canadá 1973; *Shih Yi* Thelema 1971

DOUGLAS, Nik e SLINGER, Penny, *Sexual Secrets* Arrow 1982

DYCHTWALD, Ken, *Bodymind* Wildwood 1977

FERRUCCI, Piero, *What We May Be* Turnstone 1982

FORTUNE, Dion, *The Mystical Qabalah* Benn 1970
GARFIELD, Patricia, *Creative Dreaming* Simon & Schuster 1975
GRANT, Kenneth, *Cults of the Shadow* Muller 1975; *Nightside of Eden* Muller 1977; *Outside the Circles of Time* Muller 1980
HOFFMAN, Edward, *The Way of Splendour* Shambhala 1981
KENTON, Warren, *The Work of the Kabbalist* Gateway 1984
KNIGHT, Gareth, *Practical Guide to Qabalistic Symbolism (I and II)* Helios 1970
LEGEZA, Lazlo, *Tao Magic* Thames & Hudson 1975
LEVI, Eliphas, *The Key to the Mysteries* Rider s.d.
LOVE, Jeff, *The Quantum Gods* Russell 1976
MARIECHILD, Diane, *Motherwit* Crossing 1981
MASLOW, Abraham, *The Farther Reaches of Human Nature* Penguin 1976
MATHERS, McGregor, *The Kabbalah Unveiled* Routledge, Kegan Paul 1970
OSBORNE, Marijane e LONGLAND, Stella, *Rune Games* Routledge, Kegan Paul 1982
PARSONS, Jack, *Magick* 93 Publishing Canadá 1979
PERLS, Fritz, *et al. Gestalt Therapy* Penguin 1973
REGARDIE, Israel, *The Tree of Life* Weiser 1969; *The Golden Dawn* Falcon 1984
SCHACTER, Zalman e HOFFMAN, Edward, *Sparks of Light* Shambhala 1983
SCHOLEM, Gershom, *On the Kabbalah and its Symbolism* Routledge, Kegan Paul 1965
SHAYA, Leo, *Universal Meaning of the Kabbalah* Penguin 1973
SHUTZ, Albert, *Call Adonai* Quantal 1980
SPARE, Austin, *Automatic Drawing* 93 Publishing Canadá 1979
STARHAWK, *The Spiral Dance* Harper 1979; *Dreaming the Dark* Beacon 1982
STEPHENS, John O, *Awareness* Bantam 1971
THORSSON, Edred, *Furthark* Weiser 1984
WILSON, Robert Anton, *Prometheus Rising* Falcon 1983; *The Illuminati Papers* Sphere 1982; *The New Inquisition* Falcon 1987

E não se esqueça do Antigo Testamento da Bíblia — ele está cheio de informações cabalísticas interessantes e surpreendentes. Consulte também as Escrituras de outras religiões, nelas você pode colher relações da "visão de mundo" que apresentam.

Muitas obras de ficção, especialmente as mais fantasiosas, são muito esclarecedoras e sugestivas com relação ao simbolismo cabalístico.

Cartas do Tarô

Recomenda-se enfaticamente, e é essencial para um estudo sério da Cabala, ter um baralho de Tarô. Por seguir as correspondências da Árvore da Vida exatamente, o melhor baralho é o *Thoth Tarot Cards,* de Crowley/Harris. Suas cartas são desenhadas de forma atraente. Outros baralhos de Tarô são recomendados apenas se estiverem em sintonia muito especial com a pessoa que os manipula.

APÊNDICE 5:

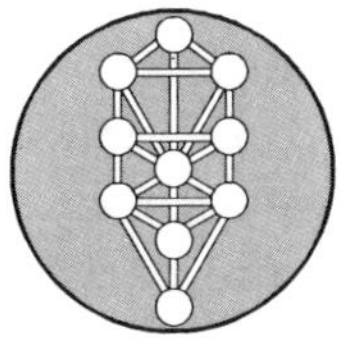

As Novas Tabelas de Correspondências

Quando observar essas tabelas de correspondências, você verá uma superabundância de imagens, de idéias, de conceitos e de experiências que correspondem às esferas e caminhos da Árvore da Vida. Incluem-se o sistema humano, o corpo, as cores, as cartas do tarô, as letras hebraicas, árvores, flores e animais. Muitos itens são tradicionalmente atribuídos a cada esfera e caminho — na verdade, em última instância, tudo o que existe no universo poderia ser atribuído à Árvore da Vida. Isto faz parte do seu valor, e é o que torna a Árvore da Vida um compêndio maravilhoso de símbolos universais. A coisa mais importante com todas as conexões, entretanto, é você estabelecer suas próprias relações. Assim, por exemplo, se sua experiência diz que um salgueiro e uma merluza são correspondências mais adequadas para Malkuth do que o carvalho e o coelho, estas então serão suas correspondências para o trabalho com essa esfera.

O objetivo dessas tabelas é capacitá-lo a compreender diferentes símbolos, objetos, idéias, e assim por diante, com relação à Árvore da Vida. Isto pode ajudá-lo a encontrar conexões entre diferentes símbolos e categorias de símbolos, e a compreender símbolos desconhecidos com relação àqueles com os quais você já está familiarizado. Se você não tem segurança no uso dessas tabelas, releia a seção "O Significado dos Símbolos", no Capítulo 4, que explica o seu uso. É fácil entendê-las: se ler uma linha na horizontal, você encontrará símbolos convergentes conhecidos como correspondências. Por exemplo, se você ler a linha 14, verá que ela se refere ao caminho que liga as esferas 2 e 3, isto é, Chockmah e Binah. Prosseguindo, você perceberá que esse caminho tem correspondência com a letra "daleth", com o nariz e a boca, com a cor cinza escuro, com Vênus, com o sabugueiro, com a abelha, e assim por diante.

O ponto mais importante do uso das correspondências é ser capaz de relacionar sua experiência com a Árvore, em seguida ver a relação entre esta e a Árvore inteira. Qualquer correspondência é apropriada se funcionar para você. É útil, entretanto, fazer um pequeno esforço para ver por que certas correspondências têm uma aplicação "universal". Por exemplo, na Europa ocidental, a maioria das pessoas parece concordar que o carvalho é uma boa correspondência para Malkuth (a Terra). Por que deveria ser assim? Por um lado, as correspondências podem ser datadas. Tradicionalmente o chacal era atribuído a Hod, por exemplo, porque no mundo antigo ele era considerado sagrado para Mercúrio, o planeta de Hod. Em nosso mundo moderno, porém, podemos não ter muito contato com chacais e descobrir que, por exemplo, uma raposa é uma correspondência melhor por causa de sua natureza mercurial.

As tabelas apresentadas no *A Nova Cabala Viva* incluem muitas correspondências atualizadas. Nos aspectos em que são diferentes daquelas apresentadas no *A Cabala Viva,* elas são o resultado de muito trabalho de depuração e de elucidação do sistema. Elas também são mais práticas enquanto incluem itens que você pode relacionar com o nosso mundo moderno. Não há motivo, por exemplo, de dizer-lhe que determinado perfume corresponde a determinada esfera se esse perfume é completamente desconhecido e virtualmente de difícil obtenção. Esperamos que muitas correspondências, se não todas, façam sentido para você, e que possam ser usadas para seu trabalho cabalístico. Saliento novamente, entretanto, que nada na Cabala é fixo, e que com o passar do tempo essas correspondências podem mudar de novo, ou você pode encontrar algumas que melhor se harmonizem com a sua psique. No momento, sugiro-lhe que use essas correspondências como um bom ponto de partida para suas pesquisas.

Esferas e Caminhos		*Letras hebraicas*	*Nomes hebraicos das letras*	*Equivalente português*	*Valor numérico*	*Letras portuguesas*
1	Kether			Coroa		
2	Chockmah			Sabedoria		
3	Binah			Compreensão		
D	Daath			Conhecimento		
4	Chesed			Misericórdia		
5	Geburah			Julgamento		
6	Tiphareth			Beleza		
7	Netzach			Vitória		
8	Hod			Esplendor		
9	Yesod			Fundação		
10	Malkuth			Mundo		
11	liga 1-2	א	aleph	boi	1	A
12	liga 1-3	ב	beth	casa	2	B
13	liga 1-6	ג	gimel	camelo	3	C, G
14	liga 2-3	ד	daleth	porta	4	D
15	liga 2-6	ה	he	janela	5	H
16	liga 2-4	ו	vau	prego	6	U, V
17	liga 3-6	ז	zain	espada	7	Z
18	liga 3-5	ח	cheth	cerca	8	Ch
19	liga 4-5	ט	teth	serpente	9	T
20	liga 4-6	י	yod	mão	10	I, Y
21	liga 4-7	כ	kaph	palma da mão	20	K
22	liga 5-6	ל	lamed	aguilhão	30	L
23	liga 5-8	מ	mem	água	40	M
24	liga 6-7	נ	nun	peixe	50	N
25	liga 6-9	ס	samekh	apoio	60	S
26	liga 6-8	ע	ayin	olho	70	O
27	liga 7-8	פ	pe	boca	80	P
28	liga 7-9	צ	tzaddi	anzol	90	X, Tz
29	liga 7-10	ק	qoph	nuca	100	Q
30	liga 8-9	ר	resh	cabeça	200	R
31	liga 8-10	שׁ	shin	dente	300	Sh
32	liga 9-10	ת	tau	cruz	400	Th

Esferas e Caminhos	*Estrutura Física*	*Componentes do corpo interno*
1 Kether	coroa	consciência
2 Chockmah	lado esquerdo da cabeça	hemisfério esquerdo do círculo
3 Binah	lado direito da cabeça	hemisfério direito do círculo
D Daath	garganta	garganta, tireóide
4 Chesed	ombro esquerdo	supra-renal esquerda
5 Geburah	ombro direito	supra-renal direita
6 Tiphareth	esterno	coração, timo
7 Netzach	mão e braço esquerdos	rim esquerdo
8 Hod	mão e braço direitos	rim direito
9 Yesod	órgãos sexuais	órgãos sexuais
10 Malkuth	base da coluna, pés	corpo como um todo
11 liga 1-2	orelha e olho esquerdos	orelha e olho esquerdos, pituitária
12 liga 1-3	orelha e olho direitos	orelha e olho direitos, pineal
13 liga 1-6	coluna vertebral	medula espinhal
14 liga 2-3	nariz, boca	nariz, boca
15 liga 2-6	parte anterior esquerda do pescoço	artérias, sangue oxigenado
16 liga 2-4	parte posterior esquerda do pescoço	pituitária posterior, sistema endócrino geral
17 liga 3-6	parte anterior direita do pescoço	veias, sangue desoxigenado
18 liga 3-5	parte posterior direita do pescoço	pituitária anterior, sistema endócrino geral
19 liga 4-5	parte superior do peito (seios)	linfa, baço
20 liga 4-6	parte superior esquerda das costas e lados	pulmão esquerdo
21 liga 4-7	parte média das costas e lados	intestino grosso (descendente), reto
22 liga 5-6	parte superior direita das costas e lados	pulmão direito
23 liga 5-8	parte média direita das costas e lados	intestino grosso (ascendente/transversal)
24 liga 6-7	região lombar esquerda	estômago
25 liga 6-9	plexo solar	plexo solar
26 liga 6-8	região lombar direita	fígado, bílis, pâncreas
27 liga 7-8	umbigo, meio da barriga	intestino delgado
28 liga 7-9	baixo abdômen esquerdo	sistema sexual interno esquerdo
29 liga 7-10	perna esquerda	ossos, músculos, esqueleto esquerdo
30 liga 8-9	baixo abdômen direito	sistema sexual interno direito
31 liga 8-10	perna direita	ossos, músculos, esqueleto direito
32 liga 9-10	períneo, nádega	bexiga, pele

Esferas e Caminhos		*Sistema Humano*	*Forças Divinas*	*Arcanjos*
1	Kether	o eu	eheieh	Metatron
2	Chockmah	vontade/propósito espiritual	ihvh	Ratziel
3	Binah	amor/consciência espiritual	ihvh elohim	Tzaphkiel
D	Daath	"o próximo passo"	ue	
4	Chesed	amor/consciência	el	Tzadkiel
5	Geburah	vontade-poder	elohim gebor	Khamael
6	Tiphareth	eu pessoal/centro/"Eu"	ihvh aloah	Rafael
7	Netzach	sentimento	ihvh tzabaoth	Haniel
8	Hod	pensamento	elohim tzabaoth	Michael
9	Yesod	subconsciente/sexualidade	shaddai el chai	Gabriel
10	Malkuth	corpo (como um todo) / sentidos	adonai ha-aretz	Sandalphon
11	liga 1-2	[ligações entre sistemas	[letras hebraicas]	[vários anjos
12	liga 1-3	nas esferas]		correspondem
13	liga 1-6	"		aos caminhos
14	liga 2-3	"		que ligam]
15	liga 2-6	"		
16	liga 2-4	"		
17	liga 3-6	"		
18	liga 3-5	"		
19	liga 4-5	"		
20	liga 4-6	"		
21	liga 4-7	"		
22	liga 5-6	"		
23	liga 5-8	"		
24	liga 6-7	"		
25	liga 6-9	"		
26	liga 6-8	"		
27	liga 7-8	"		
28	liga 7-9	"		
29	liga 7-10	"		
30	liga 8-9	"		
31	liga 8-10	"		
32	liga 9-10	"		

Esferas e Caminhos		*Distúrbios Físicos*
1	Kether	desalento, abatimento etc.
2	Chockmah	distúrbios do cérebro esquerdo
3	Binah	distúrbios do cérebro direito
D	Daath	distúrbios da tireóide, coeficiente metabólico
4	Chesed	perda de adrenalina (estresse, perda muscular)
5	Geburah	busca de adrenalina (estresse, virilidade)
6	Tiphareth	falha e doença do coração, distúrbios do timo e do sistema imunológico
7	Netzach	distúrbios dos rins
8	Hod	distúrbios dos rins
9	Yesod	distúrbios sexuais
10	Malkuth	morte
11	liga 1-2	defeitos visuais, distúrbios auditivos, ouvidos, equilíbrio, visão
12	liga 1-3	defeitos visuais, distúrbios auditivos, ouvidos, equilíbrio, visão
13	liga 1-6	distúrbios da coluna e da sensação
14	liga 2-3	distúrbios nasais e da boca, reconhecimento vibracional
15	liga 2-6	derrame, trombose coronária, arteriosclerose
16	liga 2-4	distúrbios do crescimento interno
17	liga 3-6	trombose, coágulo
18	liga 3-5	distúrbios do crescimento externo
19	liga 4-5	distúrbios de defesa, distúrbios generalizados
20	liga 4-6	distúrbios diversos (por exemplo, bronquite, pneumonia, asma)
21	liga 4-7	distúrbios diversos (incluindo os emocionais)
22	liga 5-6	distúrbios diversos (por exemplo, bronquite, pneumonia, asma)
23	liga 5-8	distúrbios diversos (incluindo os emocionais)
24	liga 6-7	distúrbios diversos (incluindo ulcerações)
25	liga 6-9	distúrbios nervosos
26	liga 6-8	diversos, por ex., icterícia; pâncreas, por ex., diabetes)
27	liga 7-8	diversos (incluindo os emocionais)
28	liga 7-9	distúrbios do aparelho reprodutivo
29	liga 7-10	distúrbios do esqueleto (por ex., reumatismo, artrite, gota)
30	liga 8-9	distúrbios do aparelho reprodutivo
31	liga 8-10	distúrbios do esqueleto (por ex., reumatismo, artrite, gota)
32	liga 9-10	distúrbios da pele, cistite etc.

Esferas e Caminhos		*Cores*	*Atribuições Celestiais*	*Títulos Esotéricos Alternativos*
1	Kether	branco	Plutão	rosto imenso
2	Chockmah	cinza	Netuno/zodíaco	coroa da criação
3	Binah	preto	Saturno	o grande mar
D	Daath	lilás	Urano/asteróides	o abismo
4	Chesed	azul	Júpiter	majestade
5	Geburah	vermelho	Marte	justiça
6	Tiphareth	amarelo	Sol	a criança
7	Netzach	verde	Vênus	a beleza da natureza
8	Hod	laranja	Mercúrio	ciência ativa
9	Yesod	púrpura	Lua	o fulcro
10	Malkuth	azul-celeste	Terra/elementos	o portão
11	liga 1-2	cinza claro	Ar	o espírito santo
12	liga 1-3	cinza	Mercúrio	o mensageiro
13	liga 1-6	amarelo desbotado	Lua	a virgem
14	liga 2-3	cinza escuro	Vênus	a esposa
15	liga 2-6	azul desbotado	Aquário	a mãe
16	liga 2-4	azul cinzento	Touro	o sacerdote criança
17	liga 3-6	cor-de-rosa	Gêmeos	os gêmeos emergindo
18	liga 3-5	carmesim	Câncer	o graal
19	liga 4-5	púrpura	Leão	a união mágica
20	liga 4-6	verde-oliva	Virgem	a semente secreta
21	liga 4-7	verde-azulado	Júpiter	o pai de todos
22	liga 5-6	laranja	Libra	os unidos sexualmente
23	liga 5-8	laranja-avermelhado	Água	o redentor da água
24	liga 6-7	verde-amarelado	Escorpião	o ventre redentor
25	liga 6-9	malva	Sagitário	o ventre prenhe
26	liga 6-8	ocre-dourado	Capricórnio	o ereto e contente
27	liga 7-8	marrom	Marte	a criança conquistadora
28	liga 7-9	verde brilhante	Áries	o regente
29	liga 7-10	prata	Peixes	a bruxa
30	liga 8-9	laranja brilhante	Sol	os deuses brincalhões
31	liga 8-10	rosa desbotado	Fogo	a deusa emergente
32	liga 9-10	preto	Saturno	pentáculo do todo

Esferas e Caminhos		*As Atividades dos Caminhos e os Lugares de Poder*
1	Kether	o templo interior
2	Chockmah	as esferas celestiais
3	Binah	o grande mar
D	Daath	a ponte do arco-íris
4	Chesed	o templo do amor
5	Geburah	o templo do poder
6	Tiphareth	a montanha da alma
7	Netzach	o jardim da beleza
8	Hod	a casa dos encantamentos
9	Yesod	o vale secreto
10	Malkuth	o prado dos prazeres
11	liga 1-2	caminho cintilante, diante do criador
12	liga 1-3	caminho transparente, vendo visões
13	liga 1-6	caminho de unificação, realização da verdade espiritual
14	liga 2-3	caminho de iluminação, santidade fundamental
15	liga 2-6	caminho de constituição, substância da criação
16	liga 2-4	caminho eterno, prazer do paraíso
17	liga 3-6	caminho de disposição, fundação da fé
18	liga 3-5	caminho de influência, causalidade compreensiva
19	liga 4-5	caminho de ativação, a experiência das bênçãos
20	liga 4-6	caminho inteligente, conhecimento da existência
21	liga 4-7	caminho conciliador, transmitindo influência divina
22	liga 5-6	caminho fiel, aumentando o valor espiritual
23	liga 5-8	caminho estável, aumentando a consistência
24	liga 6-7	caminho imaginativo, renovação e mudança
25	liga 6-9	caminho tentativo, os processos alquímicos
26	liga 6-8	caminho de renovação, força vital em ação
27	liga 7-8	caminho de estimulação, a natureza da existência
28	liga 7-9	caminho de admiração, compreendendo as profundezas
29	liga 7-10	caminho corpóreo, a formação do corpo
30	liga 8-9	caminho de agrupamento, artes celestiais e astrologia
31	liga 8-10	caminho perpétuo, regulando a criação
32	liga 9-10	caminho administrativo, dirigindo as energias da vida

Esferas e Caminhos		*Óleos Aromáticos*	*Ervas*
1	Kether	amêndoa	camomila
2	Chockmah	olíbano	alecrim
3	Binah	mirra	confrei
D	Daath	eucalipto	bálsamo de Meca
4	Chesed	cedro	borragem
5	Geburah	cipreste	borragem
6	Tiphareth	rosa	pilriteiro/loureiro/amor-perfeito
7	Netzach	patchuli	grama do campo/verbena
8	Hod	alecrim	grama do campo/salva
9	Yesod	alfazema	damiana
10	Malkuth	sândalo	rainha dos prados
11	liga 1-2	melissa	hissopo/eufrásia
12	liga 1-3	cardamomo	hissopo/eufrásia
13	liga 1-6	salva	trevo vermelho
14	liga 2-3	cravo-da-índia	sabugueiro
15	liga 2-6	cravo-de-defunto	tília
16	liga 2-4	pinho	labaça amarela
17	liga 3-6	jasmim/ilangue	cravo-de-defunto
18	liga 3-5	tomilho	tomilho
19	liga 4-5	cálamo	echinácea
20	liga 4-6	cânfora	tussilagem
21	liga 4-7	manjericão	ficária
22	liga 5-6	esclaréia	tussilagem
23	liga 5-8	camomila	loureiro
24	liga 6-7	hortelã-pimenta	hortelã-pimenta
25	liga 6-9	bergamota/jacinto	passiflora
26	liga 6-8	noz-moscada	dente-de-leão
27	liga 7-8	erva-doce	erva-doce
28	liga 7-9	gerânio	urtiga/erva-de-são-cristóvão
29	liga 7-10	junípero	trevo aquático
30	liga 8-9	cinamomo	folha da framboesa/cimicífuga
31	liga 8-10	hissopo	milefólio
32	liga 9-10	manjerona	salsaparrilha/arruda

Esferas e Caminhos		*Flores*	*Árvores*	*Instrumentos e Símbolos Mágicos*
1	Kether	lótus/amêndoa	amêndoa	coroa/caldeirão/lâmpada
2	Chockmah	orquídea	faia	pênis/corpo/palavra
3	Binah	lírio	amieiro	vagina/capa/taça
D	Daath	hera	magnólia	incenso/sino/óleo
4	Chesed	tulipa	bétula	bastão/cetro/cajado
5	Geburah	peônia	sorveira brava	espada/lança/açoite
6	Tiphareth	rosa amarela/tojo	azevinho	lámen/rosa-cruz/altar
7	Netzach	rosa vermelha/capim	macieira	lâmpada/cinto/punhal
8	Hod	amor-perfeito	aveleira	conjuros/livro/corrente
9	Yesod	íris/violeta	salgueiro	perfumes/sandálias
10	Malkuth	trevo/rainha dos prados	carvalho	círculo/triângulo/cristal
11	liga 1-2	margarida	abeto	punhal/leque/vara
12	liga 1-3	primavera	freixo	bastão/caduceu
13	liga 1-6	ranúnculo	ácer	arco/flecha/véu
14	liga 2-3	jacinto	castanha	cinto/escudo/lótus
15	liga 2-6	cravo-de-defunto	pinho	turíbulo/mapas celestes
16	liga 2-4	primavera	cipreste	coroa/pentagrama
17	liga 3-6	madressilva	sicômoro	tripé/ovo/flor
18	liga 3-5	chagueira	cerejeira	fornalha/graal/carruagem
19	liga 4-5	girassol	figueira	coração/rédea/elixir
20	liga 4-6	espirradeira	castanha	lâmpada/bastão/pão
21	liga 4-7	anêmona	plátano	cetro/roda
22	liga 5-6	dália	palmeira	cruz igual/balança
23	liga 5-8	campainha	tília	cruz cristã/vinho
24	liga 6-7	fura-neve	teixo	gadanha/venenos
25	liga 6-9	jacinto	cedro	substâncias alquímicas
26	liga 6-8	dedaleira	choupo	elixir/lâmpada/chifres
27	liga 7-8	urtiga	castanheiro	espada/torre/fogo
28	liga 7-9	gerânio	sabugueiro	cetro/orbe/bandeira
29	liga 7-10	papoula	olmo	espelho mágico/sangue
30	liga 8-9	croco	loureiro	lámen/talismãs
31	liga 8-10	dente-de-leão	choupo-bálsamo	asas/estrelas/pirâmide
32	liga 9-10	narciso	pilriteiro	pentáculo/sal/templo

Esferas e Caminhos		*Animais*	*Seres Lendários*	*Visões e Poderes Mágicos*
1	Kether	cisne	dríade	união com o eu
2	Chockmah	coruja	lêmure	visão do eu
3	Binah	baleia	sereia	visão da beleza e da tristeza
D	Daath	abutre	quimera	domínio sobre as trevas
4	Chesed	golfinho	esfinge	visão do amor
5	Geburah	cavalo	anão	visão do poder
6	Tiphareth	aranha	fada	visão da harmonia
7	Netzach	pomba	fauno	visão da beleza triunfante
8	Hod	raposa	duende	visão do esplendor
9	Yesod	gato	vampiro	visão do maquinismo do universo
10	Malkuth	coelho	gnomo	visão do anjo da guarda
11	liga 1-2	tigre	silfo	destemor
12	liga 1-3	macaco	primata	cura/esconjuros
13	liga 1-6	camelo	fantasma	clarividência/controle dos sonhos
14	liga 2-3	abelha	harpia	encantamento/poções de amor
15	liga 2-6	humano	súcubo	realização da vontade verdadeira
16	liga 2-4	vaca	"banshee"	voz interior/força física
17	liga 3-6	pega	íncubo	controle do duplo/profecia
18	liga 3-5	caranguejo	nereida	lembrança da vida passada
19	liga 4-5	leão	górgona	diálogo com outros seres
20	liga 4-6	corvo	aparição	invisibilidade
21	liga 4-7	melro	lêmure	adivinhação
22	liga 5-6	elefante	ninfa	equilíbrio
23	liga 5-8	cobra	sereia/tritão	corpo-vontade
24	liga 6-7	escorpião	lâmia	necromancia/habilidades mediúnicas
25	liga 6-9	pavão	centauro	transmutação/visão do pavão
26	liga 6-8	bode	sátiro	fascinação/lançar olho grande
27	liga 7-8	mosquito	dragão	artes talismânicas/criar desordem
28	liga 7-9	carneiro	minotauro	poder de consagração
29	liga 7-10	cachorro	lobisomem	encantamento/lançar ilusões
30	liga 8-9	borboleta	fogo-fátuo	poder de adquirir riqueza
31	liga 8-10	falcão	salamandra	evocação/transformação
32	liga 9-10	crocodilo	vampiro	visão astral/geomancia

Esferas e Caminhos		*Atribuições do Tarô*	*Títulos Esotéricos das Cartas do Tarô*
1	Kether	4 ases	
2	Chockmah	4 dois/cavaleiros	
3	Binah	4 três/rainhas	
D	Daath	–	
4	Chesed	4 quatros	
5	Geburah	4 cincos	
6	Tiphareth	4 seis/príncipes	
7	Netzach	4 setes	
8	Hod	4 oitos	
9	Yesod	4 noves	
10	Malkuth	4 dez/princesas	
11	liga 1-2	louco	o espírito do éter
12	liga 1-3	mago	o espírito no templo
13	liga 1-6	sacerdotisa	sacerdotisa da estrela prateada
14	liga 2-3	imperatriz	filha dos poderosos
15	liga 2-6	estrela	filha do firmamento
16	liga 2-4	hierofante	mago do eterno
17	liga 3-6	amantes	filhos da voz
18	liga 3-5	carruagem	mago do triunfo da luz
19	liga 4-5	luxúria/força	filhos da chama do dragão
20	liga 4-6	eremita	profeta do eterno
21	liga 4-7	fortuna	regente das forças da vida
22	liga 5-6	ajustamento/justiça	espírito da verdade interior
23	liga 5-8	enforcado	espírito das águas poderosas
24	liga 6-7	morte	senhor da grande transformação
25	liga 6-9	arte/temperança	o criador de luz
26	liga 6-8	diabo	senhor dos portais da matéria
27	liga 7-8	torre	sacerdote do fogo divino
28	liga 7-9	imperador	filho da manhã
29	liga 7-10	Lua	sacerdotisa do portal crescente
30	liga 8-9	Sol	filho do fogo do mundo
31	liga 8-10	éon/julgamento	espírito do fogo primal
32	liga 9-10	universo	o grande da noite do tempo

Esferas e Caminhos		*Espiritual fogo / paus*	*Mental ar / espadas*	*Emocional água / copas*
1	Kether	revelação	iluminação	êxtase
2	Chockmah	domínio	paz	amor
3	Binah	virtude	tristeza	abundância
D	Daath	reconhecimento	conflito	vitalidade
4	Chesed	acabamento	trégua	luxúria
5	Geburah	luta	derrota	desapontamento
6	Tiphareth	vitória	ciência	prazer
7	Netzach	valor	futilidade	devassidão
8	Hod	rapidez	interferência	indolência
9	Yesod	força	crueldade	felicidade
10	Malkuth	opressão	ruína	saciedade
11	liga 1-2	totalidade	estimulante	expressivo
12	liga 1-3	disposto	ágil	imprevisível
13	liga 1-6	intuitivo	claro	centrado
14	liga 2-3	incondicional	tolerante	clemente
15	liga 2-6	realização	brilhante	que flui
16	liga 2-4	canal	que estabelece	compassivo
17	liga 3-6	que integra	que equilibra	mutável
18	liga 3-5	que busca	focalizado	discreto
19	liga 4-5	assertivo	certo	apaixonado
20	liga 4-6	introspectivo	discriminativo	sóbrio
21	liga 4-7	mudança	oportunista	corajoso
22	liga 5-6	idealista	lógico	observador
23	liga 5-8	paciência	reflexivo	estóico
24	liga 6-7	liberação	reconhecimento	medo
25	liga 6-9	harmonia	criativo	otimista
26	liga 6-8	vitalidade	original	solto
27	liga 7-8	purificador	motivado	catártico
28	liga 7-9	disciplina	analítico	estável
29	liga 7-10	receptivo	reflexivo	explosivo
30	liga 8-9	que celebra	espontâneo	alegre
31	liga 8-10	que vê	perceptivo	desapegado
32	liga 9-10	que preenche	abundante	estimulante

Esferas e Caminhos		*Físico terra/ouros*	*Qualidades (virtudes)*	*Distorções (vícios)*
1	Kether	refinamento	unidade	confusão
2	Chockmah	mudança	propósito	ilusão
3	Binah	trabalhos	silêncio	cobiça
D	Daath	clareza	expressão	dispersão
4	Chesed	poder	alinhamento	fanatismo
5	Geburah	preocupação	coragem	restrição
6	Tiphareth	sucesso	devoção	orgulho
7	Netzach	fracasso	altruísmo	concupiscência
8	Hod	prudência	fidelidade	desonestidade
9	Yesod	ganho	independência	indolência
10	Malkuth	riqueza	discriminação	inércia
11	liga 1-2	energético	original	pouco prático
12	liga 1-3	gracioso	talentoso	enganador
13	liga 1-6	puro	contemplativo	rígido
14	liga 2-3	que envolve	que partilha	possessivo
15	liga 2-6	sensual	orientador	sem base
16	liga 2-4	duradouro	tradicional	arrogante
17	liga 3-6	sintetizador	que escolhe	não confiável
18	liga 3-5	que move	pesquisador	esquivo
19	liga 4-5	bonito	limitado	egoísta
20	liga 4-6	suficiência	separado	escapista
21	liga 4-7	extremista	que arrisca	compulsivo
22	liga 5-6	alinhado	que ajusta	julgador
23	liga 5-8	rijo	passivo	vítima
24	liga 6-7	estruturado	que muda	que recusa
25	liga 6-9	regenerador	produtivo	dualista
26	liga 6-8	expressivo	destemido	intolerante
27	liga 7-8	liberador	oportunista	apático
28	liga 7-9	sólido	materialista	autoritário
29	liga 7-10	que descansa	cíclico	desequilíbrio
30	liga 8-9	radiante	ativo	insensível
31	liga 8-10	cauteloso	planejador	crítico
32	liga 9-10	integrador	iniciante	disperso

APÊNDICE 6:

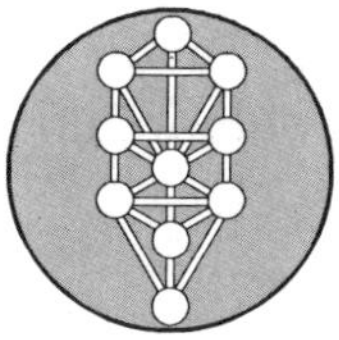

O Estudo Individual da Cabala

O Estudo Individual da Cabala com a Orientação de Will Parfitt

O estudo individual segue um padrão básico de aprendizado da Cabala, de forma muito prática e relevante para a sua vida. As lições, preparadas especificamente para suas necessidades pessoais e espirituais, são estudadas em casa. Usando *A Nova Cabala Viva* e outros textos como guias, você aborda a Árvore da Vida de uma maneira prática, com leituras, exercícios, visualizações, cerimônias ritualísticas, meditações e assim por diante. Você trabalha no sentido de ligar seu conhecimento cabalístico com as experiências da sua vida, possibilitando que o sistema tenha um valor vivo e significativo no seu desenvolvimento pessoal e espiritual.

Os alunos desenvolvem as atividades do curso e o seu projeto pessoal no seu próprio ritmo. Embora não seja um pré-requisito participar de encontros esporádicos, todos são incentivados a fazer isso, se possível, e a se submeter a algum tipo de trabalho terapêutico regular com um profissional local. Esse trabalho pode assumir muitas formas, dependendo de suas necessidades — psicoterapia, aconselhamento, trabalho corporal ou cura.

Todos os estudantes mantêm um diário e remetem material escrito a intervalos regulares para avaliação e comentários. Ao completar o curso básico, os que demonstrarem ter incorporado solidamente a Cabala em suas vidas recebem um certificado. Depois dessa etapa, os estudos podem continuar com a prática cabalística avançada.

Para detalhes completos desse curso prático por correspondência, e de outros, escreva para Will Parfitt, P.O. Box 1865, Glastonbury, Somerset, England BA6 9FE. Favor anexar um envelope de tamanho grande, já endereçado e selado, ou cupons de resposta internacional.

OS MISTÉRIOS DA CABALA

Éliphas Lévi

Os Mistérios da Cabala, ou a *Harmonia oculta dos dois Testamentos* — o Velho e o Novo —, é um instigante estudo sobre o alto simbolismo das profecias contidas na visão de Ezequiel e no *Apocalipse* de São João, justapostas para mostrar as analogias entre esses dois profetas máximos da antiga e da nova era.

Ezequiel revela, em primeiro lugar, os mistérios da criação, descreve as forças equilibradas da natureza e desenvolve, em seguida, a teoria cabalística do ideal divino, concebido à imagem e semelhança dos mistérios da natureza. São João nos apresenta, em primeiro lugar, o homem, o homem da luz, o Verbo feito carne, o criador do céu cabalístico de Ezequiel, cuja visão seguirá depois passo a passo, até a descrição do quadro terrível do último cataclismo social, seguido da descrição da nova Jerusalém que desce do céu — "chave das ciências e da religião, síntese hieroglífica de todas as conquistas do gênio humano".

Dentre os vários títulos da vasta obra de Éliphas Lévi publicados pela Editora Pensamento, este é um cuja leitura é das mais estimulantes, não só porque, segundo a tradição, a explicação do Apocalipse seria um dos sinais característicos dos últimos tempos, mas também porque, segundo o Autor, é pela profecia de Ezequiel que a alta teologia dos hebreus se liga ao Cristianismo, servindo de base e de modelo para o *Livro da Revelação,* de João, o Evangelista.

EDITORA PENSAMENTO

CABALA

PERLE EPSTEIN

"Este é um livro que explica a Cabala com tanta clareza quanto possível e com verdadeiro amor pelo conhecimento místico. Eu o recomendo a todos os leitores."

– Isaac Bashevis Singer

O misticismo judaico tem florescido – algumas vezes brilhantemente, outras vezes obscuramente – por mais de cinco mil anos. Assim mesmo, hoje em dia seus ensinamentos ainda são pouco compreendidos mesmo entre os judeus. Em *Cabala*, Perle Epstein oferece uma introdução estimulante e acessível a esse mundo intrigante – seus métodos, escolas e praticantes. Ela pesquisa a história da Cabala através da vida de seus santos e discípulos ilustres, e desemaranha a teia de tradições antigas escondidas em textos tais como o *Sefer Yetzirah* e o *Zohar*. As palavras de cabalistas notáveis repercutem por estas páginas – incluindo Simeon bar Yohai, Isaac Luria, Abraham Abulafia e Baal Shem Tov – fornecendo instruções sobre práticas que variam da contemplação dos ensinamentos secretos da Bíblia aos rituais, orações extáticas e meditação intensiva. Por todo o livro, a autora transmite um espírito autenticamente judaico à medida que vai revelando o caminho da iluminação de acordo com a Cabala.

Descendente de Baal Shem Tov, a autora Perle Epstein tem publicado vários livros e numerosos artigos sobre misticismo e outros tópicos. Atualmente ela é Diretora de Publicações do "Diamond Sangha", um centro budista do Havaí.

EDITORA PENSAMENTO

CABALA:
O Caminho da Liberdade Interior

Ann Williams-Heller

Este livro ilustrado revela princípios de conduta para a autodescoberta, para uma profunda percepção cósmica e liberdade interior. Ele usa o simbolismo geométrico e cabalístico da antiga Árvore da Vida e indica caminhos claros e simples na solução de questões metafísicas complexas.

Cabala: O caminho da liberdade interior apresenta um novo tipo de psicologia cósmica que não só tem um lado transcendente, mas também um lado prático e pragmático. Trata-se de um livro que conduz os efeitos conhecidos às causas desconhecidas, torna o invisível visível, amplia aquilo que os nossos sentidos externos podem perceber e demonstra o que o nosso ser interior pode experimentar. Sem dúvida alguma, um livro que oferece uma base sólida e prática para a solução dos intrincados problemas dos dias atuais.

Através da simbologia da antiga Árvore da Vida, Ann Williams-Heller fala diretamente ao coração do leitor e demonstra a essência do pensamento puro que leva ao conhecimento da libertação interior.

EDITORA PENSAMENTO

A CABALA MÍSTICA

Dion Fortune

O homem moderno, como o da Antigüidade, ainda se debate entre um marasmo de incógnitas e apela, com renovado alento, para as mais diversas práticas, a fim de extrair das misteriosas mensagens da natureza e de outros campos de percepção a resposta que ele tanto deseja.

Este livro de Dion Fortune — uma das mais renomadas conhecedoras do moderno ocultismo experimental — atende a esse anseio comum e, ocupando-se com a obra dos modernos cabalistas como contribuição à psicologia da experiência mística, projeta novas luzes sobre a natureza da religião primitiva.

O conhecimento secreto, confinado durante tanto tempo ao juramento dos adeptos, chega agora até nós, porque a filosofia da Cabala é o esoterismo do Ocidente. A pureza, a clareza dos conceitos cabalísticos resumidos na Árvore da Vida — curioso diagrama que constitui a chave da Cabala como sistema de iluminismo — convertem um hieróglifo num símbolo admirável para a meditação e a exaltação da consciência, justificando plenamente o qualificativo que Dion Fortune lhe aplica: a Ioga do Ocidente.

A Cabala Mística é uma obra avançada, prática e dinâmica, que inicia quem a lê numa das mais fascinantes disciplinas de todos os tempos.

EDITORA PENSAMENTO

A CABALA PRÁTICA
Charles Fielding

O propósito deste livro é divulgar tanto quanto possível a Tradição Esotérica Ocidental para que esta possa ser devidamente utilizada no mundo moderno e indicar um caminho para a busca pessoal da auto-realização.

Em *A Cabala Prática*, seu autor oferece uma abordagem atual e estimulante à Cabala e combina a psicologia junguiana e a tradição esotérica ocidental com o simbolismo esotérico da Árvore da Vida. O autor apresenta a Árvore da Vida à luz dos arquétipos junguianos e demonstra como você pode trabalhar com os sonhos, com visualização e com o ritual de modo a ajudá-lo em seus relacionamentos e inspirar-lhe o contato com o seu Eu Superior. O ponto focal do livro é a apresentação do processo de invocação das energias simbolizadas na Árvore da Vida para efetuar mudanças criativas em si mesmo e no mundo.

O autor também discorre sobre a personalidade, o carma, a reencarnação, os planos internos, o corpo etérico, os chakras e o destino pessoal. O livro termina com uma visão prática e abrangente do ritual: como funciona, o que você precisa saber para praticá-lo e como o ritual pode ajudá-lo a assumir a responsabilidade pela sua própria vida e a compreender por que você está aqui.

* * *

Charles Fielding estudou com Dion Fortune — autora de *A Cabala Mística* — e na *Society of Inner Light* da Inglaterra, e vem trabalhando com o simbolismo cabalístico há mais de 30 anos.

EDITORA PENSAMENTO

PARA COMPREENDER A CABALA

A.-D. Grad

"A Cabala contém a chave do problema religioso moderno, porque só ela favorece a aproximação, tão desejada pelos homens de paz, entre as três grandes religiões monoteístas: o judaísmo, o cristianismo e o islamismo. Foi a Cabala que uniu o hebraísmo e o cristianismo. Foi também a Cabala que uniu o hebraísmo ao islamismo. Distinguindo claramente entre monoteísmo universalista e monoteísmo mosaico, a Cabala tem condições de ser o instrumento ideal para a união entre Israel, a Cristandade e o Islã."

Não houvesse outros motivos para a leitura deste livro, só a afirmação acima, que acena com a possibilidade de um entendimento maior entre algumas das mais importantes correntes religiosas do mundo moderno e, conseqüentemente, de paz entre povos que hoje invocam suas crenças religiosas para legitimar suas incursões belicistas, justificaria uma aproximação atenta e cuidadosa desta obra, um dos estudos mais sérios e interessantes já publicados sobre o assunto.

Seu autor, cabalista de renome internacional que recebeu a iluminação cabalística sobre o túmulo do rabi Shimeon bar Yo'hai, foi professor de Filosofia na Universidade do Chile, além de organizador de seminários sobre Cabala nas universidades canadenses de Montreal e de Quebec, na Universidade de Queensland, em Brisbane, e na Universidade de New South Wales, em Sidney, Austrália.

EDITORA PENSAMENTO